本书的出版获得国家社会科学基金项目
（项目批准号13BXW010）资助

北京大学新闻学研究会学术文库⑨

日本在华首家政论报纸《汉报》（1896—1900）研究

阳美燕 著

中国社会科学出版社

图书在版编目(CIP)数据

日本在华首家政论报纸《汉报》(1896~1900)研究/阳美燕著.—北京：中国社会科学出版社，2015.3
（北京大学新闻学研究会学术文库）
ISBN 978-7-5161-5408-3

Ⅰ.①日…　Ⅱ.①阳…　Ⅲ.①报纸—研究—中国—1896~1900　Ⅳ.①G219.295.2

中国版本图书馆 CIP 数据核字（2014）第 306985 号

出 版 人	赵剑英	
责任编辑	田　文	
特约编辑	易小放	
责任校对	曲　明	
责任印制	王　超	

出　　版	中国社会科学出版社	
社　　址	北京鼓楼西大街甲 158 号	
邮　　编	100720	
网　　址	http://www.csspw.cn	
发 行 部	010-84083685	
门 市 部	010-84029450	
经　　销	新华书店及其他书店	

印刷装订	北京君升印刷有限公司	
版　　次	2015 年 3 月第 1 版	
印　　次	2015 年 3 月第 1 次印刷	

开　　本	710×1000　1/16	
印　　张	16	
插　　页	2	
字　　数	271 千字	
定　　价	49.00 元	

凡购买中国社会科学出版社图书，如有质量问题请与本社联系调换
电话：010-84083683
版权所有　侵权必究

"北京大学新闻学研究会学术文库"总序

程曼丽[*]　　［新］卓南生[**]

经过一番甄选与琢磨,"北京大学新闻学研究会学术文库"即将陆续出版。它既是学会复会六年来所开展的学术研究与学术活动的集萃,也是吾辈向创会前辈敬献的一份厚礼。

历史上的北大新闻学研究会成立于1918年10月14日,由时任校长蔡元培亲自发起并担任会长,他同时聘请留美研习新闻学归国的徐宝璜、《京报》社长邵飘萍担任研究会的导师,这三人也因此被称为北大新闻学研究会的三驾马车。

蔡元培校长亲自起草研究会章程,确立研究会宗旨为"灌输新闻知识,培养新闻人才"。学会拟定的章程、宗旨,学会开设的课程,出版的刊物、教材,成为中国新闻学科建设最初的范本,也使北京大学毫无疑问地成为中国新闻教育和新闻学研究的摇篮。

北大新闻学研究会的会员很多是当时的进步学生,其中的一些后来成为中国最早的马克思主义者,中国共产党的早期领导人,也有一些成为著名的新闻人。据史料记载,在获得证书的55人中,就有毛泽东、罗章龙等人的名字。这段往事已经在中国新闻发展史上留下了深刻的印记。

2008年4月15日,北京大学新闻学研究会恢复成立,按照惯例,许智宏校长任会长,并聘请首批10位海内外学者担任研究会导师。《光明日报》用整版篇幅介绍了北京大学新闻学研究会的历史及恢复成立的情

---

[*] 程曼丽,北京大学新闻学研究会执行会长、北京大学新闻与传播学院教授、中国新闻史学会会长。

[**] 卓南生,新加坡旅华学者,北京大学新闻学研究会导师兼副会长、北京大学新闻与传播学院客座教授、日本龙谷大学名誉教授。

况；人民网对导师聘任仪式进行了全程直播报道。

恢复成立后的北京大学新闻学研究会一方面继承和发扬历史传统，另一方面，力求开拓进取，创造新的业绩。

复会以来，研究会连续举办了五届年会，主题分别为"纪念五四运动90周年暨五四时期新闻传播专题史研究"、"东亚新闻学与新闻事业的回顾与反思"、"新闻史论教育与研究面临的难题与困惑"、"如何研究新闻史？如何弘扬学术精神——以《新闻春秋》公开发行为契机"、"新闻传播学的本土化与主体性的再思考"。

复会以来，研究会传承历史，连续举办了五届新闻史论师资特训班，截至2013年，毕业学员达到100名。学员来自国内三个新闻机构、一所海外大学和64所国内高校，包括北京大学、清华大学、中国人民大学、复旦大学、中国传媒大学、河南大学、河北大学、湖南大学、厦门大学、广西大学、西北大学、暨南大学、上海大学、华中科技大学，等等。2011年，特训班学员自行成立了同窗会，2012年和2014年又相继成立了两湖分会和东北分会。

复会以来，研究会与北京大学世界华文传媒研究中心联合举办了40多次北大新闻学茶座。光临茶座的有来自美国、英国、加拿大、日本、新加坡以及中国大陆、中国香港、中国台湾的学者和业界人士。茶座讲座的部分内容刊登在《国际新闻界》、《世界知识》、《参考消息》、《新闻春秋》、新加坡《联合早报》等报刊和财团法人卓越新闻基金奖的网站上。近年来，北大新闻学茶座吸引了一批志同道合的中青年学者、学子，形成了一个跨国、跨界、跨校、跨学科的学术共同体。

复会以来，研究会出版《北大新闻学通讯》13期（第14期正在编辑中），并且开设了专门的网站（http：//ioj.pku.edu.cn）和专门的公共邮箱（iojpku@126.com）。

在广泛开展学术交流活动的基础上，2013年7月，学会成员首次走出国门，与韩国言论学会联合举办有关两国媒介产业发展的研讨会，搭建起了中韩两国学者可持续交流的平台。

2013年11月9日，在国务院新闻办的支持下，北大新闻学研究会和新闻与传播学院联合举办了"十年再出发——中国新闻发布实践与创新论坛"，各部委十数位新闻发言人与会并围绕如何推动新闻发布制度建设等问题进行了探讨。人民网、中国网全程直播，《人民日报》、《中国青年报》等作了大篇幅的报道。论坛文集《十年——新闻发言人面对面》已由清华大学出版社出版。

复会以来，北大新闻学研究会开展的一系列学术活动在海内外新闻传播学界产生了较大的影响，获得了广泛的认可。在北京大学新闻与传播学院建院十周年之际，新闻学著名教授、中国新闻史学会创会会长、北大新闻学研究会学术总顾问方汉奇先生对于北大的新闻学教学、研究作出这样的评价："北大新闻与传播学院建院十周年了。她在新闻学研究和新闻教育方面拥有四个全国第一，加上站在她背后的北大的声望和影响，近年来发展十分迅速，已经后来居上，跻身于中国新闻教育的第一团队。希望她脱颖而出，为中国新闻学研究和新闻教育的发展继续努力，不断作出新的贡献。"（参见方汉奇教授2011年5月29日的微博）2013年12月21日，在纪念北京大学新闻学研究会成立95周年复会五周年的学术研讨会上，方汉奇教授作为学会成长的见证者，在发言中强调："从复会到现在，会员们对新闻理论与实践中的众多问题进行了研究和探讨……北大新闻学研究会复会后五年的工作已经为中国新闻传播学研究的发展作出了贡献，我们期待她百尺竿头再进一步，为中国新闻传播学研究的发展，作出更多的贡献。"

"北京大学新闻学研究会学术文库"即是研究会复会六年来所开展的学术研究与学术活动的全面展示。它主要由四个部分组成：经典新闻学著作的再版，研究会导师的研究成果，特训班学员的优秀成果以及研究会学术活动荟萃。我们的初衷和心愿是：通过"文库"的出版，贯通"古今"，延续血脉，传承薪火，砥砺来人，让北京大学新闻学研究会的优良传统在新的时代发扬光大。对吾辈而言，这也是一份历史责任。

2014年10月14日

复会六周年纪念

序

一

"要先有问题意识与明确的研究方向和题目,才去尝试轻敲研究生院的大门",这是上世纪60年代末笔者本科毕业投考硕士时非成文的"考生须知"的基本常识,也可以说是当时日本各高校对考生要求的首要铁则。由于研究生院的定位是培养学术专才与确保大学的教师阵容与梯队,各高校从硕士班(基本上是硕博连读)招生开始便卡得很紧,每年各专业仅招收若干名,如无适合考生,宁可宣布"本年度录取者为零"。

也许是受到学生时代日本严谨学风的熏陶和影响,1989年,当笔者从报界转入学界时,尽管有"好为人师"的热情与欲望,但绝不以降低学术要求录取学生。特别是作为东京大学新闻研究所首名外籍专职教员,更不能不十分谨慎,严守此严正的学风,以免有"外国人教员包庇外国人学生"(因投考者多为留学生)之嫌。也因为如此,尽管有不少"慕名而来"的中国留学生曾到我的研究室商讨攻读硕士的问题,但在简短的对话之后,我都不轻易鼓励他们投考,原因是来者几乎都没有基本的"问题意识"。

1994年转至京都龙谷大学之后,尽管日本学界对研究生的定位已有从以往的培育少数学术精英逐步转为大量生产专才的征兆,但对于录取没有"问题意识"的学生,笔者基本上还是采取消极的态度。

2000年,笔者利用学术年假,有幸在北京大学度过了一年愉快的客座教授的校园生活。通过课堂的交流、演讲会的互动、课堂后与同学们的热辩,以及谈不完的学术乃至中国社会的众多话题,我深深地感受到中国大学生求知欲的强烈和探求真理的精神,相比当时已逐渐消失"梦想"

的日本大学生，显然有着明显的差异。记得那年严冬在未名湖畔的雪境中接受新加坡电视台《焦点30分》的专访时，我毫不犹豫地表示："北大生的学习热忱与求知精神远在东大生之上。"

不过，当时我也很惊讶地察觉到，尽管北大生学习热忱高、思维敏捷和开放，但从他们交来的期末报告等来看，未经思考的整合性、非原创性的论文占绝大多数。说白了，同学们都欠缺"问题意识"，基本上都不是带着问题去写论文或报告，而是在等待老师的指示和分配研究题目。推究其因，是与长期以来中国推行"计划经济→计划研究"的体制与学术界的风气和习性分不开的。

了解了中国大学生的特征与研究困境之后，笔者对于此前不少抱着"老师，您研究什么，我就研究什么"或者等待老师分配研究题目的留学生，就不再那么反感和感到"不可思议"了。

为此，笔者开始积极招收留学生，并摸索指导留学生撰写论文的途径。方法当然不是任意分配研究题目，而是在和研究生不断的对话过程中，逐步发现他们的研究方向、专长与兴趣，然后鼓励他们大翻书、乱翻书，进而引导他们从中逐步得出自己具体的研究对象。

2004年，受时任华中科技大学新闻与信息传播学院院长吴廷俊教授的委托，我接受他的博士生马嘉（现任沈阳师范大学教授）到龙谷大学进修数个月，并承担副指导教授的任务。以此为契机，笔者在龙谷大学深草校区旁侧具有传统的喫茶店"绿"，每周一开了一门以讲华语的师生为对象的讨论课。这门义务的讨论课没有学分、不拘形式，有时是让硕士生、博士生轮流发表自己研究的个别章节；有时是共读一本书，类似读书会；有时则探讨热门的新闻话题。每堂课的重头戏是在自由与坦诚的氛围中交换意见与点评。特别是通过对硕士生、博士生论文逐章或逐节的发表与相互点评，我对中国留学生的问题意识与写作能力和技巧有了深一层的认识。这门每周一晚上约两三个小时的课外课，一直延续到2010年3月我提前从龙谷大学退休为止。出席者一直保持在10人以下，除了我在龙大直接指导的硕士生、博士生（也有个别的本科生）之外，还包括历年来在不同时间段我邀请到龙大长期访学的中国学者和到龙大交流、由我接纳并指导的中国大学在籍博士生等。

也许是因为有着上述的机缘，我已较有指导中国研究生的自信，也很乐意成为华中科技大学的兼职博导。本书的作者阳美燕同学，便是我在华中科技大学以我的名义招收的第一个博士生。

当然，与在京都每周定期和研究生见面、随时得以交流的情况相比较，仅靠"集中讲义"的远距离指导确有其不同的难度。好在我对中国大学生的基本思维及优缺点已有一定的自信和掌握，因此，在初次见面、了解学生的基本思路和兴趣、愿望之后，我并不为学生"问题意识"的不明确感到惊讶或困惑。我的第一个建议是先到图书馆大翻书、乱翻书，先对我们新闻与传播学专业现有的研究状况与成果有个轮廓的认识；其次是，也许因为我是搞新闻史出身的缘故，我对研究生的基本要求是，不管未来的研究方向是否与新闻史直接挂钩，一定要对新闻发展史有个鸟瞰图式的认识。

正是沿着这样的思路，我也布置了一些作业，其中包括梳理两湖新闻事业发展史的系谱（考虑到阳同学的乡缘及其求学所在地的因素）。

在发现阳同学对研究两湖新闻事业甚感兴趣之后，我让她整理了两湖报纸原件的存佚表及其收藏与保存的情况。因为，在我看来，如果是要搞新闻史，一定要接触原件或准原件，单凭想象或人云亦云、再加上一些与亚洲或中国时空风马牛不相及的所谓"理论"的华丽包装而炮制的"研究成果"是不靠谱的。《汉报》研究的这个选题，便是阳同学在历经上述过程和奔波与浸泡于不少相关图书馆之后敲定的。

在敲定了研究题目与确保了基本研究对象（原件与准原件）之后，除了得认真、仔细阅读这些原件（或准原件）之外，还得对两易其主的《汉报》之创刊背景、外人在华办报的目的及其传播技巧与对象有清楚的认识。要达到这一点，必少不了一番对中外关系史的恶补。换句话说，如何掌握时空的基轴、紧抓时代脉络的主线，是研究者不可或缺的基本功。几经波折，我发现阳同学都一一克服了其面对的难题。尤其难能可贵的是，在觅得大量的原始资料与明确其研究定位之后，阳同学可以说是全神投入其研究工作。在几次研讨会的短暂见面期间，她都拖着内藏不少原件资料的笨重行李同行，目的无非是随时可以将资料取出，以便讨论。阳同学认真钻研、不懈努力的精神，也为她近年来在学界逐步受到认可奠下了不可替代的条件和基础。

呈现在读者面前的这部著作，即见证了阳博士对学术的忠守、务实和努力的成长过程。

二

以上着重谈论笔者参与指导中国研究生撰写学术论文的一些机缘与感想。接下来，我想谈谈本书作者研究《汉报》面对的难题、被赋予完成的任务和取得的成果。

首先是理清该报的一些基本情况，包括两易其主及报名的来龙去脉。在这一点上，我认为作者基本上可以说充分利用现有材料，回答了该回答的问题。特别是有关英资《字林汉报》的介绍，尽管现有的原件只有两份，却由此可让我们窥见该报面貌之一斑。在新的原件尚未被发现或发掘之前，研究者能觅得并将这尚未被充分利用的珍贵原件"啃得一干二净"，其实就是一个贡献。从这个角度来看，报史研究者不该将原始资料的残缺不全视为畏途，恰恰相反，如何充分利用这残缺不全（在不少的情况下，这是报史研究者面对的常态）的原件，为我们提供一些有用线索和答案，无疑是考验研究者的学术素养和嗅觉之处。

其次是如何为日资《汉报》这一日本在华首家政论报纸给予明确的基本定位，应该是本书的中心内容和是否有说服力的关键所在。这既得对当时的中日关系、日本的"北进"政策与日、英、俄等国图谋在中国角逐其"国益"错综复杂的关系有深刻的认识，还得透析日本"大陆浪人"的本质及其为配合日本国策，如何利用中文媒体展开舆论诱导的使命、技巧和功能。说得更加明确些，日本"大陆浪人"在华办报，与19世纪早期的传教士报人"学了中国人的口气，办给中国人看的报纸"（方汉奇语），有异曲同工之妙。两者都各有其话语体系、献身精神并各为其主卖命的事实是不容置疑的。西方传教士报人身兼政教商和媒体人等多重身份，日本谍报人员则直接或间接向外务省、台湾总督府或情报组织部门等定期或不定期汇报、领取资金或补贴，其办报动机和目的，不言而喻。不同的只是，日本"大陆浪人"使用汉语的能力和水平远在一般洋"中国通"之上，他们所办的中文报对中国的旧知识分子（特别是力图改革但苦无出路的维新人士）具有更大的迷惑力和欺骗性。

就以在甲午战争后诞生的日资《汉报》来说，正如作者指出一般，该报所标榜的"汉报主义（即"一、介绍日本之实情于支那之官民，以令其信于我；二、明唇齿相依之义，行一脉相承之实；三、抑制旧党援助新党，以助维新之气象"），其首要目的无非是要通过大力宣传日本的先进和强威，激发中国人的"师日"之心和对日本的信任之情，以扭转甲午战争引起的"排日"舆论之不利影响。

甲午战争已时过两个甲子，仔细阅读作者对《汉报》内容的分析，其中不乏迄今仍然值得借镜和警惕之处。在纪念甲午战争120周年之际，只停留于"强弱论"，不与"是非论"挂钩的"师日论"，为何在今天仍有很大的市场？不重视历史教训，只着眼于如何"崛起"，高倡"近代化万万岁"的论客，为何仍有人气？这是值得人们深思的。

紧扣主线、反复咀嚼和思考《汉报》的内容如何与其编辑方针相互呼应，是本书的看点之一。附录《论析〈汉报〉（1896—1900）馆主宗方小太郎的"中国经营论"》一文，更有画龙点睛之妙，谨此予以推荐。

当然，应该指出的是，本书是阳美燕博士为回应方汉奇教授"挖深井，多做个案研究"号召而辛勤耕耘的初步成果和结晶。本书的面世毫无疑问只是她从事新闻史研究、纳入正轨的起点而非结束。

谨此预祝阳博士百尺竿头，更进一步！

卓南生

草于星洲百馨园

2014年8月20日

目　　录

绪论 …………………………………………………………………（1）

第一章　日资《汉报》之前身
——英商创办的《字林汉报》(1893)与《汉报》(1893—1896) ……………………………………………（21）
第一节　英商《字林汉报》………………………………………（21）
第二节　《字林汉报》易名后的《汉报》 ………………………（47）

第二章　日本人接管《汉报》的背景、经过及其编辑方针 ……（64）
第一节　汉口乐善堂据点与《汉报》的诞生 …………………（64）
第二节　宗方小太郎接收汉口《汉报》的经过及其资金来源 ……（69）
第三节　日本人接管《汉报》的目的与编辑方针 ……………（72）

第三章　日资《汉报》(1896—1900)的办报理念与特征 ………（77）
第一节　日资《汉报》的办报理念与使命 ……………………（77）
第二节　日资《汉报》的版面形式、发行区域及广告特点 ……（84）

第四章　日资《汉报》对戊戌变法的报道与评论 ………………（97）

第五章　日资《汉报》关于中日关系的报道及其舆论诱导 ……（111）
第一节　营造"中日睦邻"氛围 …………………………………（111）
第二节　宣扬"师日"舆论 ………………………………………（120）
第三节　鼓吹"联日抗欧"论 ……………………………………（127）
第四节　撒播"中日无平等可言"论 ……………………………（130）

第六章　日资《汉报》对义和团运动的态度与基调 ……（133）
第一节　列强施压阶段（1900 年 3 月之前）……（135）
第二节　列强谋划"自行办理"阶段（1900 年 3 月至 6 月 21 日）……（140）
第三节　中外战争阶段（1900 年 6 月 21 日至 1900 年 8 月 14 日）……（154）
第四节　善后阶段（1900 年 8 月 14 日以后）……（172）

第七章　日资《汉报》对俄国南下动向的关注与警惕 ……（181）
第一节　密切关注俄国"强颜居功""要索"中国旅大的动向 ……（181）
第二节　强调俄国"施其权力于东方"之"大患" ……（186）
第三节　凸显"英俄相忌"以图牵制俄国之南下 ……（188）
第四节　鼓吹英日联合共同防御俄国 ……（193）

第八章　日资《汉报》之落幕 ……（198）
第一节　《汉报》停刊的经过 ……（199）
第二节　《汉报》停刊的缘由 ……（204）

结论 ……（211）

参考文献 ……（214）

附录　论析《汉报》（1896—1900）馆主宗方小太郎的"中国经营论" ……（222）

后记 ……（239）

绪　　论

一

本书以发刊于 1896 年 2 月 12 日的日本人所办汉口《汉报》为研究对象。

这份日本在华首家政论报纸，源自英国字林洋行 1893 年 3 月 23 日首创于汉口的《字林汉报》，后者系外人在华内地创办的第一份中文日报，《字林汉报》创刊不久后改名为《汉报》。英商《汉报》于 1896 年 2 月 12 日被日本人出资买下，自此，日资《汉报》开始其在中国的办报历程，直至 1900 年 9 月 28 日停刊。同年 9 月 30 日，中国官宪、时任湖广总督的张之洞以 3000 两白银将其接管，这份前后历经戊戌变法和义和团运动这些中国历史重大转折关头的日资《汉报》遂在中国落幕。

根据相关史料和现存该报原件，本书旨在勾勒该报在中国 4 年零 7 个月的发展轨迹。由于该报之前身为外国人在华内地发行的第一家中文日报《字林汉报》，其自身则为日本在华首家政论报纸，因此，它在中国近代报业发展史、在外国人深入中国内地办报的历史、在日本人在华办报的历史上具有十分独特的地位。

外报在中国近代中文报业史上占有十分特殊的地位。世界上第一份近代中文报刊就是 1815 年伦敦布道会在马六甲创办的《察世俗每月统记传》；随后，中国境内诞生了第一份近代中文报刊——由伦敦布道会传教士 1833 年创刊于广州的《东西洋考每月统记传》；接着，最先开辟"布告"栏、引入广告概念、呈现近代化中文报业经营征兆的《遐迩贯珍》于 1853 年在英国殖民政府辖地香港创刊，发行者仍然是伦敦布道会传教士；紧接着，1854 年，宁波最早的近代中文报刊《中外新报》在美国传教士的主持下诞生；此后不久的1857年，上海最早的中文报刊《六合丛谈》发刊，编者为伦敦布道会传教士。以上述五家为代表的这一时期的中文报刊均以宗教内容和传教目的为主，基本上是以书本式形态每月出版一次，编者为清一色的西方传教士，发行区域则从马六甲等基督教传教根据地逐渐转移至英国在中国的殖民地香港及中国的宁波、上海等五个通商口岸，可谓紧随欧美殖民主义国家的对外侵略扩张步伐。通过对这些报刊的考证与研究，卓南生教授将之概括为中国近代中文报业发展的第一个阶段——宗教月刊时期。他指出，在这一时期，虽然报纸的印刷和表现能力等都显得格外粗糙，但在介绍西方近代化报刊的概念方面曾扮演着一定的角色。然而，毕竟这些报刊都是由外国传教士为宣扬西方文明、力图改变中国人的对外态度而出资创办的，中国人始终无权过问编务。①

这种状况直至19世纪50年代香港英文日报《孖剌报》(The Daily Press)的中文版《香港船头货价纸》的创刊（1857年）才开始有了突破。自此至1874年中国人出资自办成功的中文日报《循环日报》诞生为止，中国近代中文报业结束了宗教报刊垄断的局面，进入所谓"新报"的萌芽与成长期。②"新报"是当时的报纸为了区别中国传统的"邸报"和京报而常常在其报名上加上的字眼，除了由《香港船头货价纸》演变而来的《香港中外新报》外，同一时期以"新报"命名的还有上海的《上海新报》、汉口的《昭文新报》等，甚至在《申报》创刊之初编者也以《申江新报》自述，可见当时报界的"新报"意识之明确和普遍。以《申报》为例，在创刊时它就以《〈申江新报〉缘起》一文对"新报"之概念作出如下明确界定，"新报之事，今日之事也"，突出引介了"新报"这一对中国人来说全新的传播媒介，强调其作为"日报"的"日新而月异"的时效性；同时在其《论本馆作报本意》一文中开宗明义标榜其"在商言商"的商业性质道："夫新报之开馆卖报也，大抵以行业营生为计。"③ 而实际上，具体而言，"新报"之"新"既在于形式，也在于内容和目的，即不再以书本式而是以报纸形态出现，以报道新闻特别是商业

---

① 卓南生：《中国近代报业发展史（1815—1874）》（增订版），中国社会科学出版社2002年版，第207页。

② 关于早期中文外报的发展情况，参见卓南生《中国近代报业发展史（1815—1874）》（增订版），中国社会科学出版社2002年版，第7、8、9章。

③ 转引自中国人民大学新闻系编《中国近代报刊史参考资料》上册，1979年，第133页。

讯息及发表评论为主,以追求利润为目的。[①] 也就是说,基本上是沿袭当时西方日报的体制。这样,以"新报"为倡导,中文商业报纸开始崛起。

"新报"的源头在欧洲,其在中国的形成和发展则源自鸦片战争后中西贸易的繁盛及随之而产生的中外商人对商业讯息的迫切需求,故其发祥地和据点在香港这一当时中外贸易最为繁忙的商业城市,然后则是对外通商口岸上海,即如王韬所言,"新报之设,始于欧洲,继而及于通商口岸"[②],其出资者多为外人。在港、沪这些地区,以下述英文报为母体,在19世纪70年代相继孵化出如下几家中国最早的一批中文日报:由《孖剌报》(*The Daily Press*)的中文版《香港船头货价纸》演变而成香港、同时也是整个中国最早的中文日报《香港中外新报》,由《德臣报》(*The China Mail*)的中文专页《中外新闻七日报》演变而成最早以华人主持为号召的中文日报《香港华字日报》,由《字林西报》(*The North-China Daily*)的中文版演变而成上海最早的中文日报《上海新报》。这一脱胎于西报的演变历程决定了早期中文日报的如下本质特征与发展动向:由于报纸的出资者和操权者均系洋人,他们在办报方针与立场上必然与其所属英国殖民政府的在华利益保持根本一致,也就是说,早期中文日报必然具有殖民地报纸的色彩,中国人难以过问编辑方针;而与此同时,正是这种殖民地报纸对舆论的控制权反过来又极大地刺激了中国人要求摆脱外国势力对传媒的控制、争取言论自由的自主办报意识。这一时期诞生的《循环日报》就是处于这种背景之下,由中国人自己出资、自己主持成功的中文日报一例。

同时,自19世纪70年代起,在以"新报"为主体的中文外报的成长、发展过程中,中文日报风气渐开,中文日报这一报纸形态和报业概念在中国报界已经初步形成,这可从当时中国士人和报人的有关明确表述中得到见证。例如,王韬写有《倡设日报小引》、《本局日报通告》、《论日报渐行于中土》、《论中国自设西文日报之利》等文,郑观应写有《盛世危言·日报》篇,陈炽写有《报馆》一文,陈衍写有《论中国宜设洋文报馆》一文,显而易见,他们关于报纸、报馆、报业的观念和主张都是

[①] 相关实证分析,参见卓南生《中国近代报业发展史(1815—1874)》(增订版),中国社会科学出版社2002年版,第7、8、9章。
[②] 同上书,第238页。

以"日报"这一概念为逻辑起点的。他们的思想主张值得关注。王韬和郑观应有相似的观点,他们无不以极大的热情向国人介绍《泰西日报》"初亦禁之",后而"行之日盛"的发展历程与盛况,指出日报作为西方民主政治枢纽的重要地位①,进而大力倡设日报;对于报纸"周知天下事"的传播功能,他们借用中国传统封建君主专制政治话语体系中的"通""达"概念,即"民隐得以上达"、"君惠得以下逮"、"达内事于外"、"通外情于内"之语加以阐述。这种将源自西方民主政治的"日报"概念赋以浓厚的中国政治文化色彩,以中国传统政治思维的立场加以理解、消化和宣扬的方式,是19世纪八九十年代中国报界知识分子的报业观念的一个普遍现象。这与早期主要由西方办报人士以西方人的立场和思维方式向中国人推介"新报"概念的情况显然有所差异。更加值得注意的是,在积极倡导于中国各省仿行西方广设日报的过程中,中国知识分子的"报纸操权"意识由朦胧而清晰。郑观应在其《盛世危言》中云:"中国通商各口,如上海、天津、汉口、香港等处,开设报馆,主之者皆西人,每遇中外交涉,间有诋毁当轴,蛊惑民心者。近通商日久,华人主笔,议论持平。"② 主张:"今宜于沿海各省次第仿行,概用华人秉笔,而西人报馆止准用西字报章。"③ 严厉批判"坐视敌国怀觊觎之志,外人操笔削之权……施施然甘受他人之凌侮也"④。这已经是非常明确的态度了。陈炽在其《报馆》一文中更进一步强烈提议中国不准西人再出华字报章,否则将派人查阅,称这"本属中国自主之权";又一语中地指出各国记者"各为其主"、日报乃"国之利器"这一要害问题。⑤ 面对外报及其为外人操权而对中国进行诋毁、蛊惑的舆论活动,这是何等鲜明的中国立场!又是何等清醒的中国态度!

这种基于"日报"观念的强烈的报纸操权意识是19世纪末国人报刊观念的重要内容,它既是西方在华办报人士有意识地在中国鼓吹和推介其报刊理论以推广其在华报业的反向结果(这一点恐怕是他们当初所没有料想到的),同时也是他们在华所办中文外报势力日见增长的反观。19世

---

① 黄瑚:《中国新闻事业发展史》,复旦大学出版社2004年版,第35页。
② 中国人民大学新闻系编:《中国近代报刊史参考资料》上册,1979年,第229页。
③ 同上书,第230页。
④ 同上书,第229页。
⑤ 同上书,第232页。

纪70年代至90年代中期之甲午战争前后，中文外报在中国获得了较大的发展。从数量上来说，中文外报在这期间有了明显的增长，据统计，在1861年至1894年间，中国两大报业城市之一的香港新增3种，上海则更是增加了31种。从地域上来看，在这期间，随着中外贸易的中心开始从香港转移至通往中国腹地的长江入海口的上海，中文外报的中心也开始从香港转移至上海。至1894年时，上海新增的中文外报为香港的10余倍，且占全国中文报刊总数的57%以上，而且该时期有影响的报纸《申报》、《字林沪报》、《新闻报》等都诞生在上海，这是力证，说明上海开始取代香港成为外国人在华办报的基地和中心。与此同时，中文外报还进一步向广州、京津、福州、厦门、宁波、烟台这些沿海通商口岸以及沿江城市汉口这些地区扩张。[①] 从发展势头来看，各报之间开始结束相安无事的局面而走向同城竞争。这一点尤其重要，它表明外商中文报纸的商业特性在不断成长和发展，且其经营能力和水平上升了一个层次，这又进而促进了外报整体实力的大增，从而增长了其在中国立足的根基。笔者在此不妨对此稍加详述。以上海为例，字林洋行的《上海新报》诞生10余年间一直独占上海中文报业圈子，直至《申报》的创刊。后者创刊伊始便针对《上海新报》固守一隅的弱点，主动在新闻报道、言论、广告、发行等诸方面采取竞争性措施，置《上海新报》于十分被动的局面，特别是一改《上海新报》只用西人主笔的成规而任用华人主笔主持编务、让中国文人参与办报这一招，尤其让《上海新报》难以招架，因而只能在1872年于短暂的竞争之后败阵停刊。这开启了上海报业的商业竞争先风。10年之后，随着字林洋行发行的中文日报《字林沪报》（后改名为《沪报》）在1882年诞生，上海又出现了两报对峙的竞争局面。不同的是，此次《沪报》背靠其母报英文《字林西报》，依靠后者的新闻特别是外电外讯，与《申报》展开了一度势均力敌的新闻竞争，在中法战争期间，这一竞争达到了非常激烈的程度。这两报对垒10余年后的1893年，随着以英商为总董的中文日报《新闻报》的诞生，上海报坛又进入三报鼎立的时代[②]，乃至以后报纸群雄蜂起的"战国"时代。正是在这种报业竞争的过程中，

[①] 中文外报的这种发展情况，参见方汉奇《中国新闻事业通史》第1卷，中国人民大学出版社2000年版，第305—306页。

[②] 参见马广仁《上海新闻史（1850—1949）》，复旦大学出版社1996年版，第90页。

中文外报开拓了市场,提高了实力,增强了在中国立足、生存、获利的能力和社会影响力。

尤其值得注意的是,外报的这一扩张与增势的过程,同时也是中国人逐渐参与其办报事务、与外报关系走向微妙复杂的过程。这一过程的两面性,可以从《申报》初创时所刊《论本馆作报本意》一文中事先窥见一二。该文揭示出该报在中国的如下"行业营生"之计:报馆主人非常清楚本馆"所卖之报张皆属卖与华人,故依恃者惟华人,于西人犹何依恃乎"[①]?由于自知作为一份外报,其读者对象为华人而只能示好于华人这一关键所在,编者公开标榜本馆决不行"载录惟一味夸助西人以轻藐华人"的"不智"之举,也不取"事事惟诒誉本国,毁斥他邦"以"媚阅报者方可多销张之法"的"浅计",而是奉行所谓"劝国使其除弊,望其振兴"的"忠国之正道"[②]。除弊振兴的劝导,迎合了当时中国方兴未艾的洋务运动思潮,这自然能获取中国人的好感和信任,《申报》正是以这种"识时务"之道化而为自己的谋利之道,这一营生战略可谓明智。正基于此,它开创了外报任用华人主笔主持编务之举,使中国文人参与办报的活动从幕后走向台前。后来,《字林沪报》从创刊伊始便放弃大包大揽的做法而采用买办制,起用华人主笔,正是对《申报》的效法。此后,中文外报普遍都沿袭这一做法。迟至1893年创刊的《新闻报》馆更是进而成为由中外商人合组而成的私人公司,更甚者,据史都亚(eorge A Stuart)的记述,该报创刊不久后被转移了主权的一部分股票为盛宣怀所得。另据英国传教士、天津中文日报《时报》主笔李提摩太(Tirwothy Richard)的记述,该报又曾有"一部分的资助得之于张之洞"[③]。这就是说,至《新闻报》时期,中国官员很可能参与了外商中文报纸的投资或资助。同时,1899年独资购得《新闻报》的美国人福开森则在成为该报馆主人的前后,已由清廷赏给他"二品顶戴",在中国获得相当地位,[④]这表明外报老板已参与中国的政治活动,他们与中国政治的关系日深。另一个有关联的现象是,清末时期,在上海发行的中文报纸,有的是中国人自办而由洋商出面,当时称为"挂洋旗"(本书研究的《汉报》就有学者

---

① 中国人民大学新闻系编:《中国近代报刊史参考资料》上册,1979年,第135页。
② 同上。
③ 同上书,第186—187页。
④ 同上书,第196页。

认为系挂洋旗的报纸)。

上述这些现象不是孤立发生的,它们之间贯穿着这样一条逻辑线索:经过前面几十年的探索,至19世纪八九十年代时,外报已经逐渐摆脱早期生硬灌输的办报手法,渐渐采取渗透手法和与中国人"合作"的方式,设法消除中外隔阂,以增强它们在中国的适应性、影响力和生存机会。这样,这一时期中文外报在中国的发展呈现出十分微妙复杂的局面:一方面,它们各为其主的立场从反面唤起了一部分中国知识分子的报纸操权意识(如前述);另一方面,它们针对中国人所采取的迎合人心乃至加强"合作"的办报策略,使报界在一定程度上出现前述"华洋混杂"的现象,在这种情况下,一部分官绅对其的好感和接受度增加,甚至产生有失立场的褒扬态度。如《论中国宜设洋文报馆》一文的作者就极力倡导"今若开设洋文报馆,延访中国通人贯通中外时务者数人为中文主笔"[①]。在近代,不少所谓的"中国通"是侵华文化活动的活跃群体,该文作者却主动提出让他们来充当中文主笔,由此不难看出当时中国报界"华洋混杂"局面之微妙。

上述这种"华洋混杂"的局面,自然是十分有利于外报生存的境况,因为它极易模糊和混淆中国人的视野与立场。但在客观上,它又开启了后来外报的操权慢慢向中国人转移的端绪,如《新闻报》在创办不久就转移了一部分股票的主权至盛宣怀手里,其大部分股权则迟至1928年才归华商所有。《申报》在1906由买办席裕福购得全部产业,从而转归中国人所有。这一逐渐转移主权的趋势表明,在整体上,中国人的自主办报意识、条件和能力在不断增长。那么,从这个角度来看,1880—1890年代是中文外报发展的一个过渡阶段,上承"新报"的萌芽与成长,下启报刊操权的变迁与转移,以及中国人自办报刊的第一次高潮(戊戌维新运动中产生的维新派报刊创办高潮)之来临。

本书研究之日资《汉报》其前身及其自身就诞生于这一外报发展过程中"华洋混杂"的过渡阶段,并且恰好在19世纪末完成从外人而转由中国人操权的变迁与转移,可以说是研究这一时期在华中文外报的发展状况及其操权转移过程的一个极好的标本。

下面简述该报的这一历程。

[①] 转引自中国人民大学新闻系编《中国近代报刊史参考资料》上册,1979年,第236页。

如前所述，日资《汉报》的前身是1893年3月23日英商字林洋行在汉口首创的一份中文日报，报纸最初考虑命名为《汉报》，但后来在正式创刊时命名为《字林汉报》，不久之后又易名为《汉报》，馆设汉口英租界一码头后。有记载曰："光绪癸巳姚赋秋、梅问夔辈自上海来创《字林汉报》，托当日《字林沪报》外人之声援也。"① 又谓："汉馆与沪馆本出一家，所有论说、新闻彼此多相采用。"② 这就是说，它的报业源头在上海，上海的字林报业是其大本营所在，而且它与字林报系当时影响最大的中文日报《字林沪报》互相呼应，一个在长江下游，一个在长江中游，令人瞩目。该报诞生的特殊意义，正如《字林汉报》发刊不久后刊登的《论中国各省宜广开报馆》一文所述：

日报之制始于泰西，近则渐行于中国。然如晨星寥落，终不若泰西之盛也……统计华人报馆，合上海之沪申两报，新加坡之星叻两报，与香港之循环中外华字维新四报，及广东之中华岭南中西三报，不过尽得十余家，今春汉口复增开一家，每家每日售报多者数万张少者数十张，则华人阅报之风已日盛一日……③

这明确显示，在《字林汉报》诞生之时，中文日报（包括外人控制的和华人操权的）在海外和中国本土的确都"如晨星寥落"（所谓"日报风气渐开"只是针对早期情况而言）。具体来说，至甲午战争前夕，外国人发行的中文日报除了前述最早一批如香港的《香港中外新报》、《香港华字日报》，上海的《上海新报》及《申报》外，后来又增加了上海的《字林沪报》（1882年创刊）、《新闻报》（1893年创刊），天津的《时报》（1886年创刊）。这就是说，这一时期的中文日报除本书研究之《字林汉报》外，其余都仅限于于港、沪、津这三大沿海地区，其他地方即使是广州，直至甲午战争前都没有一张中文日报。所以可以说，该报是外国人在华内地所办的第一家中文日报。从这个角度来看，《字林汉报》及其易名后的《汉报》，在外国人深入中国内地办报、特别是创办中文日报的历史上具有十分独特

---

① 转引自刘望龄《黑血·金鼓——辛亥前后湖北报刊史事长编：1866—1911》，湖北教育出版社1991年版，第6页。
② 同上。
③ 《字林汉报》1893年5月5日。

的地位。若再结合字林洋行在华报业的发展状况，这一意义更显突出。

字林洋行是晚清英商在上海创办的最主要的新闻出版机构，也是英商在华最大的报业印刷出版集团。从其先行者英侨奚安门（Henry Shearman）1850年独资创办英文周报《北华捷报》开始，至《字林汉报》在汉口创办之前，它先后面向在华洋人圈子，在中国出版发行了包括有"英国官报"之称的《字林西报》在内的多种系列英文报刊，同时又面向华人社会先后创办了《上海新报》和《字林沪报》这两大中文报纸，《字林汉报》是继此之后该洋行在中国发行的第三份中文报纸。到19世纪90年代前期，它已经成为中英文兼具、周报日报兼备的大报馆。这一过程充满了扩张性。而且在汉口《字林汉报》创刊之前，它的所有报刊都创办于上海、立足于上海，故可以说《字林汉报》是立足于上海的字林报业向长江流域扩张其报业之始。在19世纪，像字林洋行这样以如此规模的系列报纸为基础进而跨地域扩张其报业的情况似乎只此一例。加之《字林汉报》创办地汉口地处晚清外国殖民势力深入中国内地的"黄金水道"——长江的中游，扼九省通衢之要，外人向中国内地扩张的第一份中文日报在此地诞生，自然值得好好研究。

值得进一步注意的是，数年之后，该报先后易主，性质大变，最后报纸操权转归至中国人手里。该报创刊3年之后，早已改名为《汉报》的该报第一次易主：经由长期在中国从事谍报活动的日本浪人宗方小太郎出面与曾任该报主笔的中国人姚文藻私下商谈成交事宜，《汉报》被宗方小太郎成功接收，并于1896年2月12日开始以其私人的名义进行经营。但宗方经营的该报在4年之后，因报道、言论触犯时忌，被时任湖广总督的张之洞查禁后以3000两白银买下，收归中国人所有。日本人经营的《汉报》至此（1900年9月30日）闭馆，历时4年零7个月。在这第二次易主后，《汉报》一直为中国人所有，直至1907年终刊。

这里需要突出的是，日本人接办的《汉报》即日资《汉报》在日本的在华报业史上占据着重要地位。日本在中国的报刊，始自1882年创刊于上海的日文季刊《上海商业杂报》[①]，自此至明治末年，日本在中国共

[①] 日本人最早在中国创办的报刊是1882年7月创刊于上海的日文报《上海商业杂报》，该刊最初为季刊，从第3号以后改为月刊，由上海商同会发行，内容以调查中国各地的经济状况和介绍中国各地的风土人情为主。参见中下正治《新闻にみる日中关系史》（研文出版社2000年版）第八章"日本人经营新闻小史"及该书的资料篇"中国にすける日本人经营の新闻一览"。

创办了57种报刊。若按创办时期来划分，可将其分为如下4个时期：甲午战争以前为第一时期，共出版报刊5种（中文1种，日文4种）；甲午战争至义和团运动为第二时期，共出版报刊7种（中文6种，日文1种）；义和团运动之后至日俄战争为第三时期，共出版报刊9种（中文4种，日文5种）；日俄战争至1912年的明治末年为第四时期，共出版报刊36种（中文8种，日文25种，英文2种，俄文1种）。其中，若从日本人在华中文报业的发展情况来看，早期有资料称，日本人在中国境内经营的第一份中文日报是1894年由上海东本愿寺别院出版的《佛门日报》，主笔为佐野则吾，该报以"济度支那人为目的"[①]，但后来根据查证，该报是否曾经发行，尚属疑问。[②] 因此，目前可以确知的日本人在华所办中文报纸，是在甲午战争之后，而且自此之后日本在华中文报纸数量突然有了迅速增长。具体来说，甲午战争后至义和团运动时期，中国计有汉口的《汉报》（1896年）、福州的《闽报》（1897年）、天津的《国闻报》（1897年）、上海的《上海新报》（1897年）、《亚东时报》（1898年）和《同文沪报》（1900年），这6种日本人发行的中文报纸，其数量远远超过同时期仅增加1种之日文报。在整个明治时期，中文报纸对日文报纸的这种压倒性优势现象，仅存在于此一时期，故该时期又被称为中文报时期。[③] 同时，又有学者认为，严格地说，日本人在中国的新闻事业当始自甲午战争之后。特别是甲午战争之后发刊于1896年2月12日的汉口《汉报》，更是被当时日本驻汉领事馆濑川浅之进在向其上司汇之《有关当地发行报纸状况之报告》中称为"此即为日本人在清国国境内创办中文报纸之嚆矢"，而中国学者则根据包括濑川浅之进这份报告在内的日本外

---

① 参见蛯原八郎《海外邦字新闻杂志史》，学而书院1936年版，第342页。另，陈道静在《外国在华报纸》一文中说："当'大陆政策'活跃了起来的时候，中国境内就开始出现了日本'支那通'经营的华文报纸，先锋是佛门日报，一八九四年（明治二十七年）一月上海东本愿寺别院出版。"参见张静庐辑注《中国出版史料补编》，中华书局1957年版，第355页。

② 黄福庆在其《近代日本在华文化及社会事业之研究》一书中引述蛯原八郎《海外邦字新闻杂志史》之说法道，日本人在上海虹口西东本愿寺别院发行《佛门日报》，主笔为佐野则吾，初版千份，广布清国各地，专以济度中国人为目的。对此，黄福庆指出，当时上海东本愿寺别院院长既不是左野则吾，而且在《东本愿寺上海别院六十年史》中也没有发行《佛门日报》的记录，因此，对该报的真相尚待研究。参见黄福庆《近代日本在华文化及社会事业之研究》，台北"中研院"近代史所1997年版，第251—252页。

③ ［日］中下正治：《新闻にみる日中关系史》，研文出版社2000年版，第193页。

务省多件档案资料等确凿证据，认为该报系"日本在华的第一家舆论机关"①。这就更加凸显出该时期报业特别是《汉报》之特殊意义。

综上所述，《汉报》研究的目的和意义如下：其一，以日资《汉报》为案例，可以管窥在外商中文报业获得较大发展之际，其中文日报向中国内地扩张之始的情形，以及日本军国主义以此为契机，趁中日甲午战争之后崛起的形势，在中国开端其侵华舆论机关事业的情形。其二，以《汉报》为标本，可以管窥在报界"华洋混杂"、中外关系微妙复杂的过渡阶段，中文外报的操权变迁与转移的情形。

二

总体上，报史学者对日资《汉报》及其前身之英商《字林汉报》与《汉报》的研究不多，而关于它们的介绍，主要来自于时人和后世报人。

最早从报史的角度论及日资《汉报》的是梁启超。他在1901年《中国各报存佚表》一文中称，在"圣主幽囚，新政懂堕，内地报馆封禁无存"的情况下，"汉报以日本人之力，大声疾呼于汉口"，将其列于不畏权奸势力的、敢言的维新报刊范围。② 这位维新运动主将对日资《汉报》的这种高度评价，在当时无疑具有权威性，代表了维新派对日资该报的看法，同时这应该也反映了该报在当时湖北报人心中的地位。湖北的老报人、曾先后担任《商务报》主笔、以短评活跃于晚清和民国湖北报界的喻的痴③，曾于1935年在《汉口中西报》上撰文，称《汉报》和《汉口日报》在创办之初"皆抨击时政甚烈"④，同样高度评价该报等同于维新派报纸的地位。这进一步说明了该报在湖北近代报人心中的"正面形象"。

---

① 引文及相关论证参见刘望龄《日本帝国主义利用报纸侵略中国之嚆矢——日人对〈汉报〉偷梁换柱始末》，载湖北省志新闻志编辑室、湖北日报新闻研究室《湖北新闻史料汇编》总第11辑，湖北省志新闻志编辑室刊印，1987年，第1—17页。同时，后来资助过《汉报》的东亚同文会在其所编《对华回忆录》中也称《汉报》"为日本人所发行的最早的汉文报纸"，参见东亚同文会《对华回忆录》，商务印书馆1959年版，第493页。

② 梁启超：《中国各报存佚表》，载张静庐辑注《中国出版史料补编》，中华书局1957年版，第68页。

③ 管雪斋：《武汉新闻事业》，载长江日报新闻研究室编《武汉新闻史料》第5辑，长江日报新闻研究室刊印，1985年，第124—125页。

④ 转引自刘望龄《辛亥前后的武汉报纸》，湖北省志新闻志编辑室、湖北日报新闻研究室编《湖北新闻史料汇编》总第9辑，湖北省志新闻志编辑室刊印，1986年，第98页。

与此相印证的事实是，在变法运动时期，谭嗣同自立算学馆，以倡言新学、呼号变法。在这个过程中，他明确主张"算学格致馆"应广阅各种新闻纸，公置数份"，其中就包括日资《汉报》。①

接着，与喻的痴同时代的两位湖北报人蔡寄鸥和管雪斋最早对武汉和湖北地方新闻史进行梳理，他们在其文中也都提到了《汉报》。

蔡寄鸥称，"日本人在汉口主办的中文报以《湖广新报》为创始"②，并认为《汉报》的底子是刘天民创办的《新汉口报》，刘离开汉口后，改为《汉报》。③ 这无疑是说，《汉报》是一份中国人办的民报，并非外报。

管雪斋则于1936年在汉口市新闻纸杂志暨儿童读物展览大会编印的《新闻纸展览特刊》上撰文《武汉新闻事业》，特别提到《汉报》（按：指的是日资《汉报》）。他表示，尽管汉口报馆林立，但遍询老同业，只有《汉报》一种才在他们脑中留有印象。④《汉报》为什么能在"老同业"印象中占有如此唯一的位置，作者并没有交代，但不难推断，这应该与该报"大声疾呼于汉口"、"抨击时政甚烈"的"突出表现"密切相关。文章并没有提及该报以前的任何情况，而只是介绍了它在1905年至1908年间的一些情况，包括报纸增张、销行等业务情况和报馆股本、人事、津贴等经营情况。文章云：《汉报》于1905年失火后，由川人朱彦达筹股接办，张之洞委朱彦达为汉报馆总理，并每月给政府津贴100元，主笔为继友唐。1908年，朱彦达之弟朱铁夫任总经理，郑南溪为主笔。⑤可见，他与蔡寄鸥一样认为该报是中国人自办的民报。

此外，戈公振在其《中国报学史》一书中也提到《汉报》，曰：（光绪）三十一年，汉口《汉报》载道胜银行行员陈延庆所开的庆安钱庄资本不充足，致被提款而搁浅，遭俄使请鄂当道封禁。⑥ 他言及的同样是

---

① 参见王树槐《外人与戊戌变法》，上海书店出版社1998年版，第105页。
② 蔡寄鸥：《武汉新闻史》，载杨光辉等编《中国近代报刊发展概况》，新华出版社1986年版，第50页。
③ 转引自栾学国《需要辨考的两种报纸》，载湖北省志新闻志编辑室、湖北日报新闻研究室编《湖北新闻史料汇编》总第8辑，湖北省志新闻志编辑室刊印，1985年，第9页。
④ 管雪斋：《武汉新闻事业》，载长江日报新闻研究室编《武汉新闻史料》第5辑，长江日报新闻研究室刊印，1985年，第123页。
⑤ 同上书，第124—125页。
⑥ 戈公振：《中国报学史》，载《民国丛书》第二编（49），上海书店出版社1989年版，第175页。

1905年间已归中国人所办、为俄国人所忌的《汉报》，原因是该报常揭其短，至于它为谁所创办则没有提及。

上述五位早期报人对日资《汉报》的介绍都非常简略，而且都是一些零散的片断情况，但却长期直接影响着后人对该报的了解和评价。

其中，梁启超的"疾呼说"影响最深。当代新闻史工作者一度普遍认为《汉报》是"倾向维新变法的报刊"[①]，这种看法无疑源自梁氏。拒俄运动时期的《汉报》则被认为具有"反帝爱国的政治倾向"[②]，这既与戈氏的"俄忌说"相一致，同时也是对梁氏"疾呼说"的进一步呼应与印证。这样，在报纸性质和政治倾向这个根本问题上，《汉报》长期被认为是进步的。另外，管氏和蔡氏的"民报说"也一度被人们未加区分地当作整个《汉报》基本情况的资料来源，从而出现以"民报说"为基调的、创办者和创办时间各不相同的种种说法。[③] 而与此同时，英国人创办的《字林汉报》和日本人创办的《汉报》被指是帝国主义者为了实行对中国的文化侵略，"学了中国人的口气"办给中国人看的中文日报。[④] 这是首次指出《字林汉报》和《汉报》的文化侵略性质。

总之，至20世纪80年代中期，还没有出现对日资《汉报》的专门研究文章，但在地方新闻史的文章中，逐渐出现了一些对该报的介绍性内容。其中，关于该报的报纸性质和政治倾向，主要有"疾呼说"、"民报说"和"外报侵略说"三种不同的意见，没有统一。关于具体的创办者和创办时间，则众说纷纭，无法统一。关于报纸的具体内容，亦还没有任何基于原件的分析。

关于《汉报》的众说纷纭，引起了当代研究者的关注。新闻史研究

---

① 如刘望龄的《辛亥前后的武汉报纸》，载人大新闻系报刊史教研室编《报刊史资料汇集》（5）；叶翠娣、史和、姚福申的《晚清湖北报刊录》，载湖北省志新闻志编辑室、湖北日报新闻研究室编《湖北新闻史料汇编》第3辑等。

② 如刘望龄的《辛亥前后的武汉报纸》，载人大新闻系报刊史教研室编《报刊史资料汇集》（5）；戈公振的《中国报学史》，载《民国丛书》第二编（49），上海书店出版社1989年版，第175页。

③ 如《武汉新闻史料》第1辑载文称《汉报》于1893年发刊，宋伟臣、刘歆生创办；人大新闻系报刊史教研室编《报刊史资料汇集》（5）刊发刘望龄的《辛亥前后的武汉报纸》一文，称《汉报》为商办报纸，于1893年发刊，设于汉口河街。这些不同的意见见栾学国所撰《需要辨考的两种报纸》，载湖北省志新闻志编辑室、湖北日报新闻研究室编《湖北新闻史料汇编》总第8辑，湖北省志新闻志编辑室刊印，1985年，第9页。

④ 方汉奇：《中国近代报刊史》，山西人民出版社1981年版，第38页。

者栾学国于1985年在《需要辨考的两种报纸》中对《汉报》提出两条辨考建议：(1)清末有几种《汉报》在湖北出版？有否其内在联系？(2)是外国人在汉口首创《汉报》，还是国人创办《汉报》？[①] 针对这种建议，李慕于1987年撰文《武汉〈汉报〉考》，他根据《汉报》1893—1894年和1898—1900年的部分报纸原件以及其他有关资料，就《汉报》创刊、变迁、停刊的基本情况提出下列看法：1893年3月23日，英国人创办中文《字林汉报》（不久报名改为《汉报》）；1896年2月，该报转由日本人接办；1900年冬，日本《汉报》转归中国人办（对转为中国人办的《汉报》，有"官办"和"先绅办后官办"两说），至1905年春被封；1906年3月《汉报》民办，1907年10月《汉报》交由官办，1908年2月20日被封。晚清的中文《汉报》历史至此结束。[②] 这篇文章至少解决了以下两个问题：一是根据创刊号原件指出《汉报》由《字林汉报》改名而来，由英商首创；二是梳理了《汉报》多次易主的线索，从而点出了清末几种《汉报》的内在联系。从现存该报原件来看，他所勾勒的英人办——日人办——华人办这三个阶段的易主线索基本正确，至于其间的具体细节，则没有交代。

在20世纪80年代的《汉报》辨考过程中，历史学者刘望龄教授对日本人接办该报的过程及日人办《汉报》时期的政治倾向等问题做了细致的论证工作。在这个论证过程中，刘先生改变了自己过去所持《汉报》为倾向维新变法的进步报刊这一在学界很有代表性的看法，提出这是日本人利用报纸侵略中国之嚆矢，完全订正了"疾呼说"，从而为我们进一步研究这份报纸提供了宝贵的参考意见。

刘望龄对《汉报》所做的梳理与论证工作为：

其一，在李慕简要勾勒《汉报》的易主线索之后，明确将该报划分为以下三个时期：1893—1896年，为英国人创办并控制的中文报纸时期；1896—1900年，为日本人直接经营时期；1900—1908年，为国人自办时期。这种衍变线索与李慕的观点相同，不过，在各个时期增加了关于该报

---

① 栾学国：《需要辨考的两种报纸》，载湖北省志新闻志编辑室、湖北日报新闻研究室编《湖北新闻史料汇编》总第8辑，湖北省志新闻志编辑室刊印，1985年，第9页。

② 李慕：《武汉〈汉报〉考》，载湖北省志新闻志编辑室、湖北日报新闻研究室编《湖北新闻史料汇编》总第11辑，湖北省志新闻志编辑室刊印，1987年，第19—24页。

简要的内容概述。①

其二，根据日本外务省有关武汉报业的原始档案和日本办报时期的部分《汉报》原件，先后撰文三篇，分别为《日本帝国主义利用报纸侵略中国之嚆矢——日人对〈汉报〉偷梁换柱始末》、《论〈汉报〉的舆论宣传及其侵略手法》和《日本在汉的舆论宣传与思想近代化——以〈汉报〉为中心》，揭示了日人接手《汉报》的过程、报道手法和报纸性质等问题。其中《日本帝国主义利用报纸侵略中国之嚆矢——日人对〈汉报〉偷梁换柱始末》订正了《汉报》的归属问题，指出《汉报》于1896年2月12日正式落入日本人之手，由日本人宗方小太郎任社长，至1900年9月28日停刊，历时4年零7个月。文章还分析了宗方接办《汉报》的历史背景、《汉报》社长主笔的个人情况、日本政府作为总后台的基本情况，同时重点分析了该报"遮人耳目"、长期被中国人当作进步报纸的"偷梁换柱"手法，得出如下结论：《汉报》是日本利用报纸侵略中国之嚆矢。②

《论〈汉报〉的舆论宣传及其侵略手法》则主要是根据该报日人时期的部分报纸原件，从其所刊社论论述该报的侵华实质。它揭示了日人《汉报》的如下三种迷惑中国人的论调——"统一黄种之势力、结亚洲为一团"，"维新必先守旧"、"不以外人为仇"，"主和不为误国"——从而有力地揭露了《汉报》的殖民主义侵略性质。③

上述两文都发表于20世纪80年代，用雄辩的证据清晰地揭示了日人《汉报》的侵略性质。

20世纪90年代，刘望龄发表了《日本在汉的舆论宣传与思想近代化——以〈汉报〉为中心》一文，提出如下三个分论点：日本在华发行的最早一家中文报；传播近代先进文明的不速之客；借资扶植扩张日本利权。文章在论述《汉报》作为"日本官方在华言论机关"性质的同时，用更多的篇幅论述了它"传播近代文明的进步作用"：

---

① 参见刘望龄《湖北省志·新闻出版》，载湖北省志新闻志编辑室、湖北日报新闻研究室编《湖北新闻史料汇编》总第12辑，湖北省志新闻志编辑室刊印，1987年，第7—12页。

② 参见刘望龄《日本帝国主义利用报纸侵略中国之嚆矢——日人对〈汉报〉偷梁换柱始末》，载湖北省志新闻志编辑室、湖北日报新闻研究室编《湖北新闻史料汇编》总第11辑，湖北省志新闻志编辑室刊印，1987年，第1—17页。

③ 参见刘望龄《论〈汉报〉的舆论宣传及其侵略手法》，《华中师范大学学报》（哲学社会科学版）1985年第6期。

如果撇开《汉报》的私图即为日本军国主义实施"大陆政策"、变中国为殖民地的一面，其在倡言西学、警醒国民、鼓吹变革、救时济世等客观方面，确实起了不容忽视的作用，在湖北社会的思想近代化上占有重要地位。①

同时，作者还引述梁启超对《汉报》的称誉，佐证这种"客观作用"。作者似乎对日资《汉报》的评价开始转向肯定"客观"效果的"功过二分论"，也就是说，此时他试图从"现代化"的视角来解读这份报纸，而在这种视角之下，日资《汉报》的侵略色彩似乎冲淡了很多，这种观点与他前面全面否定的"侵略论"显然有着微妙的差异。

刘望龄是迄今为止唯一一个利用报纸原件对《汉报》作出研究的学者。他研究的是日人所办《汉报》时期的一些情况。

虽然整体上关于《汉报》的先行研究不多，但通过梳理上述研究，一是可以确知日资《汉报》衍变的基本线索，二是可以丰富本书研究的资料来源。

同时，笔者认为上述研究总体上存在不足：一是内容零散，都是就其某一个方面或某一个史实进行介绍、探讨、分析，缺乏对该报发展过程的整体、系统、深入研究。二是史料缺乏，只有刘望龄有基于报纸原件的内容分析，但他基本上是对日人时期的部分报纸言论作出分析，而不是对该报各个时期大量的报道内容作全面的分析。三是视角和史观的缺憾，基本上没有对该报基于新闻史发展脉络的详尽研究；尤其是与视角相关的史观问题更有缺憾：该报究竟是一份为谁说话的报纸？其立场和性质究竟如何？对这一根本问题，先行研究均未能作出拨开历史云雾还原历史真相的科学论证，梁启超、戈公振等早期报人固然受到时代的限制未能回答有关问题，而当代原本对该报的日人时期从历史学的角度作出过认真论证分析、证实其文化侵略性质、观点非常明确、对该报作出最多关注的刘望龄先生，后来却又改变态度，撰文转而全面肯定其"传播近代先进文明"的"客观方面"，这一新表态是否存有偏差，也许还有待确切的史料予以进一步的辨析。

---

① 刘望龄：《日本在汉的舆论宣传与思想近代化——以〈汉报〉为中心》，《近代史研究》1992年第1期。

总之，这样一份令人有"看不清"真实面目之感的特殊外报曾经引起时人的相当关注，也为当代新闻史及近代历史研究者所注意，但更多地是给我们留下了大量的研究空间和研究空白，诸多一系列问题有待重新梳理和辨析。

三

本书选取19世纪末一份特殊的中文外报作个案研究，采取实证研究的方法，即通过搜集和分析相关史实，对日资《汉报》的诞生背景、经过及其在中国的发展轨迹与结果进行深入探讨，属于定性研究范畴。

首先要解决的是史料的问题。作为新闻史的个案研究，其基本材料是该报的报纸原件这一最重要的原始资料。因此，在选题确定之初，首先做的事情就是尽可能搜集该报原件。

现存英人时期该报的原件从1893年5月5日（第44号）至1894年9月2日（第524号）（不全）；现存日人时期该报的原件从1898年1月29日（第1726号）至1900年9月4日（第2633号）（不全）。

这些报纸原件是研究《汉报》最核心的原始资料。对它们的研究，一是察看其报纸形式，包括印刷、纸张、尺寸大小等方面；二是考察其版面编排，包括报头、题文、容量、新闻与广告等内容的编排等方面；三是分析其编辑方针与报道内容。这是关于该报最可靠、最基本、最直接的材料，只有通过读报，把这些基本事实材料整理出来，才有可能作进一步的考究和分析。比如，关于1893年创刊时该报的归属问题，从已出版的文字著述来看，目前学界在这一点上似乎已经有了定论，即认为该报系英商字林洋行所办，但也有个别持不同意见者。[①] 实际上，在阅读了现存有关

[①] 笔者在2007年访问上海新闻史研究者陈镐汶老先生时，他非常肯定地说该报实际上是由中国人姚文藻出资所办的报纸，它除了打着洋人招牌这一点之外与外国人没有任何关系（该时期确实存在打着洋人招牌办报的现象）。他的依据是：1933年《新闻报》创办40周年时出了一本纪念册，曾任该报主笔的蔡尔康为此专门写了一篇回忆录，讲述他当初是如何创办《新闻报》的。在这篇文章里，蔡尔康说当时要办报纸，就一定要请外国人作靠山、作招牌，否则就办不下去，以前《沪报》就是这样做的。根据这个回忆录，陈老先生说，上海的《字林沪报》和后来汉口的《字林汉报》都不是外国人办的，而是中国人出资所办，后者则是与日本人关系非常密切的姚文藻于1893年来到汉口所办的。陈老先生还补充说，蔡尔康的这篇回忆文章并没有用在《新闻报》的40周年纪念册里，他是在档案馆看到的（他所提供的这个线索来源确实存在）。可见，关于《汉报》前期的真实归属，存在不同说法。

报纸原件后，这个分歧便可以解决：如果说该报报头所标明的"英商字林汉报馆开设汉口英租界一码头后"字样尚不足以说明其主人系字林洋行的话（因为不排除只是打着字林洋行招牌的情况），其报道内容上鲜明的英国立场和英国口气这一点则足够说明它是英国人办的、为英国殖民利益说话的报纸这一事实。若将报纸原件所揭示的上述两个方面的信息辅以字林洋行在上海的英文报纸《北华捷报》非常关注该报的创办、曾在1891—1893年间至少前后两次刊登该报将在汉口创刊的预告消息这一点，《字林汉报》属于字林报系的事实便更加清楚了。

总之，报纸原件提供了丰富的信息，是报纸个案研究最为核心的一手资料。本研究将基于这些原件，试图对这一日本在华首家政论报纸的发展历程、主要论调、根本立场、必然结果诸问题作深入研究。

但要全面研究《汉报》，同时不可忽视其他史料的搜集和整理。如该报创办前后中国报界特别是外报发展的状况等报业背景资料，该报出资者、发行商、主笔、编辑班子等人物资料，很多需要从同年代的中外报刊和相关资料中细心寻找，科学推断，找出答案。

大量史料的占有是前提和基础，其目的是理出基本史实，就本研究而言，这个过程需要有明确的时空观念。因为，日资《汉报》之前身《字林汉报》的发行商是字林洋行这一立足于上海、当时中国最大的报业印刷出版集团，它先后在上海创办了一系列报刊，《汉报》是其字林报系的一种，而且是唯一从上海向内地扩张的一种，所以，要抓住其报业的源头在上海、其路线是溯江（长江）而上至长江中游的商业重镇汉口这一空间概念，既要重视当时中国沿海与内地报业发展程度不同的事实，又要注意当时汉口报业的特殊地位这一情况，以探讨外商中文日报向中国内地扩张之始的情形。同时，这一扩张行为发生在19世纪90年代、外商中文报业在中国获得了较大发展特别是英商报业在各国在华报业中占据绝对优势、中文外报整体上在中国打下了一定根基之际，其操权转至日本人则是在甲午战争之后、日本开展在华舆论活动之际，诸如此类的情况，要紧紧抓住特定的报业发展阶段这一时间概念。时空观念的结合，才有助于相关史实的辨别和梳理。

正由于日资《汉报》最初是英商从上海扩张其报业至内地沿江城市汉口、又在甲午战争之后被日本浪人接收、最后在义和团运动高涨时被中国当局查禁这一问世和生存于中外矛盾发生急剧变化、中国社会产生急剧动荡的重要时期，且在数年之内两度易主、性质多变的一份特殊报纸，在对有关历史事实作出分析、判断和评价时，尤其需要有明确的、科学的史观。这便涉及另一个重要的问题——史实的解释问题。

关于史实的解释，本研究运用历史实证方法，力求正确、客观地解释有关历史事实，揭示该报一直为时人和后人所惑的演变过程、报纸性质、舆论基调、政治立场等重要问题。具体来说，就是要深入了解有关历史知识和时代背景，对晚清时期列强入侵这一段大历史的历史背景、中外关系的特征及其性质有明确的认识，在此基础上再对日资《汉报》的相关问题作出事实判断和价值判断，最后形成结论。

如果说在当时报界"华洋混杂"的复杂局面及救亡图存的迫切情势下，时人一时难以辨别敌友和是非还情有可原且由此而给后人的认识增添了难度的话，今人更应该以大量事实为依据，在正确的历史观的前提下揭示和还原历史的真相。这在外报研究中尤其重要。

概言之，本研究以日资《汉报》为研究对象，以现存该报原件为基本资料，运用历史实证的研究方法，通过对该报诞生背景、经过的梳理，对其资金来源、编辑方针的考察，对其办报理念、政治使命的阐释，对其在有关中国重大时政问题上的报道、评论态度的剖析，对其停刊闭馆经过、原因的分析，勾勒该报在中国 4 年零 7 个月的发展轨迹。重点是对该报在戊戌变法、中日关系、义和团运动和俄国南下等一系列重大时政问题上的报道和言论进行内容分析，旨在揭示出该报在甲午战争之后忠实地服务于日本政府侵华政略的根本立场及其相关论调和舆论诱导之所在，以及它最终被中国官宪接管的必然结果。

四

日资《汉报》诞生和生存于 19 世纪末中文外报"华洋混杂"的报业背景之下。如前所述，这一时期中文外报在中国的发展呈现出十分特殊的局面：为了维持报馆的"营业"，或者是出于掩盖办报者特定政治意图的需要，其编者针对中国人采取了迎合人心乃至加强"合作"的办报策略，从而令人有"看不清"其真实面貌之感。日资《汉报》就是这样一份典型的外报：其源自于他报的历史，其由日本政府予以资助的政治背景，其日本馆主、主笔与中国报人千丝万缕的联系，其对中国人所宣称的"同文同种"、"中日睦邻"之"情谊",其对中国时政问题的大胆评论、对清廷高层和最高权威无所顾忌的贬斥,等等,这些看上去并不连贯和统一的现象,使人不易看清这份报纸的真实面貌。这是本研究的难度所在。而解决这一难点的途径,在于紧密结合当时风云变幻的历史背景,运用实证的研究方法,对该报的内容或曰文本进行重点而系统的分析,从而揭示出该报的政治立场、基本论调和真实意图。这是本研究的核心所在、重点所在,本研究主要着眼于解决这一核心问题。事实上,通过这种努力,本书系统地论证了日资《汉报》如何前后贯通一气地站在维护日本"国益"的根本立场,自觉服务于日本政府的对华"政略",露骨地干预中国内政,从而最终因触犯中国人的利益而被中国官宪查禁、接管。

第一章

日资《汉报》之前身
——英商创办的《字林汉报》(1893)与《汉报》(1893—1896)

日资《汉报》源自于英国字林洋行1893年3月23日首创于汉口的《字林汉报》与《汉报》。也就是说，英商创办的《字林汉报》与《汉报》是日资《汉报》的前身。因此，有必要首先对它们进行研究。

第一节 英商《字林汉报》*

如绪论所言，英商创办《字林汉报》之时，中文日报在海外和中国本土都"如晨星寥落"，该报是外国人在华内地所办的第一家中文日报。下文拟对该报之诞生、创刊、办报宗旨、版式、发行、广告、内容与特征诸问题进行考察。

一 《字林汉报》的诞生背景

《字林汉报》诞生于长江中游地区的商业重镇、素有"九省通衢"之称的汉口，在19世纪中后期长江流域的逐步"对外开放"过程中问世。

长江流域一向是外国列强侵略中国的重要目标。

鸦片战争后，随着广州、厦门、福州、宁波、上海这五个沿海城市的开埠，上海这一长江入海口逐渐取代广州成为国内最大的进出口贸易中心。

---

* 本节部分内容曾先后发表于《新闻与传播研究》2008年第1期（原题为《英商在汉口创办的〈字林汉报〉（1893）》）、《求索》2010年第10期（原题为《〈字林汉报〉两份珍贵原件之探》）。

随后，1851—1864 年的太平天国运动及其影响下的上海小刀会起义，对长江中下游城市影响颇大。一方面，清军与太平军在长江中下游地区连年战争，给该地区造成极大破坏；另一方面，以英国为首的列强在这一地区的地位和势力却得到不断巩固、加强——他们利用清政府疲于应战之机不断扩大侵略，攫取了海关征税权、片面修改土地章程、成立武装等新的特权，使上海以及随后仿照上海成例的各地租界成为"国中之国"，同时又向清政府"借兵助剿"，协助清军镇压太平军和小刀会，以此获得后者的"好感"；不仅如此，在"助剿"过程中，以英国为首的外洋势力与以曾国藩、李鸿章、左宗棠的湘、淮军阀为首的江南地方官僚势力日益结合，使列强找到了其在江南地区的利益代言人；同时，在这个过程中，英法发动了第二次鸦片战争，中国战败后被迫签订《天津条约》和《北京条约》，这两个条约的内容相当一部分与长江开放有关。条约规定新开 10 个城市为通商口岸，其中汉口、九江、南京、镇江 4 个城市都是长江沿岸的重镇；[①] 外国传教士可以入内地自由传教；外国人可以到内地游历通商；外国军舰和商船可以驶入长江一带通商口岸等。条约签订后，镇江、汉口、九江于 1861 年先后开埠，南京因当时在太平军手里，延至 1899 年开埠。上述条款使英美等国开放长江、深入内地的夙愿取得突破性的进展。

1876 年，英国借口马嘉理事件迫使清政府签订中英《烟台条约》，其内容同样有相当一部分是关于进一步开放长江流域和中国内地的。条约规定增开宜昌、芜湖、温州、北海 4 处为通商口岸（其中前两处为长江沿岸城市，后两处为中国西南内地城市）；开放大通、安庆、湖口、武穴、陆溪口、沙市 6 处为外轮停泊处（实际上就是准通商口岸，这 6 处除大通外其余均为长江中、下游地区的城市）；英国可派员驻寓重庆"察看川省英商事宜"（即保留下一步向长江上游开埠通商的特权）。果然，1890 年中英签订《烟台条约续增专条》，将重庆添列为通商口岸，1891 年重庆正式开埠。

这样，通过战争和条约，外国资本主义势力以上海为据点，不断沿长江流域上溯，至中日甲午战争前夕、英商《字林汉报》创办之时，长江沿江城市大体完成了对外开埠通商的过程，从而使长江地区成为晚清全国

[①] 这 4 个城市都具有重要的交通和商业意义，其中汉口位于长江与汉水交汇处，处于"九省通衢"的要冲；九江居于赣、鄂、皖三省交界处，素有"江西北大门"之称；镇江地处长江与京杭大运河汇合处，素有"银码头"之称；南京具有 2000 多年的历史，向来是政治重镇和军事要地。参见张仲礼等编《长江沿江城市与中国近代化》，上海人民出版社 2002 年版，第 5—10 页。

对外开放程度最高的大江流域。①

与此同时，在地方督抚曾国藩、李鸿章、左宗棠等筹划实施"借洋助剿"的过程中，中国产生了"师夷长技"、学习西方的洋务思潮。在他们之后，长江流域的许多地方官员继续在当地积极推行洋务运动②，同时，在这些洋务官员周围，还聚积了众多主张改革的商人、买办和知识分子③，他们长期以长江中、下游为活动舞台，变法自强的洋务思潮因此在长江流域与在京津和沿海地区一样活跃。④ 这样，国人活跃的洋务思潮与列强武力开放的步伐互相呼应，使长江在晚清成为外国殖民势力深入中国内地的"黄金水道"。在这个过程中，先后发动两次鸦片战争、随后又制造马嘉理事件的英国人无疑充当了急先锋的角色。

在长江中游重镇、《字林汉报》的诞生地汉口，英国官商更是捷足先登。最先闯入汉口的军舰是英国军舰。⑤ 紧随军舰之后，最先从上海驶往汉口的商轮是英属宝顺洋行的扬子江轮。⑥ 最先在汉口设立的租界是英租界（1861年3月21日汉口英租界正式建立，汉口正式开埠），这也是湖北近代历史上设立的第一个租界（在1895年德、俄、法、日租界设立前，汉口的租界一直只有英租界一家）。在汉口英租界建立之后，完全听令于英籍税务司赫德的湖北第一个管理中外贸易的机构——江汉关在汉口设立。此后，西方各国纷纷以"利益均沾"条款紧随英国前来汉口通商，汉口俨然成为一个"国际都市"⑦。外国资本纷纷前来投资设厂，以汉口

---

① 参见张仲礼等编《长江沿江城市与中国近代化》，上海人民出版社2002年版，第31页。
② 如浙闽总督沈葆桢、江苏巡抚丁日昌、两广总督张树声、湖广总督张之洞等。
③ 如冯桂芬、郑观应、蔡尔康、沈毓桂等。
④ 参见张仲礼等编《长江沿江城市与中国近代化》，上海人民出版社2002年版，第656—657、704—707页。
⑤ 1842年中英《南京条约》签订不久，一艘英国军舰自吴淞口驶入汉口勘测航道。1858年中英《天津条约》签订不久，英国在华全权专使额尔金率领5艘军舰载兵370余人由上海溯江而上，沿途制作了精密的水线图，抵汉后，窥视武汉三镇，并会见湖广总督官文。参见徐凯希等编《外国列强与近代湖北社会》，湖北人民出版社1996年版，第10页。
⑥ 扬子江轮于1861年3月7日抵达汉口，返沪前该行主韦伯拜见湖广总督官文，并觅栈房一所，留驻汉通事住下，为正式开埠拉开序幕。参见湖北省地方志编纂委员会《湖北省志·外事侨务》，湖北人民出版社1996年版，第1页；徐凯希等编《外国列强与近代湖北社会》，湖北人民出版社1996年版，第10页。
⑦ 近代正式前来武汉经商的国家计有17个，它们是英国、法国、俄国、美国、德国、丹麦等。据统计，至1891年，汉口已有洋行27家，外国商人370人。相关资料见徐凯希等编《外国列强与近代湖北社会》，湖北人民出版社1996年版，第12页；湖北省地方志编纂委员会编《湖北省志·外事侨务》，湖北人民出版社1996年版，第3页。

为中心的湖北对外贸易市场逐步开辟。

汉口的对外贸易有自己的特点。资料显示，自第二次鸦片战争以来，汉口一直是上海在长江流域最大的洋货转销城市和土货供销城市，其绝对贸易值远远超过其他沿江开放城市，更加超过全国其他沿海开放城市。[①] 也就是说，汉口既是上海在中国的最大国际和国内贸易伙伴，同时又是中国内地之门户，洋货销售和原料购买颇为便利。[②] 鉴于汉口对于延伸上海市场以及对于开拓内地市场的双重重要性，19世纪60年代以后，英、美、法、德、日等国洋行纷纷由上海向汉口派出代理机构，或者直接到汉口设置分行，如怡和洋行、宝顺洋行、汇丰银行等。本著所研究的《字林汉报》就是英商字林洋行从其上海本部拨出力量前来汉口创办的中文日报，作为其在上海的中文日报《字林沪报》的分馆（详情容后再述）。

汉口开埠不仅使洋货迅速涌入，而且使外国教会在湖北"合法化"，西方宗教、文化势力乘机渗入内地。1861年6月，已在上海从事传教活动6年、有"中国通"之称的基督教英国伦敦会传教士杨格非（John Griffith）在鸦片战争后最先从上海来到湖北，他以汉口为中心，向湖南、四川、陕西等周边省份拓展传教活动，足迹遍及华中。[③] 以英国伦敦会为代表，欧美天主教、基督教各派纷纷公开向湖北及其周边地区扩展势力，把汉口、湖北当作渗入中国内地的桥头堡。

为了扩大影响，在鄂商人和传教士创办各种报刊，大力宣传西方文明和宗教思想，湖北近代报业的第一页就是由这些外国人书写的。他们创办报刊的基本情况如下：

1866年，在汉英美人士在汉口创办商业报纸《汉口时报》（Hankow Times），美人汤普森（Thowpson）编辑，英文印刷，这是湖北地区最早的近代报刊，其时距汉口开埠仅5年。

1872年，基督教会在汉口创办《谈道新编》，由英国传教士杨格非创办，主编为杨格非的中文秘书沈子星及汉口基督教仁济医院助理医师杨鉴堂。

[①] 长江以北以及长江以南的各沿海城市与上海的洋货、土货贸易额均远远低于汉—沪的贸易额，具体情况参见《上海通史第4卷·晚清经济》，上海人民出版社1999年版，第274—275页。

[②] 参见皮明庥等编《武汉近代（辛亥革命前）经济史料》，武汉地方志编纂办公室印行，1981年，第43页。

[③] 参见徐凯希等编《外国列强与近代湖北社会》，湖北人民出版社1996年版，第5—7页。

1874年，英人罗兹（P. Rhode）在汉口创办《汉皋日报》，中文印刷。

1875年，外国教会在汉口创办《开风报》，中文印刷，主编为宇阿鲁。

1880年，汉口基督教会在汉口发行《昭文日报》，中文印刷。同年，外国教会在汉口发行《新民报》，中文印刷，主编为宇阿鲁。

1883年，外国人主办的《武汉近事编》在汉口创刊，中文印刷，主编为莫尔（Ngae Sian Mal）。

1885年，英国教会英格兰圣经学会的言论机关《英格兰圣经会报》在汉口创刊，中文印刷，由杨格非主持。

1887年，汉口基督教会将《武汉近事编》改良为《益文月报》，中文印刷，主编为杨鉴堂。

1888年，基督教文华书院在武昌主办《中国传教士》（*Chinese churchman*），英文印刷。①

也就是说，自汉口开埠以后至1893年《字林汉报》创办之前，外国人在湖北地区（主要是汉口）已经先后发行了9种报刊，它们以宗教性报刊为主，以英人主办者为多。这是第二次鸦片战争后外国殖民势力深入中国内地长江流域的重要体现。

对于终于能够进入中国那些曾经"不能渗入的地区"，"进行友好的交往和光荣的贸易"，来鄂传教和办报的积极分子杨格非一开始就兴奋地煽动他的同胞：

> 中国几乎出乎意料之外地对传教士、商人和学者开放了。这个国家事实上已经落入我们的手中，一切早已在中国的传教士和各自国内的差会，如果他们不去占领这块土地，不在十八个省的每一个中心取得永久立足的地方，那将是有罪的。②

---

① 以上报刊的基本资料系综合刘望龄编《黑血·金鼓——辛亥前后湖北报刊史事长编：1866—1911》（湖北教育出版社1991年版）、武汉地方志编纂委员会编《武汉市志·新闻志》（武汉大学出版社1991年版）、湖北省报业志编纂委员会编《湖北省报业志》（新华出版社1996年版）、刘望龄编著《辛亥首义与时论思潮详录》上卷（华中师范大学出版社2011年版）等书的有关资料。

② 转引自徐凯希等编《外国列强与近代湖北社会》，湖北人民出版社1996年版，第6页。

不难想象，抱着"占领中国这块土地"、在中国"取得永久立足的地方"野心的杨格非们来到正在不断加深"开放"程度的长江流域、落脚于中国内地之门户汉口，会带着怎样的目的办报。也不难想象，步他们后尘而来汉口创办《字林汉报》的英国商人有着怎样"有利"的办报条件和基础。

二 英商《字林汉报》在汉口的创刊

1. 报名由来、编辑班子及其与上海《字林沪报》的相互关系

1893 年 3 月 23 日，英国人在汉口创办中文日报《字林汉报》，馆设汉口英租界一码头后。① 不过，创办这份报纸的计划似乎早在一年多以前就已经开始酝酿了。1891 年 8 月 28 日，字林洋行在上海的英文报《北华捷报》(*North China Herald*) 发布了《汉报》即将创刊的消息，消息写道："一家中文的日报，名曰'汉报'，即将于下月初在汉口问世。该报将由'有经验的中国学者与精通中国文字的外国人士'负责编辑。"② 但该报的实际创刊日期却比这个预告的时间推迟了一年半。在《字林汉报》实际创刊的前一周——1893 年 2 月 16 日，《北华捷报》登有如下准确的预告消息："根据本报以及沪报的告白，准备在汉口发行的日报将命名曰'字林汉报'。该报编制将与本市（指上海——笔者按）的'字林沪报'同，刊载京报的上谕、奏稿，最近的电讯、新闻，以及商务信息等。第一期将于阴历新年出刊。"③

上述两则创刊预告揭示出如下事实：

第一，关于报名。这份拟在汉口创办的中文日报，最初考虑命名为《汉报》，但后来在正式创刊时命名为《字林汉报》。如前面所述，现在能看到的有两份《字林汉报》。不过，实际上该报创刊之后往往被简称为《汉报》，就像《字林沪报》简称为《沪报》一样。这种简称可以从 1893 年 5 月 5 日《字林汉报》的一则本馆告白《汉报书馆》得到印证，该告

---

① 参见刘望龄《黑血·金鼓——辛亥前后湖北报刊史事长编：1866—1911》，湖北教育出版社 1991 年版，第 6 页。
② 转引自皮明庥等编《武汉近代（辛亥革命前）经济史料》，武汉地方志编纂办公室印行，1981 年，第 36 页。
③ 同上。

白说:"本馆开设江汉关署前青龙街,按日派人分送汉报。"① 后来,该报的报名改署为《汉报》。笔者现今所见最晚一期命名为《字林汉报》的报纸原件是1893年6月8日的第78号该报,笔者现今所见最早一期命名为《汉报》的报纸原件是1893年12月19日的第272号该报,可以判断该报改署为《汉报》的时间应是1893年6月8日至同年12月19日之间。不过,据刘望龄先生所述,他发现1893年7月5日所出之报仍以《字林汉报》(第105号)相署,由此断定该报改名为《汉报》的时间为1893年7月至12月之间。② 若此资料确切的话,刘先生的结论更为可靠。

第二,关于创办者。字林报业在上海的英文报纸《北华捷报》、中文报纸《字林沪报》先后至少三次刊登该报的创刊预告,说明该报的创办受到字林报系各报的高度重视,而报名《字林汉报》更清楚地表明它属于字林报系;预告称该报编制将与《字林沪报》相同这一点又具体揭示了该报与同系已创刊中文报纸《字林沪报》的密切关系。这些情况说明《字林汉报》的发行商为英商字林洋行,是一份外报,其本部在上海,也就是说,它是一份源自上海的外报。

关于第二点,有记载曰:"光绪癸巳姚赋秋、梅问羹辈自上海来创《字林汉报》,托当日《字林沪报》外人之声援也。"又谓:"汉馆与沪馆本出一家,所有论说、新闻彼此多相采用。"③ 这简要地说明了它的编辑班子和新闻业务都源自上海,进一步印证了《字林汉报》的报业源头在上海的事实,上海的字林报业是其大本营所在,而且它与字林报系当时影响最大的中文日报《字林沪报》互相呼应,一个在长江下游,一个在长江中游,令人瞩目。

《字林汉报》的编辑班子情况如何呢?如上所述,姚赋秋、梅问羹自上海来创《字林汉报》,这就是说姚赋秋是该报的华人主笔。姚氏何许人也?据记载,此人字文藻,系江苏苏州人,布衣出身,为上海《申报》的早期主笔,加入《申报》时年仅20余岁,④ 后入《字林沪报》任主笔,

---

① 《字林汉报》1893年5月5日。
② 参见刘望龄《辛亥首义与时论思潮详录》上卷,华中师范大学出版社2011年版,第18页。
③ 刘望龄:《黑血·金鼓——辛亥前后湖北报刊史事长编:1866—1911》,湖北教育出版社1991年版,第6页。
④ 参见马广仁《上海新闻史(1850—1949)》,复旦大学出版社1996年版,第101页。

与蔡尔康有隙,他们之间的这种关系可见蔡尔康自叙《新闻报》创办过程的回忆文章,他称姚夺去他在《沪报》的主笔之权:"《沪报》主笔姚赋秋,夺余之权,而与余绝交,及知余主《新闻报》,彼《沪报》之名,竟为余掩,则大愤,恒吹毛求疵于《新闻报》。余设此益友也,有则改之,无则加勉焉可也。"① 不管他们两人之间的是非恩怨如何,有一点是可以肯定的:继蔡尔康1882—1891年担任《字林沪报》主笔之后,姚赋秋于1891年开始担任该报主笔。由此可见,姚具有在英商字林报业的中文报馆里工作的丰富经验,且来汉主持《字林汉报》之前已有多年外商中文报纸主笔经历。此君与日本人的关系也值得重视,在戊戌政变后、1899年慈禧允派广东刘学洵等密赴日本暗杀康有为和梁启超等维新派时,他曾随行前往,当时日本报纸如此介绍,"姚文藻,苏州人,通文墨,精日文,往来于沪汉之间,行迹鬼鬼祟祟",又说他"是一个舞文弄墨的轻佻文人"②。姚与日本的关系不是本著的重点,这里引述日人的评价只是为了进一步说明他完全符合英商《字林汉报》的华人主笔入选条件——一名来自上海报界的"有经验的中国学者"。

2. 上海字林洋行及其在华报业的扩张

字林洋行是晚清英商在上海创办的最主要的新闻出版机构,也是英商在华最大的报业印刷出版集团。其先行者是英侨奚安门(Henry Shearman),英国一家商店的驻沪代表,③ 1850年独资创办英文周报《北华捷报》;1860年其股权为曾任上海工部局(上海公共租界的最高行政机关)第一任总办的爱德温·璧克(Edwin Pickwoad)所购买,④ 此时仍然为个人经营,但却因此而进一步沟通了报馆与上海租界当局的联系。

1881年,字林洋行的英文日报《字林西报》(*North China Daily News*,创办于1864年)与《北华捷报》改组为公司,正式脱离个人经营的性质。⑤ 当年,英商德和洋行股东亨利·马立师(Henry Morriss)从其岳母

---

① 转引自《〈新闻报〉创办经过及其概况》,《档案与史学》2002年第5期。
② 孔祥吉、[日]村田雄二郎:《罕为人知的中日结盟——晚清中日关系史新探》,载《国家清史编纂委员会研究丛刊》,巴蜀书店2004年版,第138、171页。
③ 参见上海通社编《从黄浦滩说到字林报》,载《旧上海史料汇编》(上),北京图书馆出版社1998年版,第423页。
④ 参见汪幼海《〈字林西报〉与近代上海新闻事业》,《史林》2006年第1期。
⑤ 参见上海通社编《上海新闻纸的变迁》,载《旧上海史料汇编》(上),北京图书馆出版社1998年版,第380页。

璧克夫人手里接过《字林西报》主持人的权力，并以投机和报业经营所得低价购进大量土地，由同胞、好友亨利·雷士德（Henry Lester）为其设计建造房屋以出租牟利，而这些房产投资也是后来字林大楼房产的重要来源。同时，值得注意的是，雷士德是上海有名的巨商，主要从事建筑工程与房地产投资活动，曾在 19 世纪 80 年代数任上海公共租界工部局董事和上海法租界公董局董事、副总董，[①] 他于 1905 年入股字林洋行，成为主要股东，并对字林洋行进行重大改组，将之改为有限公司并在香港注册。[②] 继他之后，马立师长期担任字林洋行董事长。

上述线索表明，字林洋行的老板，从最初的独立英商，不断演变为集租界权力与巨额财富于一身的英商，与租界的英国当权者有着这样或那样的密切关系，他们是英国在华殖民利益的代表人物和权力精英。显然，他们的支持是字林洋行的报业在中国获得不断发展的重要背景。

实际上，中英文报纸一直是字林洋行在华的重要经营项目。1850 年 8 月 3 日创刊的《北华捷报》是它在华办报活动之始，该报是上海开埠后出现的第一份近代报刊。[③] 接着，字林洋行的报业在该报第二任主持、英籍报人康普东（Charles Spencer Compton）时期得到了迅速扩张：1856 年，该报馆增出英文日刊 The Daily Shipping News，以弥补周刊《北华捷报》不能及时通报船期等商业新闻材料的不足；1859 年又出版增刊 North China & Japan Market Report[④]，是年，英国在上海的驻华使领署及首席商务监督公署、英国驻中国与日本的最高法院、英国驻北京公使馆陆续承认报纸为领署及各项商务公告的发布刊物，从而被称为"英国官报"；1861 年，这两份报纸合并扩充为 The Daily Shipping News and Market Report；1859 年，出版消闲月刊 Shanghai Chronicle of fun fact and fiction。康普东的继任者马诗门（Semuel Mossman）把 The Daily Shipping News 改版扩充为英文日报 The Daily Shipping and Commercial News。这份英文日报被接任者詹美生（R. Alexander Jamiesm）于 1864 年 7 月 1 日正式改刊为 North

---

[①] 参见汤志钧《上海公共租界工部局年报》及《上海法租界公董局名录》，载《近代上海大事记》，上海辞书出版社 1989 年版，第 920 页。

[②] 参见上海通社编《从黄浦滩说到字林报》，载《旧上海史料汇编》（上），北京图书馆出版社 1998 年版，第 424 页。

[③] 参见方汉奇《中国新闻事业通史》第 1 卷，中国人民大学出版社 1992 年版，第 308 页。

[④] 下文关于字林洋行报业的有关资料若没有特别注明则均出自马光仁《上海新闻史（1850—1949）》，复旦大学出版社 1996 年版。

China Daily News，即《字林西报》。《字林西报》之前的上述英文报纸重点是刊载广告、行情和船期等商业性材料，而《字林西报》则开始重视言论，常常就中外关系、中国政局等时事发表意见，代表英国官方的立场，政治性很浓，被上海外侨视为"英国官报"和"工部局喉舌"。① 该报还一度获得路透社的独家支持，长期垄断中国的国际新闻市场。《字林西报》直到 1951 年才停刊，是上海发行时间最长的英文报纸，影响巨大。

字林洋行不仅面向在华洋人圈子创办了多种系列英文报刊，同时还面向华人社会创办中文报纸：1861 年创办了上海最早的中文报纸《上海新报》（Chinese Shipping List and Adbertisers，意即"中文船期商品广告纸"），该报提供各通商口岸货物品种和货价等行情信息，是一份商业报纸，后来它在与《申报》的激烈竞争中停刊。1882 年，在《上海新报》停刊 10 年后，字林洋行创办了它的第二家中文报纸《沪报》（不久，其报名改为《字林沪报》），日出一号，周日休刊。经营该报时，字林洋行由《上海新报》那种大包大揽的做法改为实行买办制，聘任华人蔡尔康等担任主笔，全面负责编务。该报身手不凡，依靠转译其同门报纸《字林西报》的外电、外讯，及时报道朝鲜的"壬午政变"和中法战争的消息，一时赢得了与《申报》的竞争。《字林汉报》则是字林洋行所发行的第三份中文报纸。

从《北华捷报》到《字林西报》，从《上海新报》到《字林汉报》，字林洋行的报业从一份周报开始，不断发展，到 19 世纪 90 年代前期，它已经成为中英文兼具、周报日报兼备的大报馆。这一过程充满了扩张性。而且在汉口《字林汉报》创刊之前，它的所有报刊都创办于上海、立足于上海，故可以说，《字林汉报》是立足于上海的字林报业向长江流域扩张其报业之始。同时，值得注意的是，字林报业一直有着英国在沪殖民当局官商的支持背景。

三　《字林汉报》的办报宗旨与自我标榜

正如前面所述，《字林汉报》在汉口创办之时，中文日报仍只是"如晨星寥落"，更不用说中国内地的情形了。在这种境况下，英商字林洋行从上海来到内地汉口创办这家中文日报，有着怎样的发刊意图呢？它又将

---

① 参见方汉奇《中国新闻事业通史》第 1 卷，中国人民大学出版社 1992 年版，第 309—310 页。

秉着怎样的办报宗旨呢？该报创刊号上的发刊词《说报》和随后不久刊登的《论中国各省宜广开报馆》两文对此有所阐述和标榜。

1. 鼓吹"泰西日报之制"，意欲推广"华人日报风气"

《说报》和《论中国各省宜广开报馆》两文从报纸功能和新闻自由理念两个方面阐述了"泰西日报之制"，并大加鼓吹，希望中国"能于各省地方多开报馆"，使"华人日报风气""日盛一日"。

《说报》称泰西报纸与中国传统朝报、京报相比，"其法较善，而其益亦较大"，并详细阐述了它的六大益处：

> 若报纸则文酌今古之宜，赏为雅俗所共，浅深各随乎所见，耳目总觉其常新，其益一也。
> 上自公卿，下至士庶，皆可不出广庭而识天下之事，其益二也。
> 报纸首列论说，务使博闻，虽云局外之闲谈，要在集思而广益，但使民间疾苦，达诸长吏庭阶……其益三也。
> 采录尽东西洋，甄纪及南北极，无远勿届……其益四也。
> 可供茶余酒后之清谈，其益五也。
> 纵横万里，上下千年，披一纸之书，胜百城之拥，其益六也。①

接着，文章又强调报纸利于"商贾贸易"之所在：

> 他若载买卖之行情，虽五尺童子入市，而不至于受欺。纪轮帆之进出，虽千里程途，刻日而不迷于所往，行号广登告白，而百货愈觉其流通……

概而言之，就是共雅俗、远视听、通上下、达中西、供消闲、新见闻、利商务七大益处，大力鼓吹"泰西日报"强大的社会功能。

一个多月后的第44号该报又刊登《论中国各省宜广开报馆》一文，继续谈论"泰西日报之制"，这次重点是鼓吹其新闻自由理念及其运作方式。文章首先盛赞西方的办报盛况，极力举荐西人重视日报并且乐于开设

---

① 转引自刘望龄《黑血·金鼓——辛亥前后湖北报刊史事长编：1866—1911》，湖北教育出版社1991年版，第7—8页。

和购阅的榜样：

> 泰西报馆无国无之，无埠无之，亦无处无之。大而都邑城市，小而港埠乡村，凡有官府驻扎之区与夫商贾荟聚之所即有报馆，以纪时事而采民风……①

然后，重点向中国人灌输他们的新闻自由理念，强调西方记者积极参与社会政治的自由权利：

> 至其最有关系之件，则莫如准报馆访事入公议院纪会议事，入审事堂纪判案，入军营纪战事。盖西国通例，遇有大事，除机密军情外，无不准报馆派人执笔评书，战阵之间且许各国访事人随营观战，以故凡事之是非曲直，胜负高下，断无模糊含混之处，此其章法之美善，有非一言所能尽者。②

在阐述泰西日报的办报盛况及其"最有关系之件"的新闻言论自由观念之后，文章不禁感叹"华人日报风气渐开，然仍未得盛行，故业此者尚少"，突出中国的差距在于"业此者尚少"，终不若泰西之盛。鉴于此，该文称"西人之重视日报有可启矣"，意欲以"泰西日报之制"，推广"华人日报风气"。

2. 标榜"博访时事"、"意取公平"和"裨于人心世道"

在介绍西报的社会功能和新闻自由理念的同时，《字林汉报》以中国民报的口气标明自己的创办"深意"：

> 至于本报创设之意，则更有深焉者。溯自欧美东来，惊奇炫异，彼则诗张而为幻，我乃噤嘿而不言，此皆由于未识外情故耳。本馆博访时事，务使环海万国之情状，晓然于我中人之耳目，庶不至于受外侮，而有以自立于不败之地。③

---

① 《字林汉报》1893 年 5 月 5 日。
② 同上。
③ 转引自刘望龄《黑血·金鼓——辛亥前后湖北报刊史事长编：1866—1911》，湖北教育出版社 1991 年版，第 7—8 页。

这段话点出了《字林汉报》自觉赋予自己的"时代使命":解决欧美东来而中国人却未识外情所带来的问题,也就是说,西人来华数十年却仍然没能得到中国人的理解和接受。

西人面对自己在华的不利境况耿耿于怀又心有不甘,认为"此皆由于未识外情故耳"。《字林汉报》作为一家英商所办的中文报纸,自然希望充分发挥在中国内地的中文日报的优势,自觉赋予自己"博访时事"的使命,充当中西相通的"使者",消除中国人对外人的抵触情绪。

而究竟何谓"博访时事"呢?《字林汉报》刊文说道:

> 日日有所报,事事有所闻,上而天语奏章,下而船期物价,大而衙门案牍,小而闾里细情,远而外国民风,近而本土事迹,常而人伦日用,变而水火灾祲。①

它介绍的是西报的经验,无疑揭示了《字林汉报》在"博访时事"方面的具体实施方法,即以晓外情为出发点,广泛地报道中国的情况。

该报还标榜:

> 本馆意取公平,议归正大,务愿中国因本有之长,以渐致富强,而决不依附为荣,为抑中重西之见。②

所谓"意取公平",就是该报常常强调的"有闻即录"原则,即"是则是而非则非,据事直书"③。所谓"议归正大"是说希望中国渐致富强的"良好"出发点。"意取公平,议归正大"的标榜为《字林汉报》在中国"博访时事"、自由评论时政制造了堂而皇之的借口。

对于新闻的采集,采取"博访时事"的原则,对时局的评点,抱着"意取公平"的立场。那么,办报的旨归何在呢?

---

① 《字林汉报》1893年5月5日。
② 转引自刘望龄《黑血·金鼓——辛亥前后湖北报刊史事长编:1866—1911》,湖北教育出版社1991年版,第8页。
③ 《字林汉报》1893年5月5日。

> 若能于各省地方多开报馆，使普天之下皆知阅报之益，则将来恶者可化而为善，莠者悉变而为良，畏清议者不敢作吕端之糊涂，广见闻者不难为子产之博物，其有裨于人心世道夫，岂浅鲜哉！①

这道出了它企图作用于中国"人心世道"的办报宗旨。中国历来崇儒重道，认为"为政莫先于正人心"，故所谓裨于"人心世道"的标榜完全是一种中国化的生存之道，它表明《字林汉报》试图用合乎中国人传统心理的方式感化人心、影响世道、引导舆论。

综上所述，《字林汉报》于1893年3月23日在长江中游商埠、中国内地之门户——汉口问世，是外国人在中国内地发行的第一份中文日报。它由19世纪英商在华最大报业印刷出版集团字林洋行创办，作为其上海本部的中文日报《字林沪报》之分馆。字林洋行有着在沪英国官商的支持背景，该报是立足于上海的字林洋行向长江流域扩张其报业之举。该报在阐述报纸功能和新闻自由理念时大力鼓吹"泰西日报之制"，意欲以此推广"华人日报风气"，同时，它标榜"博访时事"、"意取公平"和"裨于人心世道"的办报宗旨，试图用合乎中国人传统心理的方式感化人心、影响世道、引导舆论。

然而，尽管《字林汉报》编辑部聘请了上海报界"有经验的中国学者"担任华人主笔，但这份由洋人操权的外报，究竟将如何以"泰西日报之制"在中国内地引导"人心世道"、又终将"人心世道"引向何处等一系列问题，则有待进一步作深入的内容分析。

四 《字林汉报》的版式、发行与广告

有关《字林汉报》，由于报纸原件之佚失，报史学者着墨不多。② 下文将根据现存两份珍贵的英商《字林汉报》原件——1893年5月5日之第44号报纸和1893年6月8日之第78号报纸，对该报的版式、发行与广告作出分析。

---

① 《字林汉报》1893年5月5日。
② 对于《字林汉报》的版面编排和新闻标题，曾有报史工作者予以简要介绍，但由于"不知发行人是谁，也不知每月的定价和广告刊例"而未进一步作分析。参见谌震《介绍湖南馆藏的湖北新闻史料》，载湖北省志新闻志编辑室、湖北日报新闻研究室编《湖北新闻史料汇编》总第8辑，湖北省志新闻志编辑室刊印，1985年，第19—20页。

1. 《字林汉报》的版式

《字林汉报》的印刷与版式，正如有研究者指出，系用白竹纸单面铅印，对开大小。报纸分为上下对折的两大半版，中间留有空白；上半版为广告，下半版为新闻；每半版内均用粗竖线隔开为四个部分（为便于叙述，下文称之为"栏"，但非现代意义之"栏"）；上下两半版头脚相对，如果把全张打开，报头就在下半版的右首。①

报头很醒目。以行楷体书写的大号报名"字林汉报"四字右起横排于报头的正中。报名左右两端对称地直排标出出报日期和刊期，其中右边是出版期数、光绪年号和日期，左边是对应的西历出版日期。报名上方横排右起写着"本馆开设汉口英租界一码头后"的字样，清楚地标明了该报馆址之所在；报名下方同样是横排右起，标明其售价："汉口零售每张钱十文"、"外埠照远近酌加寄费"（见图1-1）。

图1-1　英商《字林汉报》报头

题文均采用直排形式。新闻版的标题与正文均用老宋体，标题一律空三字起，标题之后留一字空格加一圆圈接排正文，以示题文之分。广告版的正文用老宋体，标题则用各种其他字体，以示突出。

容量上，以第44号报纸为例，报头所在栏为48列，每列43字，其他栏为49列，每列55字，由此可算出报头栏约可容纳2000字，其他三栏约可容纳2600字，若全部排新闻，总容量约为9800字。不过，该报的广告版面略多于新闻版面：新闻版的第4栏剩有约三分之一的位置（可容纳850字左右）下接广告，故新闻版的实际容量约为9000字。

---

①　《字林汉报》1893年5月5日。

2.《字林汉报》的发行

至于《字林汉报》的发行方式，以下两则该报启事有所透露。

两份《字林汉报》均在其广告版位刊出一则《汉报书馆》启事，内容如下（见图1－2）：

> 本馆开设江汉关署前青龙街，按日派人分送汉报，风雨无阻，兼售各种石印铜版书籍、中外地理图飞影阁画报、华英通商吉书、上谕邸抄，装潢精致，运史白纸，货美价廉格外公道，兼售上海华英药房各种膏丹丸散、药水药酒、正牌吗啡、化学器具、石印照相器具、牛痘刀，医生所用各物无不具全，如蒙仕商赐顾，请至本书馆面议可也。①

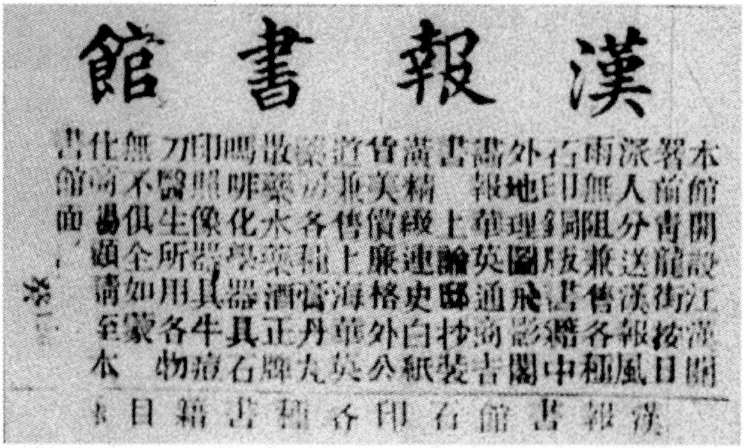

漢報書館

本館開設江漢關署前青龍街按日派人分送漢報風雨無阻兼售各種石印銅版書籍中外地理圖飛影閣畫報華英通商吉書上諭邸抄裝潢精緻運史白紙貨美價廉格外公道兼售上海華英藥房各種膏丹丸散藥水藥酒正牌嗎啡化學器具石印照相器具牛痘刀醫生所用各物無不俱全如蒙仕商賜顧請至本書館面議可也

图1－2　英商《字林汉报》（1893年5月5日）发行启事

1893年6月8日的《字林汉报》又在论前刊出如下启事：

> 精印癸巳年邸抄随报分送启：今日接印光绪十九年四月初十日未印完及十一十二邸抄，随报奉送，仍照囊例，不取分文，阅者鉴之。②

① 《字林汉报》1893年5月5日、1893年6月8日。

② 《字林汉报》1893年6月8日。

这两则启事表明：

其一，《字林汉报》采取派报制。

其二，该报不定期随报免费附送邸抄。

其三，该报馆不仅销售报纸，还兼售各种书籍和商品，说明《字林汉报》馆一开始就重视营业活动，具有明显的营利性，而《字林汉报》是该馆的主业，故可以推断，《字林汉报》的创办有着较强的营利动机。

其四，《字林汉报》是一份以仕商为对象的报纸。

3.《字林汉报》的广告

如前所述，《字林汉报》的上半版为新闻，下半版为广告。

这两期《字林汉报》的广告版面略多于新闻版面，因为两期报纸在新闻版的第4栏都剩有约三分之一的位置（可容纳850字左右）下接广告，这三分之一的位置就是广告版多于新闻版的地方。从数量上看，第44号报纸共刊登广告37条，第78号报纸共刊登广告36条，其中每栏容纳广告多则13条、少则5条，数量不等。

在编排形式上，以竖线分栏为主，同时又根据内容的需要适当嵌入横线分栏的广告：如果一条广告的篇幅较长，常常将之单独划为一竖栏；若广告篇幅较短，往往将内容相近的数条广告安排在一竖栏中，同时用横线将它们相区别。如第44号报纸将汉口老德记药店的声明、汉口一患者的感谢信、上海乐善堂汉口分店卖金莲稳步散的广告、上海乐善堂老药房卖人参大补丸的广告共4条列入一竖栏中，同时在它们之间又嵌入横线分栏的形式，便于广告读者的阅览（见图1-3）。

这些广告以售卖洋货的广告为主。如第44号报纸，以"洋行"命名或直接在广告里标明本店地址在洋房内、专门采办洋货的广告就有14条。如第一条广告"有利银行告白"就是一家英国银行招徕储蓄的广告，根据该告白，该银行总行在伦敦，在东南亚及中国香港和上海等处设有分行。又如"上海华英大药房"的两条广告明显也是英商的广告。可见该期报纸的英商广告不少。作为英商字林洋行所办《字林汉报》，当然是英商在汉镇招徕生意的重要阵地。还有一些广告虽未作上述明确标明，但不排除其所售货物为洋货的可能性，其广告主则既可能是外商，也可能是中国的买办。如"天下驰名百年老铺京都同德堂药局发兑"的告白虽未说明其售卖洋货的性质，但既然其铺面位于"上海英大马路"，该铺业务很可能与英商或其他外商有联系。第78号报纸的情况与此相似：以"洋

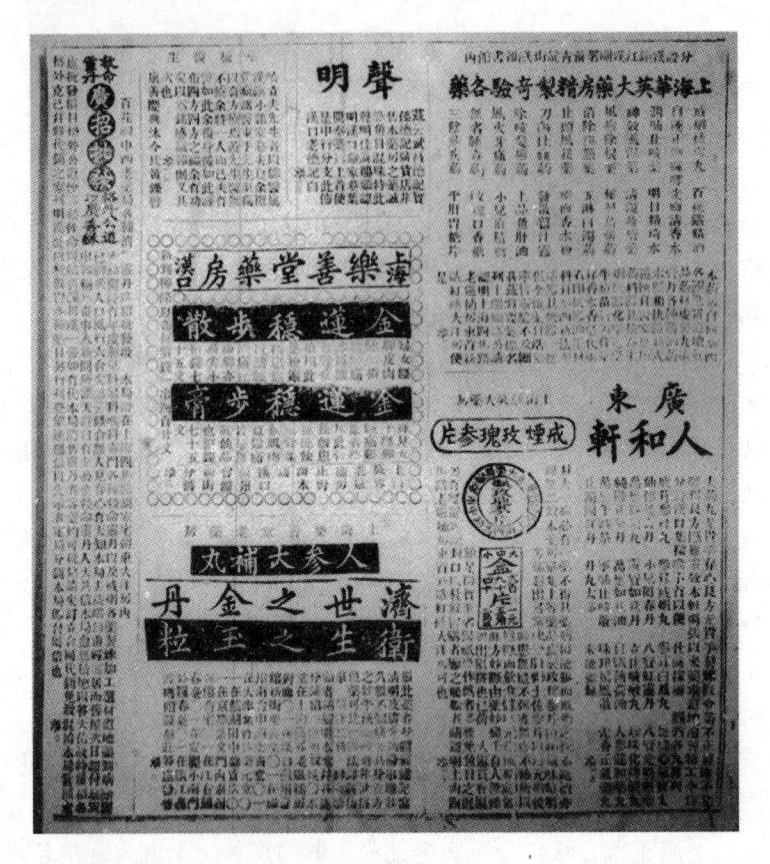

图 1-3 英商《字林汉报》(1893 年 5 月 5 日) 的广告编排

行"命名或标明专门售卖洋货的广告多达 17 条,同时,该期的广告商绝大多数与第 44 号报纸相同,说明《字林汉报》的广告商来源很稳定。

这两期报纸的广告内容也非常相近,均以医药广告为主,日用百货次之,书籍画册类再次之,茶市行情每期必备。具体情况见下表统计数据。

表 1-1　　　　　　《字林汉报》广告内容统计　　　　　　(单位:条)

期数 \ 广告内容	医药类	日用百货类	书籍画谱类	茶市行情	其他
第 44 号	20	10	4	1	2
第 78 号	18	10	3	1	4

其中，医药类和日用百货类很大一部分是洋货。医药类如戒烟玫瑰参片、金莲稳步散、延寿药酒、心胃气痛散等，尤以戒烟（指鸦片——笔者按）药丸广告为多。日用百货如花旗保险小台灯、花旗大号保险吊灯、西洋手帕、绒缎、女帽、金银钟表、八音洋琴、新式照相器具等，在当时，它们并非普通家用百货，而是"仕商"、"官商"们才消费得起的"奢侈品"，一定程度上代表一种西洋的生活方式，无疑是该报针对对西洋生活方式有所接触或有所需要的"仕、官、商"读者而刊登的广告。书籍类主要是汉报书馆所印中外地理书籍、画报、中英通商书籍、上谕、邸抄，袖海书局所印科举应试之用的《精选小题万槲珠玑》，上海某书轩所印《儒林外史》等"闲书"。另外，这两期报纸均在报尾用大半栏的篇幅详细列出出报前一天的茶市行情，即"三月十九日头茶牌号数目"和"四月念三日茶市行情列左"，说明该报很可能逐日在报尾刊登前一天的茶市行情供当地的茶商作参考（见图1-4）。这无疑与汉口当时作为全国茶叶最大聚散市场有关。①

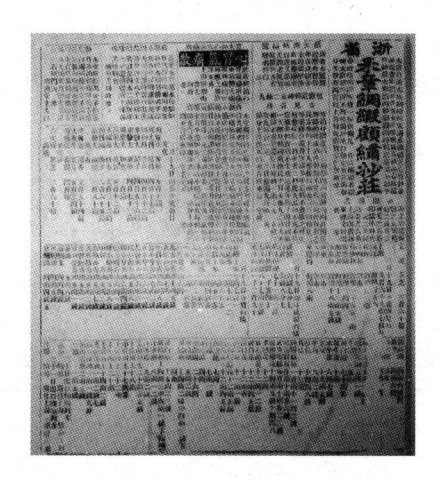

图1-4 《字林汉报》的茶市行情刊载（按：汉口当时为全国最大茶市）

由此可见，《字林汉报》非常重视广告的经营，这不仅表现为广告版面占足了整个报纸版面的一半，同时也表现为广告版面编排得用心细致。

---

① 汉口茶叶贸易繁荣情况参见皮明庥等编《武汉近代（辛亥革命前）经济史料》，武汉地方志编纂办公室印行，1981年，第41页。

另外，从其广告商来看，以外商或买办居多，充分体现了该报作为中文外报的特点。相应地，广告内容以兜售洋货为主，其中尤以医药用品、生活"奢侈品"和用于了解中外时事及科举应试的书籍为主，进一步说明该报的读者对象主要是需要对中外时局有所了解、或对西洋生活方式有所接触或有所需要的仕、官、商阶层，这包括在华洋人、部分中国知识分子、官员和买办商人。

五　《字林汉报》的内容与特征

现存两期《字林汉报》显示，该报版面的基本形态为：第一栏（相当于头版）先是刊登报道或启事与告白，紧接着是言论。往后的顺序为：选录谕旨或电传上谕，以及各省新闻和涉外新闻。这是当时上海外商中文日报的普遍做法（如1893年3月23日的《申报》，1893年5月5日的《新闻报》）。可以这么说，作为上海《字林沪报》的分馆，该报的新闻编排基本上沿袭了上海外商中文报界的惯例。

在内容上，该报新闻报道的地域分布和新闻类别情况如下：

表1-2　　　　《字林汉报》新闻报道的地域分布　　　　（单位：篇）

期数＼地域	湖北	上海	江浙	安徽	北京	广东
第44号	15		4	1	1	
第78号	15	3	3	3	3	1

表1-3　　　　《字林汉报》新闻内容类别情况　　　　（单位：篇）

期数＼类别	论说	社会新闻	经济新闻	政治新闻	文化新闻	涉外新闻	其他（包括谕旨、官报、督抚辕抄）
第44号	2	14	7	1	1	1	4
第78号	1	14	3	7	2	5	3

由上两表的统计不难看出：

其一，国内新闻远远多于涉外新闻，说明报道的重点是中国国内事务。

其二，在国内新闻中，湖北新闻远远多于外省新闻，说明该报十分重视湖北本地事务，本地性特征非常显著。

其三，外省新闻主要集中于长江中下游地区的上海、江浙和安徽诸省市，说明报纸的区域性特征明显。

其四，社会新闻和经济新闻数量最多，是报道的重点，政治新闻次之。

以上是两期《字林汉报》在报道内容方面的总体情况，代表着英商《汉报》初创时期内容定位与安排上的基本特征。

下面进一步分析其具体内容特征与舆论倾向。

1. 1893年5月5日（第44号）《字林汉报》的内容与特征

该期报道以经济新闻和社会新闻为重点，政治新闻次之。

该期所有涉及经济事务的报道，共计7篇消息和1篇言论，全为汉镇本地的经济事件和商业行情。

其中，头版报首两条湖北本地的经济性社会新闻《流痞实据》和《清浊筱分》集中报道了东西两湖木商在汉口因抽厘起见而引发争讼一事。

《流痞实据》报道的是，因武汉本地之西湖帮首李亦仙、林芬等"纠众呈凶"、倡试分埠分厘，居于鹦鹉洲之湘省东湖十八帮商董对此加以反对，以"流棍烂公肥私等情"具告于汉阳县李大令。文章说："似此霸埠夺厘逞强滋事，若不严拿究办，何以安商旅面息争讼？"根据报道，汉阳县当局对此大有严查究办之势。文末称此二人分别有"六月瘟"、"九头鸟"之绰号恶迹。《清浊筱分》则报道了该事件的处理结果：经李大令访察，李、林二人"因公被诬"，"实无绰号恶迹"，是被人冤枉了；倒是对方之陈某实有"防逸汉者"的绰号。至此，事情"水落石出"，"诚哉！清者自清，浊者自浊也"[①]。

从以上两文不仅可以窥见武汉作为内地最大商埠商帮众多、彼此相争的情形，还可以看到该报支持湖北本地商帮的舆论倾向。在论前的重要位置报道此事，更可见该报对此事的重视程度，报纸的本地性特征也由此而可见一斑。

除了上述两条刊于首栏的地方新闻之外，该报还拨出版面，通过三篇文章详尽报道了当时轰动汉镇的一件大事——汉镇某店德大福设局塌账之事。首先，《赃证确鉴》报道了这起经济纠纷的经过：该店管事德大福伙

---

① 《字林汉报》1893年5月5日。

同张半仙合谋坑骗汉镇六家店铺批给大宗货件,然后与人串谋装载各货、换掉戳记、折本销售于素共往来之长沙靖埠五店内,不料被骗六家所派店伙甲乙等追踪而至,但因客不敌主,甲乙等只得具控于长邑(长沙县署——笔者按),而靖埠五店亦以嫁祸诬控等情控告对方。文末说"此案头绪既多,枝节横生,想高坐堂皇者必能洞烛奸谋使之水落石出也",给读者留下了悬念。接着,《严申禁令》一文刊登了湖北地方官府关于防止店铺倒账事件再度发生的禁令,体现了官方对此类事件的态度。禁令指出,设局倒账之事危害极大,故限将汉镇汉阳各店铺情况一月内详细查明造册送署,同时,准各帮商人议奏妥善章程,以"力挽颓风"①。显然,这两篇文章对设局者持鲜明的批判态度。

而报首论说《持平公论》一文开篇则称"大凡持论天下事,务必各得其平,方能脍炙人口",然后开始发表对该事件的看法。与前面两篇报道对该事件中设局者的批判态度截然相反,该论明确批评被倒塌者的不是,列举其"应得之罪"。该文认为,匹头庄、东帮与太平帮轻举妄动下货给该店,应该怪自己"眼光浅薄"、"毫无见识";当后来看出对方破绽时,更不应"大惊小怪交头接耳"、"流播谣言",致使该店未到月底便"互相喧嚷,势将席卷而瓜分"②。意即这些被倒塌者是"罪有应得"! 该文在文末又与开头呼应道,"故曰论事贵持平,否则见笑大方耳",显然意在强调该报"意取公平,议归正大"的标榜。

其他有关本埠经济事务和商业信息的尚有《茶箱续到》、《茶砖改章》和《假票被获》,前两者皆着重报道汉镇茶市行情,后者报道汉口厘局查获一起假票的过程。

社会新闻的篇目是最多的,内容包罗万象,包括诸如新妇失钗复得、进士娶亲热闹非凡、青楼女子红颜薄命等家长里短的琐事、民间小纠纷,或者为文而文的惜玉吟红之章,消闲性、可读性强,其中半数报道的是湖北地区之事。

政治新闻只有一则《严谕书差》,报道汉阳县薛明府升堂办公的消息。不过,另外有4篇文章选录上谕和地方公文,也属政治性内容,反映的主要是事关湖北官场的动态和办公消息,如官员候补、调任、处分、换

---

① 参见《字林汉报》1893年5月5日。
② 同上。

图 1-5　1893 年 5 月 5 日英商《字林汉报》的头版报道及论说

装等事情。

由上可见，该期《字林汉报》的报道视野主要在湖北本地，在对该地区事务进行广泛报道的基础上，重点关注汉镇的经济事务和商业信息，本地性特征非常显著。

2. 1893 年 6 月 8 日（第 78 号）《字林汉报》的内容与特征

与第 44 号相比较，第 78 号《字林汉报》的政治新闻和涉外新闻明显增多，同时，社会新闻和政治新闻是该期报道的重点，涉外新闻次之，经济新闻的分量则明显降低。

有关社会新闻的内容有以下三类：

一是反映底层民生的新闻。如《鹤楼仙影》写一妇人丧夫又被逼债遭殴的悲惨遭遇,《屠沽遭溺》写一屠户落水遇救的险情,《跌毙堪怜》写一小工修整蓬索时坠落毙命的惨况。当地民生状况约略可见,且可读性较强。

二是反映社会百态的新闻。这类报道最多,有《日下纪闻》、《逆匪处决》、《容或有之》等7篇,基本上都属负面新闻:京师前门棍徒冒充官员私设公堂、非法拷讯农妇之后逃逸;在南京谋生的福建人屡遭幼孩被拐;湖北罗田差役欺压文童等。这些文章往往用叙事加文末简评的方式,反映了京师地区和长江中下游地区令人担忧的种种社会问题。如《逆匪处决》文末语"彼世之执迷不悟甘与叛逆为莅者尚其引为车鉴及早回头哉"①,用简评方式点出劝世与警戒之意。

值得注意的是,《容或有之》与《吸烟打架》两文同时揭露了兵吏之横这一问题。《容或有之》讲述差役段某在县署前横行霸道,欺压被人诬告的懦弱文童一事,并在文末评论道:"夫衙役横行,斯文扫地,其弊正不知伊何底止也!"②《吸烟打架》写一营兵入烟馆吸烟横蛮殴打另一瘾君子,文末说:"因忆史阁部覆金翰林书有曰:天下庸有不害人之贼,万无不害民之兵。观于此,方知此语之沉痛。"③ 同时,该期不署名报首言论《论禁烟馆》针对"汉口一镇数十万户烟馆之多"的烟馆难禁问题进行论述,指出问题的症结在于差保——差保之有烟瘾者欺压愚蒙;开馆之人与差保有戚谊交情,差保故行私情而通风报信;罔上行私者使漏网之人十居八九……认为解决办法在于严令差保秉公据实,同时鼓励商民投报,奖罚分明。文章末尾议论道:

> 呜呼!洋烟之流毒至于今日而极矣!虽曰天运使然,然究由于人事之不尽,平居无俚,姑为此说,明知纸上谈兵,亦聊附于千虑一得之义耳。④

该文将汉镇烟馆难禁的社会难题归咎于天运与人事,具体又归咎于地方差

---

① 《字林汉报》1893年6月8日。
② 同上。
③ 同上。
④ 同上。

保，而对于这一"洋烟之流毒"实根源于英国的鸦片贸易这一点避而不谈，完全避重就轻，这自然是基于该报作为英商报纸的立场。

三是提供消闲的新闻。如大力士轻松搬动督署外的石狮，兄妹路遇巧趣等。这类新闻数量不多。

总体上，这一期的社会新闻主要反映了湖北本地及长江中下游各地的社会矛盾，批判性和介入性比前面一期明显增强，消闲性大为减弱，而且，各篇报道文末的"警世"之语明显是有意发挥，似乎有意作用于"人心世道"。

至于政治新闻，多属正面报道。该期的政治新闻除报道官场动态外，还突出地赞颂地方官吏的勤能。如《鸠水官声》报道皖南总镇徐叔平镇军"于营伍力图整顿"、"备极认真"的事迹，称赞他为"如镇军者洵近时将领中不可多得者也"[①]。《二尹勤能》报道汉阳二尹韩少臣"早晚必躬自巡视城厢"、勤于职守的事迹，称赞他"虽辱在下僚，固自矫然，异于俗吏也"[②]。这种对地方"贤能"官吏的正面报道与社会新闻里对横行兵吏的批判态度互相对照。

此外，令人注目的是，该期报纸还刊载了一篇题为《西人晓事》、措辞激烈、全文充满了对租界华捕指斥的文章。它历数华捕之"恶习"："乃若辈狐假虎威，肆意凌人，妄加驱逐，甚至以卫身之棍任性殴人，即在斯文之辈亦不免遭其侮辱。此华捕之恶习虽各埠皆同，而汉口租界尤为甚。"[③]

其缘由是，前一日"本馆友人（本报记者——笔者按）校书之暇散步江滨"时亲眼所见以下场景：当时有几个西人游览回来，渡江抵达汉口租界一码头，登岸时船夫向他们"添索舟资"，不想巡街华捕对船夫"不问情由，直前挥以藤条"，"一西人急摇手阻止"，并从自己口袋取出"青蚨多翼"给船夫；待船夫称谢而去，西人回头向该华捕"指斥数语"，批评他"不应妄肆殴打"，教育他"自后务宜谨慎，不可鲁莽多事，至启衅端"，然后"再三叮嘱而去"。文章感叹道："于此可见西人固通达事理者，特华捕夜郎自大，恃势欺人耳！书此不禁服该西人之雅量而益恨华捕之肆行不法焉。"[④]

---

① 《字林汉报》1893年6月8日。
② 同上。
③ 同上。
④ 同上。

在《汉报》"本馆友人"笔下,"华捕之肆行"与"西人之雅量"形成一幅十分鲜明的对比图景,作者对两者的一贬一褒态度亦十分明确。进一步说,"西方优越论"和"对华改造论(或曰感化论)"的潜台词也显而易见。

可见,该期《字林汉报》的本地性特征仍然很显著,与此同时,外省新闻、主要是有关长江流域及京城地区的新闻有所增加,即区域性似乎有所增强。

图1-6 1893年6月8日英商《字林汉报》

综合以上分析可以看出,早期《字林汉报》具有如下办报特征:

在定位上,是一份立足于汉口的地方报,重点关注湖北本地事务,本地性特征非常显著;同时也关注长江中下游地区诸省及京城地区的动态,区域性特征明显。

在版式上，《字林汉报》的报头版式接近于上海同时期的外商中文报纸（尤其接近于《申报》），新闻的编排形式也采用当时上海外商中文报界的通例。

在报道重点上，以社会新闻和经济新闻为主，同时也十分重视对中国政治问题的报道。

在舆论倾向上，对"内"，广泛关注中国上述各地区的社会矛盾，十分关注中国的政治问题；直接评论中国地方官员的政治活动，其基调是"贬吏扬官"，即对地方官员以肯定为主，尽量少作批评，对下层兵吏则毫不留情地加以鞭笞。在关涉"中—外"的问题上，或是避谈西方的责任与罪责，或是避重就轻地将问题归于中国的腐败吏治，有着明显的抑中扬西倾向乃至"西方优越论"的基调。

第二节 《字林汉报》易名后的《汉报》

如前述，《字林汉报》改名为《汉报》的时间是在1893年6月8日以后、同年12月19日以前。下文拟主要依据报纸原件，对易名后的英商《汉报》之特征作出分析。

一 《汉报》的版式、发行与广告

笔者目前能搜集到的英商时期《汉报》原件共为50份，它们在版式、发行与广告诸方面都较《字林汉报》有所变与不变。

1.《汉报》的版式

与《字林汉报》相比，《汉报》的版面形式既有一些变化，又保留了前期的一些特点：

其一，报纸仍为单面印刷，但已由过去的上下对折式改为此时的右左对折式，报头在右面版。

其二，报头的编排有两处变化和一些不变。一是报名由"字林汉报"四字改为"汉报"两字，从右至左的横排形式及行楷字体则同前；二是在报名左右两端用比正文小一号的字体告知本报的告白刊例，可见英商《汉报》时期已经有了较为规范的广告刊例。其他地方的编排形式则与《字林汉报》完全相同，包括报纸的本埠和外埠售价标准。而从第275号报纸开始，报头的上方横排写着"英商字林汉报馆开设汉口英租界一码头后"字样，清楚地表明该报的发行者和馆址所在。

其三，报纸仍用直排形式，标题和正文仍然均用老宋体，题文之间的编排形式也与《字林汉报》相同。

其四，版面安排方面，在笔者目前所能搜集的50份英商《汉报》原件中，虽然有45份只存留两栏新闻内容，没有广告内容，但另有5份报纸的版面内容较为完整，这5份报纸分别为：第316号（1894年2月1日）有整整4栏新闻，第287号（1894年1月3日）有3栏半新闻并下接小半栏广告，第304号（1894年1月20日）、311号（1894年1月27日）和第318号（1894年2月4日）有3栏新闻并下接1栏广告。由此可以推断：《汉报》的版面结构与《字林汉报》相同，由新闻版和广告版组成，其中新闻版占3—4栏的篇幅。这5期报纸的新闻版容量约为8100—8500字，比《字林汉报》的新闻版容量少500字左右。至于广告版，由于这几期报纸所保留的广告内容并不完整，故目前无从知道《汉报》的广告版篇幅。根据上述推断，其他45份报纸原件保留下来的内容是不完整的，它们全部缺了广告内容，而新闻版面也只保留了约一半的内容。

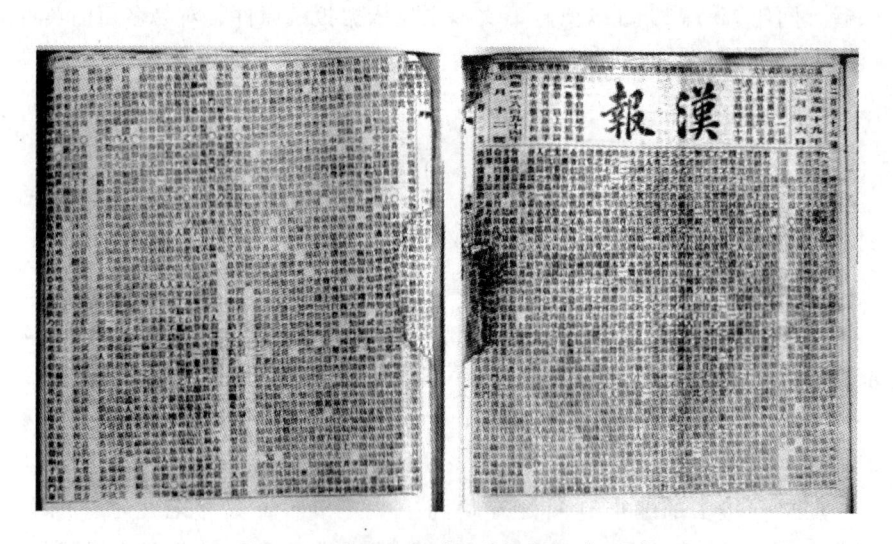

图1-7　采取左右对折式的英商《汉报》

上述版面的变化是从何时开始的呢？在这些报纸中没有看到确切的交代。但是第289号（1894年1月5日）报纸在论前刊登的一则"本报启事""酌改报式预启"中提供了一条改版线索，该启事的内容如下：

启者本报自八月间酌改板式后,新闻增广,附张放宽,并加中缝鱼尾,俾阅者可以裁订成帙,早经有目共赏矣。惟板式蝉联,微觉不便与翻检,兹故重加斟酌,思得一就纸横印之法,即于十二月初一日起改易新式,以期便阅,经此一转移间,新闻既无减少,告白转可提前,而且留出附张余地可以添印邸抄新书,洵一举而数善备焉。预布数言,敬希公鉴,一切价目悉仍旧章。①

由该启事可知,《汉报》曾于当年八月间即1893年9月前后"酌改板式",也许上述变化就是从那时候开始的。启事称从十二月初一日即西历1894年1月7日(第291号报纸)起《汉报》再次改版,改为"就纸横印之法",也就是说该报以前是上下对折的竖印式,从第291号报纸开始改为右左对折的横印式,但从报纸原件的实际情况来看,第272号(1893年12月19日)《汉报》就已经是横印式了。从第291号报纸开始,唯一有变化的地方只是报头的细微变化:将报名下方的本埠和外埠售报资费标准字样移到了报名上方,排在"英商字林汉报馆开设汉口英租界一码头后"的左右,报名下方则没有编排文字(见图1-8和图1-9)。

图1-8　1893年12月19日《汉报》(第272号)报头

图1-9　1894年1月7日《汉报》(第291号)报头

---

① 《汉报》1894年1月5日。

以上是《汉报》的版式特征。

2.《汉报》的发行

英商《字林汉报》时期，该报采取派报制，《汉报》时期报纸的发行工作在此基础上有了进一步的发展。详情见第308号报纸（1894年1月24日）的论前本馆启事《广招武汉等处送报人启》：

> 本馆自开办以来所有武汉等处阅报诸仕商早经逐日派人分送，无远弗到，而零星来购者依然络绎不绝，可知分送尚多未遍，缺憾良多。兹特广为招徕，如有能揽得看户情愿分送报章者，由数十纸至数百纸，不拘多寡，均可开明名姓，来馆挂号，觅人担保，按期清帐，订定之后每早来馆领报，挨户分送。如有分送余剩之报纸，即于本日午后缴还本馆，当按照定章准扣分费以代薪资，如果销数独多，再当酌给花红以酬其劳。本馆为推广送报起见不惮详言。
>
> 须知此项送报一事，最宜于赋闲无业之人，即以每纸准扣分费数文计算，一日能销数十纸便可得钱百数十文，较作店铺帮伙，其出息已觉有盈无绌。若销数愈广则得钱愈多，数口之家尽足资以度日，且他项贸易均需资本，均有盈亏，惟此事逐日送报按期收钱，除脚步外一无所费，而揽得销路不啻种成熟田。近来上海等处之送报人无不家成业就，视此事为资产，欲求一缺煞费经营。武汉等处不乏赋闲无业之人，倘亦闻风而兴起乎？本馆已悬报以待，幸勿观望。①

从这里可以看出《汉报》的发行方式和办法。它采取订阅与零售相结合的两种发行方式，即对武汉等处的订户，主要采取派报制；对"零星来购者"，则采取招募送报人分送的方式。值得注意的是，"零星来购者依然络绎不绝"，似乎颇有读者市场。为了满足这种"络绎不绝"的阅报需求，汉报馆采取多种激励办法，广为招徕"分送报章者"：一是可观的报资提留，当时每份报纸汉口零售价为10文钱，报馆对分送者给出的条件是"每纸准扣分费数文"，即每份可以提留数文，利润很可观。二是对于销数独多者，"酌给花红"，即对那些有突出"发行业绩"者，再另给分红，以资奖励。不惜以这样的优待条件来招募送报人，也从一个侧面印证

---

① 《汉报》1894年1月24日。

了其"来购者络绎不绝"之销售盛况。

另外，从启事中还可以看出，《汉报》招募送报人之举是仿照上海报界的做法，而且以上海等处送报人"无不家成业就，视此事为资产"之吸引力来鼓动武汉"赋闲无业之人"前来应募。当时上海的中文外商报纸比较发达，其广告经营和报纸发行方面的规范化程度和商业化程度都比较高，《汉报》不断移植它们的做法，明显有着上海报业的痕迹。

3. 《汉报》的广告

前面已经交代，《汉报》第 287 号有 3 栏多新闻并下接小半栏广告，第 304 号、311 号和第 318 号刊有 3 栏新闻并下接一栏广告，显然，它们刊载的广告并不完整，但目前所见其他各期报纸原件都没有存留广告内容，所以只能对这些现存不完整的报纸广告版面进行分析，以期窥见《汉报》的广告内容与特点。

这些广告仍然以竖线分栏为主，需要时适当嵌入横线分栏，这与《字林汉报》时期相同。广告客户的情况，以第 318 号报纸为例，共存留有 10 条广告，其中可以明显看出洋行的有 5 条，可以推知，外商仍然是该报的主要广告客户，其中有不少是广东、上海、香港分设汉口店堂的广告。广告内容方面，以医药类为多，同时增加了船讯广告，如往长江各埠的轮船开船时间、快轮出租的联系方式，这是以前在《字林汉报》中没有的。这些情况从侧面体现了汉口作为长江流域洋货转销重要商埠的地位。

另外，《汉报》在最显要的位置即报头刊登了如下告白刊例：

> 报后告白第一日每字五文，第二日至第七日每字三文，第八日以后每日每字二文，起码五十字。论前告白起码字数及一应价目均照报后加倍。以上如论月者价可从廉，论季及全年者价更酌减。①

"起码五十字"的标准与当时上海《申报》和《新闻报》相同，具体收费标准则要高于《新闻报》。②

第 303 号（1894 年 1 月 19 日）《汉报》在论前刊登了"酌减告白价

---

① 《汉报》1894 年 12 月 19 日。
② 《新闻报》的广告收费标准为第一日每字三文，第二日至第七日每字二文，第八日以后每日每字一文，见《新闻报》1893 年 5 月 5 日《告白规例》。《申报》的广告收费采用洋钱制，无法与此时的《汉报》比较。

目启"，内容如下：

> 谨启者本馆自开办以来瞬将一载，荷蒙诸绅商赐登告白，一切刊价早有定章。兹又仰体诸公惠顾之盛意，格外克己，除前已议定论月论季论年之告白悉照旧章外，拟自腊月十五日为始再将价目酌减，以广招徕。计开报后告白，第一日每字洋三厘，第二日至第七日每字洋二厘五毫，第八日以后每字洋一厘五毫，仍以五十字为起码。论前告白起码字数及一应价目均照此次酌减，后幅告白价加倍。本馆窃维告白登报一法原以辅招贴之所不及，其事最为有益，招贴或到或不到，而报章无远弗届，其益一也；招贴不久即已零落无存，而报章告白日新不已，其益二也；前此或谓招贴之费省于告白，今本馆既减告白价目，较之招贴所费似足相当，而有远近久暂之别，其益三也。具此三益，想诸绅商自必择善而行，踊跃惠顾，本馆不胜幸祷之至，特先详布以便周知。①

这就是说，该报从第 305 号（1894 年 1 月 21 日）报纸开始降低告白收费标准，并且收费单位改为洋钱制。《申报》的告白收费一直采取洋钱制，《汉报》这种广告收费币制的变化，一方面表明它处处仿照老牌商报《申报》的经验，但收费标准低于《申报》②；另一方面显示它的广告经营以外商为本的思想。那么，为什么要减价呢？从该启事来看，这主要是针对来自招贴的竞争。它详细地列举告白登报的"三益"，鼓动绅商踊跃惠顾，而这三益都是与招贴相比较而言的。从中可见当时招贴（而非其他报纸的竞争）对于该报广告经营的冲击。

关于该报的告白付费方式，从第 311 号（1894 年 1 月 27 日）报纸的本馆论前启事《凭票照付告白费启》可以看出来：

> 本报承诸仕商赐登报章告白，络绎不绝，所有刊费除现钱交易外，其余皆按期开票，派友出外收取，以便诸仕商见票照付，此固市

---

① 《汉报》1894 年 1 月 19 日。
② 《申报》的广告收费标准为第一日每字洋五厘，第二日至第七日每字洋三厘，第八日以后每日每字洋二厘半。参见《申报》1893 年 5 月 5 日、1894 年 8 月 31 日的报头。

面之常例也。今本馆查得外间竟有作弊等事用，必须见本馆收票方可付洋，如无收票，被人冒收或诸仕商，本馆无涉。特布数语，俾免招摇。再诸仕商如有嘱勿，均与人来登告白者，亦必须向原人索取本馆收票方为销及送报骗，断不可塑其圈套，统为公鉴。①

告白刊费采取两种交易方式，一是现钱交易，二是按期开票，员出外持票向广告商收取，这是当时"市面之常例"。从这里此时《汉报》的广告经营已经比较规范了。同时，外间有人冒员向广告商收取钱物，这种现象从侧面说明该报在"外间"具有知名度，而且广告业务不少，广告客户不少，因为，如果广告业务"外间"很难钻这种空子。

二 《汉报》的报道及其舆论倾向

与《字林汉报》时期相比，《汉报》时期的报道具有以下两大特点：

其一，涉外新闻的条数大有增加。笔者手头前47份《汉报》原件中共有涉外新闻178篇，平均每期3.8篇，主要报道英、法、俄、美、德等列强之间及其与中国之间的消息；后3份《汉报》原件集中报道中日甲午战争的消息，若加上这3期的内容，《汉报》的涉外新闻数量更多。作为一份中文外报，增加涉外新闻的报道、"博访"中外时事，是它逐步落实自己办报宗旨的一种举措。

其二，湖北本地新闻大大减少，本地性特征明显降低，而区域性更加明显。外省新闻的比重有较大增加，更将视野延伸到长江上游地区的四川，从而将整个长江流域（主要是长江各沿江城市）纳入自己的重点报道范围，区域性特征非常突出。

前面提到，前后两期《字林汉报》明显在"中国化"方面前进了一步，那么，这一趋势在《汉报》时期是否有进一步的发展呢？《汉报》时期的政治立场和言论主张是什么？其报道方式上有何特征？它是如何继续落实自己的办报宗旨的？

在针对这些问题作出具体内容分析之前，不妨先来看一下这一时期该

---

① 《汉报》1894年1月27日。

报的报首言论……每期均有一篇报首言论，共50篇。这些言论的内容……笔者所见内政外交，细而人伦日用，十分广泛。具体来说，……容全都事关……：一是以朝政和吏治为重点的政治类，共20篇；……它们涉及如"世道人心"的社会类，共13篇；三是中外交涉和……二是关于……篇；四是商务类，共5篇；五是其他类，共3篇，包括国际关系……绍泰西格物原理。

……篇政治类和社会类的言论最多，两类相加共33篇，是重点所在；……涉和国际关系类，最后是商业类和其他。也就是说，该报的……社会性非常突出，故下文重点分析该报报道内容所体现的报纸立……政……

对维护清朝"治统"的表态

《汉报》先后刊发两篇文章《论得人》和《论为治贵得大体》，讨论……于"治统"即根本统治秩序的问题。

文章说，"道者治天下之本也"，又说，"夫道固不可轻变者也，法则……当坐任其坏也，学亦不能立视其敝也"[1]，谈的是中国实行改革的必要性，却同时鲜明地表明其维护清朝中央政权、"奠天下于磐石"的基本政治立场。文章还进一步指出，要实行变革、获取变革之利而去其害，关键在于得人：

> 然欲得人又非以正学养之不可。何则？正学者所以正其心术以施之事为者也。故正学隆则人才出，人才出则治具张，而国家自可以承平无事之福，此千古之道统治统所以必归于孔子之学统也。[2]

维护孔子之学统这一根本的政治哲学以维护治统。这就是《论为治贵得大体》一文所说的"纪纲立而制度修焉，道德明而礼乐被焉，廉耻兴而刑罚措焉"的封建统治秩序。

作为一份英国人在华所办的报纸，《汉报》为何要宣示自己这一政治立场呢？这是它的真意还是另有背景？联系当时英国政府的对华政策，答

---

[1] 《汉报》1894年1月31日。

[2] 同上。

案也许不言而喻。

第二次鸦片战争后，英国政府"决定废弃巴麦尊政策并且采取一种慎重和调和的政策"①，即实施"温和渐进主义路线"，采取行动"加强这个衰弱的帝国政府"②。因为与其担风险失去全部战利品，不如稳当地保住其中的一部分。③即保住在中国取得的既得优势地位。而要做到这一点，则只有扶持一个在中国有统治权威的中央政府，即维持清政府使其不致崩溃，维护其在中国的统治权威，支持中国政权和领土的完整，不向地方官员施压。

值得注意的是，这个政策并非出于英人对中国的善意，而是英国政府鉴于它在中国以及全球各地的殖民统治经验所作出的对华殖民政策的调整，其本质是为了在中国这样一个充满着"仇外"情绪的国家实现英国的殖民利益，确保其东方优势。④

在这一背景下，《汉报》发表言论标榜自己维护清朝"治统"的表态，无疑是对英国政府对华殖民政策的一种呼应和配合。确切地说，这份旨在立足汉口、影响整个长江流域的英商报纸以这样的姿态出现，无疑是紧密配合英国政府，确保其在长江流域的殖民统治优势之需，同时为自己的新闻报道和舆论活动营造良好的政治环境。因为，这样一来，既可向清政府示好，又能够符合中国传统士人"忠君"的政治心态，从而见好于士绅读者，而且在这一前提下，该报还可以打着探讨"治世之良谟、交邻之善策"的旗号名正言顺地、大胆自由地讨论中国内政外交的种种问题。

2. 强调地方官员的"致治"之责

关于中国的内政问题，《汉报》有一个基本的观点：天下治乱始于州县——

---

① [英]伯尔考维茨：《中国通与英国外交部》，江载华、陈衍合译，商务印书馆1959年版，第5页。

② 同上书，第64页。

③ 参见[英]季南《英国对华外交（1880—1885年）》，许步曾译，商务印书馆1984年版，第320页。

④ 列强的侵略激起了中国人民强烈的抗争，如1891年长江中下游一带江苏、安徽、浙江、江西、湖北、湖南等省数十个城市掀起的反洋教浪潮就是中国人民对以英国为首的侵略者的反抗怒潮，对此，英国商人和传教士往往称之为"骚乱"或"仇外"的暴动。因此，如何在中国这样一个充满着抗拒的国家实现英国的殖民利益，成了英国政府不愿但却不得不面对的难题。这就是为什么英国政府从19世纪60年代至90年代都在试图实施一种"有限度的进展和调和的政策"。

> 州县为分疆，守土之官与民至亲而至切者也，上有惠爱于民者，赖州县以宣之，民有呼诉于上者，亦赖州县以达之……盖州县得人则一县治，一县治而天下无不治矣；州县不得人则一县乱，一县乱而天下无不乱矣。①

文章强调州县官员的重要性，是为了引出地方官员的重大责任——兴利除弊之责：

> 且夫州县何以治？有利必兴则治矣。州县何以乱？有弊不除则乱矣。②

而利弊的范围则几乎无所不包：举凡有盗贼煽惑民者，有会匪欺压民者，有痞棍蠹害民者，有书差招摇民者等皆为"弊"；举凡水旱之赈恤，流亡之安抚，田地之开垦，茶桑之种植等皆为"利"。即地方的所有事务都是地方官员的责任所在，特别是社会治安和社会风气问题。

对上述问题，《汉报》往往归结于"世道人心"即教士化民的工作，如《论汉镇禁赌宜捉其魁》、《论汉镇送条恶习》、《论问官难做》等文。

另外，《汉报》还多次言及中国的赈恤问题，每次都要反复强调它们关乎人心世风和伦常日用之处，同时还往往介绍西国的经验。如连载之三论《论善举上》、《论善举中》、《论善举下》③，详细介绍西国的善堂举措，按照天下治乱始于州县的逻辑，学习这些西方善举的责任在地方官员身上。

《汉报》将上述问题全都纳入善恶之世道人心范畴，而赋予自己"使恶者可化而为善，莠者悉化而为良"的教士化民的"神圣使命"，可谓用心良苦。

同时，该报在第287号（1894年1月3日）、304号（1894年1月20日）、311号（1894年1月27日）等期多次重复刊登一篇署名为"确知

---

① 《汉报》1893年12月22日。
② 同上。
③ 《汉报》1894年1月18日、19日、21日。

赌魁人"的读者来信《旁观者清》。该文针对该报报道顺天已革舞弊举人的消息尤其是刊发《论汉镇禁赌宜捉其魁》一文盛赞道:"贵馆秉董狐之直笔,实事求是,某等获诵宏词,久深钦佩……足见贵报探访详明,言无妄发之概,益令人景仰。"在充分肯定该报"据事直书、实事求是"做法的基础上,该文说道:"及读十四日报端汉镇禁赌宜捉其魁一论,乃叹贵馆不独立说公平,并且存心忠厚,可敬之至。"不仅公平,而且忠厚,评价非常高!然后,此文作者进一步建言道:"某等世居汉地,痛嫉浇漓,意有所触,不禁作不平之鸣,为地方风俗大声一呼,敢布数言先陈大略。"①不消说,该文不过是用中国士人的语言方式和思维方式来例证和宣扬该报所标榜的"博访时事、意取公平、裨于世道人心"的办报宗旨,是力图从"读者基础"的角度显示自己臧否中国时政、介入中国政治和社会生活的"正当性"和"重要性"。

再回到关于地方官员"致治"的政治责任这个论题上。该报反复强调这一点,并巧妙地利用中国人传统的思维方式,将之纳入到自己"裨于世道人心"的宗旨中,目的是便于自己对中国政治社会生活的臧否和干预,比如,对"中国改革论"的鼓吹。

3. 以"兴利除弊"为旗号,鼓吹"与时为变"的中国改革论

《汉报》多处批判中国的种种政治弊端。

军事上,它说中国武场取士仍只重视马步射弓刀石诸技,而不重枪法,故绿营兵额虽多却实能杀敌效果者甚鲜。②

政治上,它批评举核制度所生徇情遗漏、私党附和等弊,而举核制度乃清朝一项重要的官员考核制度。③

教育上,它指出中国人才不兴,"其弊在于墨守耳",如试举之士只知朝诵夕讽而不知天算舆地各学。④

商务上,它感叹"独中国崇本抑末,向视经商为末务",至今仍商务部未设,成见未融,实令人不免叹息。⑤

不过,在揭露弊政时该报有一个明显的特征——重心向下,即从地方

---

① 《汉报》1894 年 1 月 3 日、1 月 20 日、1 月 27 日等。
② 《汉报》1894 年 1 月 2 日。
③ 《汉报》1894 年 1 月 20 日。
④ 《汉报》1894 年 8 月 31 日。
⑤ 《汉报》1894 年 1 月 14 日。

官员而非王大臣、从吏治而非朝政的角度着笔，这种角度一方面包含着维护清朝中央政府统治权威的言下之意，同时更表明旨在"破除成革"、"欲革其旧习"的出发点①，它要表明揭弊是为了兴利，为了中国的富强，即"议归正大"。

在"兴利除弊"的旗号下，该报抛出了"与时为变"的中国改革论：

> 天下无不变之道，无不变之法，亦无不弊之学。
>
> 因世变人心之不同，故道与时为变通焉；因缓急轻重之互有其宜，故法随人为得失焉……故法而或穷则必参之以时、察乎时之所宜，则始有以通其变而妙其用，此识时务之所以为俊杰也。②

概言之，就是鼓吹中国实行变法、改革。

那么，中国的改革将如何进行，又将向何处去呢？

通览《汉报》所有论说文章可以发现，凡"弊"之所在皆以"泰西"为参照而论，凡"兴利"之方均以"泰西"为榜样，完全是抑中重西之论，先前"决不依附为荣，为抑中重西之见"的标榜早抛诸脑后了。而该报"兴利除弊"的"改革"言论比起清末推行变法自强思想的前辈并不算激烈也不算新鲜，这些变法思想较早就流传于京师以及沿海地区。③ 现在《汉报》编者以貌似于这些观点的言论刊载于该报中，从中国的整体形势来看，是没有多大政治风险的。不过，汉口毕竟地处内陆，风气的开放远远不及京城和沿海地区。故刊登了《育才说》的第 522 号《汉报》被人在该文末尾批上了"此淫辞邪说也，行其言，圣道侮，天下乱矣"的词句。④ 这说明该报的"改革"言论在湖北地区周围还是属于"开风气"之词。难怪来自湖南的谭嗣同把它当作鼓吹变革的维新报刊，主张把它购入自己的算学馆内供人阅读。⑤

那么，该报的这种"改革"言论是否出于与中国人特别是早期维新

---

① 如《汉报》1894 年 8 月 31 日、1894 年 1 月 5 日。
② 《汉报》1894 年 1 月 31 日。
③ 参见叶再生《中国近代现代出版通史》第 1 卷，华文出版社 2002 年版，第 260、270—271 页。
④ 《汉报》1894 年 8 月 31 日。
⑤ 参见王树槐《外人与戊戌变法》，上海书店出版社 1998 年版，第 105 页。

派人士一样的动机呢？

联系在此前后在华英美人士频频向中国中央和各级官员开展变法游说活动的背景，特别是联系该报论述中外关系的三篇文章，不难看出在《汉报》鼓吹中国改革论的背后有着怎样的政治动机。

不署名论说《兹报纪西人拟在滇南粤西开埠通商事系之以论》针对"近日香港商务局又欲在粤西云南贵州建立码头并拓商务"之事发表评论，说中国自通商以来外国商人之与中国互市者莫不财源广进，尤以英人获利为巨：

> 英人既得香港，又东有广州，南有福州，北有上海，西有蒙自，及宁波厦门台湾等处二十余埠以为口岸，则中国十九行省已为英国辐辏之区。①

文章毫不隐讳英国在中国利益之大，语气十分张扬。对于英人欲在中国西南腹地新开商埠之事，作者说，"则不独英人有裨，即华人亦未尝无益也"，并引用香港商务局之语"黔粤通商，中西交利"，完全支持英属香港的立场，鼓动中国向英国开放内陆腹地。

第309号（1894年1月25日）报纸又刊文《再论英国拟在滇粤通商》，补充如下要点：

一是表明英国与其他列强不同，"其来华也志在通商，与别国之狡然思逞者不可同日而语"，英国拟在这些地方开埠系"志图大利，直欲美尽东南"②。

二是进一步强调开埠将利于中国，举旧开之香港和新开之四川蒙自为例。

文章最后说：

> 但观英人商务，不遗余力，若此我中国地大物博，易事通工，奈何不于懋迁有无中为之设法振励哉！③

---

① 《汉报》1893年12月28日。
② 《汉报》1894年1月17日。
③ 同上。

鼓动中国向英国开放之词流露无遗，已经完全是英国人的口气了。

《江防海防揭要说》旨在论述中国军事防御的重点在海防不在江防的观点。文章开篇援引该报"于九月初旬"刊发的《江防海防要害说》一文的观点说："天下大势在海防不在江防"，为全文定下基调，并进一步论述具体理由：

> 盖江防虽绵亘七省而关键实在江浙，然必淮海之防固，而后敌船自北来者乃不敢窥廖角觜，必浙海之防固，而后敌船自南来者乃不敢逼营前沙。此则合筹全局而海防统乎江防也。①

最后，文章指出："不固外局而守内户，则下策矣。"②

全文的倾向性非常明显。长江流域是英国在华利益的重地，加强江防则势必危及英国在长江各埠的商业利益，而俄国从北方海面进入东北亚、法国从东南海面进入两广和闽台，是英国在远东利益的直接威胁者。中国加强海防，阻挡"敌船从北来者，敌船从南来者"，当然是帮助英国维护它的远东利益。从这里可以初见以防御俄法联盟为中心的"防俄论"的端倪，而《释杞忧篇》和《论英国杞相防俄出黑海》两文则是明确的"防俄论"（容后再述）。

所以，综观《汉报》"与时而变"的中国改革论，实质上是以泰西为榜样，以鼓动向英国开放利权为旨归的开放论。

4. 宣扬"防俄论"

《释杞忧篇》和《论英国杞相防俄出黑海》两篇言论的核心是站在英国的立场宣传"防俄论"，其基本框架是在俄法联盟的背景下，将英国与俄法分别置于军事力量的强弱对比和国际道义上的正邪对比中，从而为"防俄论"造势，充分反映了《汉报》在国际关系上的英国立场。

《释杞忧篇》旨在驳斥《泰晤士日报》驻法访事人所言"法国水师之盛战舰之雄，实能将我英驻扎地中海之战轮如狂风扫叶"这一引起"英国舆论沸兴"的、可谓"长他人志气灭自己威风"之语。③ 作者引用

---

① 《汉报》1893年12月26日。
② 同上。
③ 以下所引该文内容均见《汉报》1894年1月13日。

"相国杞公"之言"英国师旅之雄甲于天下,纵来劲敌未足为忧",为英国人打气。

文章详细对比英法的军兵、战舰、海炮等军事实力,初步结论是就战舰而言以英为最,就军兵而言以法为强,似乎不相上下,但文章笔锋一转道,"殊不知英尚兼有印度摩鲁之众,历年训练成伍,一旦有事自足效命于疆场",指出印度殖民地为其后盾。

更重要的是"以地中海形势而言,有如两人弈棋,英人已下要着",道出了英法这对百年宿敌争霸欧洲的格局现状。19世纪前期,英国经过拿破仑战争彻底打败了宿敌法国,在地中海、印度洋和加勒比海获得新的立足点,控制了世界的海上通道,从而不仅建立了欧洲霸权,还为其在亚洲、远东的殖民扩张开辟了道路。该文毫不避讳英国的这一霸权地位,指出地中海为欧洲门户,英国之所以独占形胜而莫与抗者在于它踞守毛尔塌及支伯劳登两岛,并由此历数"嘉庆年间与法王拿破仑战胜"、"康熙年间得之于西班牙"、"迨后又得土耳其之徐卜洛斯岛"这一"光荣"的英国殖民扩张史,从而强调"地中海扼要之区已归掌握,法人虽雄,恐断难狂风扫叶耳",驳斥对英国的不利言论。

文末云:"俄法两国会军七万,将有事于所属之印度,长驱疾走⋯⋯包藏祸心,思为戎首。"指出它们危及英国殖民优势地位这一本质问题。

《论英国杞相防俄出黑海》称,继上文之后,"兹又由友人寄示杞相防俄出黑海论一则"。该文借前英国杞相之言明确抛出英国的"防俄论":"如土耳其准别国战舰出入黑海,我英国亦必同享此利权。是说也,英特为防俄而言。"①

与前篇以力量强弱对比的角度不同,此文主要从国际"道义"上说话,置俄法结盟于不义地位之论。它将英国与俄对抗的殖民扩张历史美化为前者路见不平拔刀相助的正义之举,同时指出俄国背弃条约、贪婪无度的不义行为:"前数十年俄土交绥,英澳意各国起兵助土,不准俄国战舰出黑海。既立有约章藏之盟府,然后准俄讨索,土国赔偿。是时土之疲于奔命可知矣。""昨闻土国偿款未完,俄又藉端再肆咆哮"。该报指出,"此事恐未妥办,俄将复有支节之生",就是说,俄国在这背后藏着更深的阴谋。是什么阴谋呢?

---

① 以下所引该文内容均见《汉报》1894年1月16日。

> 查黑海之区为欧洲防俄门户，界于土国之间，又与地中海毗连，俄国战舰不得出黑海终难生觊觎欧土之心。俄非不欲以势压土，而无如欧洲各雄国屏力以抗俄，俄之不出黑海职是之故。英国巨舰常州驻守地中海者，非加意而防俄乎？俄虽陆地与德为邻，德之戍边劲旅未尝一日懈于防守。俄之不能得志于欧洲，即不能逞强与天下。俄岂一日忘之耶！

原来，黑海是"欧洲防俄门户"，是俄国"得志于欧洲"的关键屏障。

接着，该文进一步揭示俄国欲出黑海的利害关系，"防俄论"呼之欲出：

> 倘今日者法与俄盟，将来或法人寻仇于德，抑开衅于英，俄必以一旅之师助法，法胜则俄必均沾其利……于此可知，英人之于俄时刻皆有防备，断无百密一疏之理，俄之举动，英必悉心访查，预为之计，必不使俄人出其不意攻其无备也。

这深刻揭示出了当时欧洲列强之间争霸、结盟、对抗、利用的国际关系实质。至此，"防俄论"的含义不言而喻——它是英国对抗俄法挑战和危及其欧洲霸权格局的舆论需要。

于是，文章继续指斥俄国的蚕食野心，并突出英国时刻防备俄国的立场：

> 或谓俄固贪黩之国，恒存虎视蚕食之心，乃何以欧洲各国不闻刻意防俄，独至英而必如是致意于防俄者？何居不知欧洲各国属土无多，不必防筑綦严，聊固吾围可矣。惟英则不然，英之属土棋布星罗散于五洲，以俄之雄而又加以常怀侵蚀之志，得不兢兢加意杜渐防微乎？

也就是说，英国防俄并无他意，而只是出于"捍卫"自身利益即防止其海外属土为俄侵蚀之需。为了给自己的"防俄论"打上"正义"和"公意"的色彩,文章又说,"吾闻欧洲各国皆恐俄之侵占而未闻有谋俄之心",实在是为"防俄论"辩护和抹光。

最后,文章不忘声讨法国助桀为虐的"罪行",以激起欧洲各国的愤慨:

> 英德澳意则合纵以拒之,而法则连横以快其大欲,然则助桀者其法人乎?将见俄人入欧实为法人导之也!

显而易见,上述两篇言论的"防俄论"完全是英国立场,为英国扩充军备、展开对俄法的海上争霸之举制造有利舆论。在发表这些言论时,该报的措辞完全是英国人的语气,毫不避讳地称"我英"、"我英国",充分体现了该报代表英国利益的政治立场。

在这一"防俄论"的框架下,《汉报》多次报道诸如英国议员倡导添置铁甲舰"以充军实而御外侮"[①]、英国绅商陈请英廷"增添海军战舰以保国家而兴商务"[②] 等国内言论。同时,又不断渲染诸如"俄军营欲再添额兵以备战守……其志非小"[③]、"传闻俄人与别国商议在地中海寻觅地方作水师站头"[④] 等"俄国威胁论",进一步强化"防俄论"。舆论立场非常鲜明。

由以上对英商《字林汉报》与《汉报》的考察可知,不管采取怎样的办报策略,它们服务于英国殖民利益的立场从来没有改变。这是日资《汉报》之前身报的根本特征。

---

① 《汉报》1893 年 12 月 19 日。
② 《汉报》1893 年 12 月 23 日。
③ 《汉报》1893 年 2 月 19 日。
④ 《汉报》1893 年 12 月 21 日。

第二章

日本人接管《汉报》的背景、
经过及其编辑方针*

前文所论英商《汉报》是日资《汉报》的前身。从英商《汉报》接管而来的日资《汉报》馆主——宗方小太郎标榜其报为"开发中国之风气，鼓舞中国之市民，振作政治教育，劝兴农工商务，使中国四万万之民脱欧人将吞之虎门，以欲全（尽）同文同种同洲之义务天职"[①]。那么，如此自我高度标榜而又被发刊地当局和时人予以如此矛盾评价与对待的日人《汉报》究竟是如何诞生的呢？它具有怎样的创办背景和编辑方针呢？下文将探讨之。

第一节 汉口乐善堂据点与《汉报》的诞生

明治初年，随着近代天皇制的建立和军国主义的发轫，日本政府逐渐形成了对外侵略扩张、称霸东亚乃至世界的"大陆政策"[②]。大陆政策以侵占亚洲大陆、尤其以东亚近邻朝鲜和中国为战略目标。在具体实施上，日本政府首先是谋取了在朝鲜的侵略权益，获得了出兵朝鲜的军事、政治权力，同时，武力入侵中国台湾，吞并琉球。然后，伴随着国内资本主义急于开拓海外市场的迫切需求，日本政府从19世纪80年代开始进行以与中国清政府交战为目标的军备扩张，这种扩张活动在1885年中日签订

---

* 本章内容曾发表于《湖南大学学报》（社科版）2008年第6期，原题为《汉口乐善堂据点与〈汉报〉（1896—1900）》。

① 刘望龄：《日本帝国主义利用报纸侵略中国之嚆矢——日人对〈汉报〉偷梁换柱始末》，载湖北省志新闻志编辑室、湖北日报新闻编辑室编《湖北新闻史料汇编》总第11辑，湖北省志新闻志编辑室刊印，1987年，第6页。

② 沈予：《日本大陆政策史（868—1945）》，社会科学文献出版社2005年版，第34页。

《天津条约》后更加迅速地开展起来,日后的甲午战争就是一场始自于此、蓄谋已久的侵华战争。① 在这一扩军备战期间,日本海陆军方面开始不断派遣驻华武官赴中国各地搜集军事情报,以备日后侵华作战之用。日本帝国主义的侵华谋略谍报活动就是在这一背景下产生的,而大陆浪人则是这一侵华谋略谍报活动的急先锋。后者多属破产武士,他们在日本国内找不到出路,在日本政府和资产阶级的煽动下,纷纷跑到中国大陆寻找出路。这些做着"大陆雄飞"迷梦的浪人有不少参加了日本帝国主义的侵华谋略谍报活动,成为大陆政策的积极拥护者。集合了一大批大陆浪人的汉口乐善堂就是在这样的背景下开办的。

汉口乐善堂是位于汉口河街的一家两层建筑临街小店(时属英租界),由日本陆军参谋本部派陆军中尉荒尾精于1886年春秘密潜来汉口所办。② 从表面上看,它系一家药品杂货店,经营特价招牌货"精奇水"眼药、畅销品"宝丹"药丸,以及用铜版印刷成的、便于举子携带的袖珍本应考书籍。但乐善堂老板岸田吟香帮助荒尾精建立该店的目的绝非经营杂货那样简单。

岸田曾任《东京日日新闻》主笔,作为日本第一名随军记者参加了西乡从道侵略军到台湾活动,随后辞去报社职务,相继在东京开办乐善堂药店及其上海分店。善于经营并发财之后的岸田开始思考"如何可使中国为日本掌握"这个问题。所以,当被参谋本部派驻中国的谍报武官——28岁的荒尾精于1886年春秘密抵沪拜访岸田、商议在中国建立情报据点事宜时,岸田全力协助,迅速在汉口建立了乐善堂总店继上海之后的第二家分店——汉口乐善堂。有了此店,一方面,可以通过销售筹措活动经费;另一方面,情报员可以店员身份、以跑行商为掩护,派往中国各地进行侦察。更为隐秘的是,这些"店员"均蓄辫发,着汉人服饰,乔装成中国人外出活动。乐善堂因而成为日本谍报员极为理想的隐身之所。后来,岸田被日本谍报界"尊称"为开辟对华情报活动的"先驱",可以说与此店的开办密不可分。

这位日本对华谍报事业的"先驱"其真实身份也是极其隐秘的。从

---

① [日]井上清:《日本帝国主义的形成》,宿久高、林少华、刘小冷译,孙连壁校,人民出版社1984年版,第7页。

② 王振坤、张颖:《日特祸华史——日本帝国主义侵华谋略谍报活动史实》第1卷,群众出版社1987年版,第46页。

当时《申报》的有关记述来看，他广为时人所识的是"风雅士"的形象。① 如 1888 年《申报》的一篇题为《拟开诗社》之文就以极为赞赏的语气记述了这位"东瀛风雅士"的"风雅"之举：

> 东瀛岸吟香先生风雅士也。兹以寓楼对面玉兰大放瑶芝，娟娟相对，不禁诗兴勃发，……招致海内名流，开筵小饮，拟设诗社，日凡两举，沪江为文人才士所萃，能诗者辈出，惟创设诗社者，未之闻也。吟香先生风雅好事，实能开其先声矣!②

从中可以看出，岸田吟香不仅擅于中国诗词③，而且广结沪江"文人才士"、"海内名流"。他在沪上"开其先声"，创设"玉兰吟"诗社，深受推崇。正是以这个诗社为号召，他常常召集这些文人才士名流以文相会，或"开筵小饮"，或"华筵大张"，相交甚深。这从《申报》的一篇题为《玉兰吟社第三集纪事》文中可见一斑：

> 前日为玉兰吟社第三集主人岸吟香先生方自夏口回，为之谈晴川胜景，访解佩之仙踪，清谈转深，其乐何极！既而桦烛高照，华筵大张，酒沛肴蒸，互相酬酢，……欢笑忘形，直至漏下三商，始各尽欢，……社中诸题系主人所拟。④

从该文接下来所记"与会者"及为主人邀而未到者之名单来看，活跃于这个玉兰吟社、与岸田吟香相交甚深的的确皆为当时沪上的"文人才士"与"海内名流"：

> 与会者十二人，为天南遯叟、仓山旧主、鹤涧亭民、茶磨山人、

---

① 关于岸田吟香的下述资料线索为中国上海的陈镐汶先生提供，特致谢忱。
② 《申报》1888 年 3 月 23 日。
③ 曾任《申报》编纂之职、同样长于吟诗作词的何桂笙曾经在 1888 年 2 月记载了岸田吟香与其同好之间互相以诗应和的情形：日本岸吟香先生，见余《品香小记》，忽触同同好，出其所藏仿制万历府名香见惠，曰"一缕香，吟到梅花"。盖此老兴复不浅也。因书二十八字以谢之：春生一缕足清幽，吟到梅花月暗浮。欲眷瓣香何处是？仙山飘渺指瀛洲。这一记述参见徐载平、徐瑞芳《清末四十年申报史料》，新华出版社 1988 年版，第 36 页。
④ 《申报》1888 年 5 月 28 日。

> 海上忘机客……高昌寒食主、梦畹生秋山君。为主人邀而未到者计四人，为缕馨仙史、雾里看花客……新入社者一人，为赋秋生，小坐即去云。①

文章提及的天南遯叟、高昌寒食主、梦畹生秋山、缕馨仙史、雾里看花客分别是王韬、何桂笙、黄式权、蔡尔康、钱昕伯的字号，他们均在此前后担任《申报》总编纂之职，为当时中国报界的名流。② 赋秋生则是本著文后所提及的宗方小太郎接收汉口《汉报》之中介人。由此可以看出，岸田吟香常常在沪汉之间往来，而且在这些地方的文人和报界中建立了深厚的人脉关系。可以说，正是他在中国所打下的深厚的人脉基础，为汉口乐善堂的谍报活动乃至后来以此为重要基地所培养的"中国通"们在汉口及中国各地的办报活动提供了极大的便利。

汉口乐善堂由荒尾精负责。荒尾精早在日本陆军士官学校毕业时便怀抱"攻略"中国之野心，毋庸说，汉口乐善堂这一据点的开辟无疑为他提供了施展其野心的舞台。所以，当1888年春天俄国发表要在西伯利亚修筑铁路的消息时，极具谋略头脑的荒尾精敏锐地嗅到了其中的政治意味，于是在当年初夏，他把分布于中国各地从事谍报活动的日本青年召集到汉口乐善堂。③ 在此次会议上，他确立了汉口乐善堂的如下指导方针：

> 一、吾辈同志之目的是，为了全人类首先必须改造中国。
> 二、采取措施绝对防止俄国通过西伯利亚向中国扩张势力。
> 三、中国清政府已经腐败，敌视我们，不理解协同防御之大义。故我同志要协助汉民族之革命运动，使之成功。最迟于10年内改造中国，以期实现中日提携。
> 四、在上海设立学校，为东亚经纶准备必要的人才。
> 五、除湖南支部外，另设四川重庆府支部，以探究该地区的

---

① 《申报》1888年5月28日。
② 《新闻报》主笔孙玉声在其《报海前尘录》一书中云："雾里看花客钱昕伯、高昌寒食生何桂笙皆曾任申报总编纂之职，二人皆嗜音律，各能歌花曲……缕馨仙史蔡尔康，邑之名廪生，无如文章憎命，秋闱屡试不售，不得已投身报界……梦畹生黄式权，平是最嗜京剧，在申报任笔政时，尝拨暇著有粉墨丛谈行世……"转引自徐载平、徐瑞芳《清末四十年申报史料》，新华出版社1988年版，第24页。
③ 参见[日]中下正治《新闻にみる日中关系史》，研文出版社2000年版，第66页。

情况。

六、探察北京官廷的人物行动，视察中央的政策，实地调查关外的满洲形势。

七、为防止俄国东侵，派遣同志去新疆和西藏，促使伊黎总督刘锦棠决起抗俄。①

上述决议的要旨是，打着共同防御俄国南侵、实现"中日提携"的旗号"改造中国"。为此，荒尾精提出了具体的行动方案，即以汉口乐善堂为基地，向中国各地伸出触角，分别在北京、湖南、四川三地建立"支部"。这就是说，这次汉口会议为当时日本青年以华中之汉口为基地，开展野心勃勃的对华谍报计划提供了理论指导和实施方略，它贯穿着荒尾精一贯把日本对中、朝的侵略说成是"救弱"、"扶朽"，鼓吹由"唇齿相依"、"同文同种"的日本领导东亚抵抗西力东渐的"兴亚策"理论主张。

基于这种思想精神，在首脑荒尾精的指挥下，汉口乐善堂不断派出"外员"，以肩负担挑、车载船运等贩卖货物的方式，广泛深入中国内地各省份，秘密进行实地调查，为日本政府提供了大量真实的情报资料。这些资料后来经其骨干成员之一的根津一整理成《清国通商总览》一书，由日清贸易研究所印刷出版。此书后来极大地刺激了日本帝国主义分子的侵华野心。

值得注意的是，在各类调查内容中，"人物"这一项是受到特别重视的。荒尾精认为，应该与汉民族中的"君子、豪杰豪族、长者、侠客、富者"阶级携起手来，促成他们进行革命，结成中日共同体。② 这与后来日本人经营的《汉报》发刊后所声称的"抑制旧党援助新党，以助维新之气象"，其意旨甚为相通。

由此可以看出，汉口乐善堂是一个集特务机关和情报机关于一身的根据地，虽然它于1892年解散了，但其存在期间不仅为日本政府提供了一

---

① 关于乐善堂的指导方针，各种资料之间稍有出入，本处所引系综合［日］中下正治的《新闻にみる日中关系史》（研文出版社2000年版，第64—71页）与王振坤、张颖的《日特祸华史——日本帝国主义侵华谋略谍报活动史实》（群众出版社1987年版，第38页）两书的相关内容。

② 上述有关荒尾精及其指挥下的汉口乐善堂活动的资料除特别标明之处，均参阅王振坤、张颖的《日特祸华史——日本帝国主义侵华谋略谍报活动史实》，群众出版社1987年版，第35—45页。

大批情报资料，而且还培养了一大批特务人员和"中国通"。日后、甲午战争时期，为日本军部服务的骨干谍报人员，多半出自荒尾精及汉口乐善堂门下，其中就包括后来四处奔走游说、终于成功接收《汉报》的宗方小太郎。

第二节　宗方小太郎接收汉口《汉报》的经过及其资金来源

宗方小太郎生于1864年，日本熊本人，幼年即攻读汉文典籍，对中国文化颇为熟悉。他是1887年6月来到汉口，加入汉口乐善堂的。而在此之前，他已经来中国积累了很多实际经验：1884年，他跟随视察中法战争的日本政客佐佐友房第一次来到上海，住在上海乐善堂药店，从而结识了与他对中国问题有着共同兴趣的乐善堂老板岸田吟香及其汉口分店的负责人荒尾精，并作为《熊本紫溟新报》的通信记者留在上海。随后，他又开始只身徒步踏察中国北方，餐风露宿，足迹遍及华北和东北九省，成为徒步"旅行"中国的第一个日本人。他用8个月的时间完成了这次个人调查活动，然后来到汉口，成为汉口乐善堂的骨干分子，从事谍报事务。由于有了对中国北方的谍报活动经验和基础，在1888年汉口会议后，他再次北上，建立"北京支部"，担任支部长，以北京"积善堂"药店为掩护，负责调查清政府消息和直隶、山东、山西、辽宁四省情况。

宗方热衷于对华谍报事业，后来，他因此方面的过人"胆识与才能"，在甲午战争中"成功"探得中国北洋海军的重要军事情报而为日本海军立下"卓著""功绩"，从而得以以布衣身份接受日本天皇的召见，这被日本谍报界传为美谈。对于宗方在谍报事业上的这种苦心追求与功绩，日本外务省曾以赞赏的口吻予以披露：

> 此人抱夙志于支那，壮年之交，赴当地，以来专心努力于该国习俗国情之研究，其间，或谍报事务，或国情介绍，等等，苦心努力于帝国势力之扩张。外务省自○○○○年（按：原文如此）起嘱其谍报事务，其报告于当局公务裨益颇多，功绩卓著。①

---

① ［日］中下正治：《新闻にみる日中关系史》，研文出版社2000年版，第70页。

正是在这种多年辗转中国各地进行谍报活动，不断加深对中国习俗、国情了解的过程中，宗方深知"文力征伐"事业之于日本势力扩张的重要性，自 1890 年以来即"提倡以发行报纸作为对中国的指导机关"，认为这是当务之急，亟需筹谋经营。为此，他开始不断奔走游说于各方之间，努力促其实现。根据宗方的日记，1893 年 3 月，他从上海辞去荒尾精所创日清贸易研究所学生监督的职务回到东京后，就已经有了在汉口创办报纸的计划，并为此一直不断忙碌。在当年的三四月间，为了筹集汉口的办报资金，他先后频频拜访了前外务卿、东邦协会会长副岛种臣，贵族院议员、兴亚会会长长冈护美，海军中将高岛柄之助，海军少将儿玉等政要，得到他们大为赞赏之表态及鼎力支持之承诺，但终因时机尚未成熟，当时未能筹集到资金而作罢。不过，终究得到了高岛中将将于 8 月切实相助的承诺。也许是因了这个缘故，宗方的计划果然于 1893 年 8 月有了进展：他在汉口乐善堂旧址设立了一家名为"东肥洋行"的商业机构，并设其分店于熊本。此后，据记载，他开始不断为东肥洋行能够"上轨道"之事而往返奔波于沪汉之间。至于究竟何谓"上轨道"，目前尚不清楚。但从其当时写给中西正树的信时言及希望在汉口开办一家小店，"勿与商业产生直接关系"，"此中自有意义"之语来看，其真实意图在经营报纸上。也许可以这么推测：宗方原本希望以"东肥洋行"这一商业机构为掩护，延续汉口乐善堂的事业，但比汉口乐善堂时代有所前进的是，一心想在长江流域大展宏图的宗方此时已经强烈意识到在汉口等战略要地设立舆论机关的必要性和紧迫性，并且萌发了在这些地方占地办报的具体设想。这一心思在其写给佐佐友房的信中表露无遗：

  如您所知，该国报纸之报道、评论颇具动摇朝野人心之势力，虑及日本今后对清国之政略，于上海、汉口等要地设二、三机关报纸，其必要性自不待言。希望设立，以为国家之事业，为后来之所计。

  总之，如不安插各种势力于各地，则举步而维艰。[①]

可见，开徒步中国搞谍报活动先风的宗方不仅早就萌发了开创日本在汉

---

① ［日］中下正治：《新闻にみる日中关系史》，研文出版社 2000 年版，第 74 页。

口等要地办报的野心，而且深谋远虑，直接赋予这一办报事业以动摇人心和安插势力两大政治功能，直接服务于日本"国家之事业"即侵华政略。

但是，宗方的这一图谋因甲午战争爆发而告中断。如前述，在战争中他为日本海军立下了显赫的谍报之功，他本人亦为之大受鼓舞，希望在中国继续"大展宏图"。战争结束后的1895年3月，他受到日本政府和海军方面的重用，受命参与接收台湾的工作。但不久后（1895年8月），他就辞去了台湾的职务，于1895年12月带着海军省伊东军令部长为准备对俄作战而对长江沿岸进行侦察的命令来到上海。一到上海，宗方便着手实施其办报计划，迅速与经营上海《字林沪报》、曾任汉口《汉报》华人主笔的苏州人姚文藻会面，商量收购经营不善的《汉报》一事。姚文藻即前文所提及的1888年参加岸田吟香在上海所办"玉兰吟社"的"新入社者"。据记载，姚文藻早年即以"旅沪故"而投考上海，但因当时文童籍贯之别甚严而受排挤，便"愤而离沪，赴东瀛游历，数载而还，膺《申报》之请任总编纂职，兼作首篇论说，以其时考之，当在清光绪中叶，在天南遯叟之前也"①，赴日本游历数载，回来后担任《申报》主笔，后来又与岸田吟香结交。从这些早期的经历中，可以看出宗方小太郎接收《汉报》的中介人姚文藻与沪上报界文人及相关日本人之关系由来已久。也许就是因为这个缘故，他们的商谈进展非常顺利，很快就私下成交。此中情形见于1896年1月11日宗方写给佐佐友房的书信：

前些年曾提起过的报纸一事，此次已商就，将接收汉口部分的报纸，欲于阴历年内接收。②

"欲于阴历年内接收"，可见其心之切，亦可知接收事宜之顺利。那么，何以宗方奔走多年无果之事此次能够进展如此顺利呢？且看上述书信之下文：

此事需费六百圆整，还望与高岛将军议之汇出款项为盼。③

---

① 孙玉声：《报海前尘录》之《赋秋生大一山人佚事》一文，载《晨报》1934年×月×日。
② ［日］中下正治：《新闻にみる日中关系史》，研文出版社2000年版，第72页。
③ 同上。

这表明，此前一直甚是支持宗方汉口办报之事的高岛中将，这次将非常肯定地给予经费支持，其具体事宜则由佐佐友房从中联络接洽。同时，值得注意的是，日本驻汉领事濑川浅之进在接收过程中一直"与闻其事"，暗中支持。① 而从后来濑川浅之进向日本驻北京公使西德二郎专事报告"汉报主义（按：即编辑方针）之所在"这一件事来看，后者对《汉报》之事也甚为关注。②

因此，应该说，这次由宗方出面接收《汉报》的行动，有着日本政府暗中支持与幕后指挥的政治背景，而且其全部经费皆由日本政府提供，具体而言，由海军大臣西乡从道、海军中将高岛柄之助、台湾总督桦山资纪予以资金援助，以3000日元分期付款成交。③ 这样，《汉报》终于在1896年2月12日成功转至日本人手下，表面上则以宗方小太郎私人的名义进行经营，宗方本人担任社长，冈幸七郎、筱原丰成、柳原文雄等担任主笔。被濑川浅之进称为"日本人在清国境内创办中文报纸之嚆矢"的《汉报》，自此在汉口开张，为此事立下汗马功劳的宗方小太郎则由此被称为日本在华报业的先驱。

第三节　日本人接管《汉报》的目的与编辑方针

关于日人《汉报》的创办意图，可以从濑川浅之进向其上司——日本驻北京公使西德二郎的如下语句中找到答案：

> 发刊之时，清之南北，承日清战役战败之后，上下之感情颇恶，厌日人极甚，加之发刊于清国各地报纸竞相痛骂日本，甚至倡导联俄

---

① 参见刘望龄《日本帝国主义利用报纸侵略中国之嚆矢——日人对〈汉报〉偷梁换柱始末》，载湖北省志新闻志编辑室、湖北日报新闻研究室编《湖北新闻史料汇编》总第11辑，湖北省志新闻志编辑室刊印，1987年，第9页。

② 关于《汉报》接收过程的资料，参阅［日］中下正治《新闻にみる日中关系史》之《汉报と宗方小太郎》一章，研文出版社2000年版，第64—71页。

③ 宗方小太郎接收《汉报》的成交价格不同的资料上有出入，3000日元这一数额是中下正治在其《汉报と宗方小太郎》一章中所言；但另有资料称其接收资金为"1000元"（如刘望龄《黑血·金鼓——辛亥前后湖北报刊史事长编：1866—1911》，湖北教育出版社1991年版，第11页）。

制倭（亲俄排日）之论，朝野官宪之意向，亦倾注于此。故于汉报纸上辨支那各报之妄言，冷却俄国崇拜之热，以期明唇亡齿寒之谊，融合朝野官民之感情。①

"承日清战役战败之后，上下之感情颇恶，厌日人极甚"道出了《汉报》发刊的历史背景。所谓"日清战役"即中日甲午战争。如前所述，日本自明治维新以来，宣称"经营四方，安抚亿兆，开拓万里之波涛，布国威于四方"的天皇政府在日本军国主义势力的推动下，积极推行"经略大陆"——史称"大陆政策"的侵略国策，其主要战略目标就是向亚洲大陆近邻朝鲜和中国进行侵略扩张。前期的武力入侵台湾、吞并琉球等事件就是这一侵略政策的产物。而甲午战争则是日本军国主义推行这一政策而发动的第一次大规模的侵华战争。中国在此次战争中的惨败及空前的丧权辱国，引起朝野上下的巨大震动和强烈反响。濑川浅之进及其政府深察、深虑此际中国对日之人心态度与社会舆论到了南北上下、朝野官民"厌日人极甚"的程度。确实，当时全国排日的社会舆论非常强烈，特别是士绅阶层在震惊和猛省中纷纷发出了排日的强音。如郑观应在记录日兵在旅顺的屠城暴行时，就强烈谴责"日人天性好杀"的侵略本性，怒斥日本"违公法战例嗜杀不仁者，则视为野蛮，不入教化之国"，质问日本："试问日本与中国有何深仇而悍无人理一至于此?!"警告日本："勿谓中国无人，奇才异能之士隐居不出，谓其时未至耳。夫天下之理，物极必反，盛极必衰。近日压力重，他日报复必重!"② 此种激愤，何其强烈！这种强烈的民族感情不断现之于报端，汇集成对日本极为不利的舆论潮流。佚名的《纵论中倭之势》一文便言道：

  当政者须深思猛省，发愤自强。今因倭寇之所失，他日即取之于倭寇，此余之厚望也。③

这样的论调，"虑及日本今后对清国之政略"，当然是极为不利的。

---

① ［日］中下正治：《新闻にみる日中关系史》，研文出版社2000年版，第75页。
② 转引自周启乾《晚清知识分子日本观考察》，《日本学刊》1997年第6期。
③ ［日］中下正治：《新闻にみる日中关系史》，研文出版社2000年版，第75页。

尤其是在这种情况下，中国朝野官宪产生了"倡导联俄制倭（亲俄排日）之论"。当时，以实权派李鸿章为代表的"后党"就是极力主张联俄制倭的政治势力，而俄国则借口三国干涉还辽之功，趁势加强对清政府的控制。这势必增强日本向东亚扩张的劲敌俄国的在华势力，加剧日俄在侵华利益上的矛盾，使日本的大陆政策受阻。

这就是前述宗方小太郎所言"该国报纸之报道、评论颇具动摇朝野人心之势力"的情形，濑川浅之进及其日本政府对此深以为虑。于是，《汉报》就有了如下发刊意图："于汉报纸上辨支那各报之妄言，冷却俄国崇拜之热，以期明唇亡齿寒之谊，融合朝野官民之感情。"

这就是说，日本政府扶持接收《汉报》的目的，在于谋取和控制一种"文力征伐"的舆论工具，以紧密配合日本在甲午战争后在远东与欧洲列强激烈争夺侵华利益的"政略"。

至于为何选取汉口作为办报之地，宗方在其写给佐佐友房的信中一语中的：

> 如您所知，汉口地处要地，必将与中央铁路相辅相成，长沙市重庆一带日益整顿之黎明，长江上下游乃具重要之关系，而感置报之重要。①

对汉口作为"兵家必争之地，商战中枢之所在"的重要地位，宗方及其同道们心里非常清楚，这也就是他们一直在沪汉之间汲汲以求、最终选定汉口作为发刊之地的重要原因。

那么，《汉报》又将实行怎样的编辑方针呢？

濑川浅之进就此向西德二郎的报告原文如下：

> 今闻及汉报主义之所在，则回复如下：
> 一、介绍日本之实情于支那之官民，以令其信于我；
> 二、明唇齿相依之义，行一脉相承之实；
> 三、抑制旧党援助新党，以助维新之气象。②

---

① ［日］中下正治：《新闻にみる日中关系史》，研文出版社2000年版，第73页。
② 同上书，第74页。

这个"汉报主义"是宗方小太郎拟定的，当然也是经过濑川及其上司默许首肯的。对于这一"汉报主义"，日本学者中下正治言道，尽管其间时光流转，除了语气上稍有不同之外，它仍然酷似《汉报》创刊约10年前1888年荒尾精所主持的"汉口会议"的决议，并且还与后来所办之天津《国闻报》的经营主旨如出一辙。这就是说，"汉报主义"不仅仅是《汉报》一家的编辑方针，而且还成为19世纪末日本在华其他舆论机关的指导思想。

"汉口会议"的核心是"改造中国"，是以"中日提携"之表行"经纶中国"之实。这是汉口乐善堂时代，以岸田吟香、荒尾精、宗方小太郎等为代表的日本在华谍报"先驱"所奉行的宗旨。从那个时代走出来的宗方小太郎及其同道们确实沿袭着其前辈的这一基本精神脉络，但与此同时，时值甲午战争刚刚结束之际，虽然日本由此战在中国谋取了巨大利益，一跃而成为东亚强国，但同时它在对华利益上也面临着更为复杂的形势，这其中就包括前述的中国朝野强烈排日的社会情绪，以及以俄、德、法为首的欧洲列强所掀起的瓜分中国狂潮。这些都极大地威胁到日本的既得利益及其大陆政策的进一步拓展。身处这一时代背景之中，环顾四周形势，从"为后来之所计"出发，宗方及其上司采取了较之前辈而言更具针对性和怀柔性的策略——那就是办报，通过办报制造舆论，收买人心，安插势力。可以说，这是他们超出其前辈的地方。具体来说，就是：

其一，所谓"介绍日本之实情于支那之官民"，即通过大力宣传日本的先进和强盛，激起中国人的"师日"之心和对日本的信任之情，以扭转甲午战争引起的排日舆论之不利影响。

其二，所谓"明唇齿相依之义，行一脉相承之实"，即以动听言词宣传同文同种、中日提携的论调，以制造有利于日本实施对华"政略"的社会舆论。

其三，所谓"抑制旧党援助新党，以助维新之气象"，即鼓动在野的革新势力，抑制亲俄的后党势力，以扶植亲日的政治势力。

概而言之，就是扭转不利舆论、制造有利舆论和扶植亲日势力这三大宗旨。这是"汉报主义"的精神实质之所在。

由上可见，日本人接收经营的汉口《汉报》源自英国字林洋行在

1893年3月23日首创于汉口的《字林汉报》,系日本在华谍报据点汉口乐善堂的骨干成员宗方小太郎多年奔走游说而商谈成交后所办,它既是应甲午战争后日本政府对华"政略"的新形势而产生,同时也是宗方小太郎及其同道们对汉口乐善堂"事业"之延伸。而至于其具体体现,则有待另文对其报道内容进行详尽分析。[①]

[①] 关于宗方小太郎的间谍生涯及其侵华思想,请参见本书所附拙文《论析〈汉报〉(1896—1900)馆主宗方小太郎的"中国经营论"》。

第三章

日资《汉报》(1896—1900)的办报理念与特征

应甲午战争后日本政府对华"政略"新形势诞生的、以"汉报主义"为编辑方针的日资《汉报》,秉持怎样的办报理念,担负怎样的使命,具有怎样的特征呢?

第一节 日资《汉报》的办报理念与使命

《汉报》前后刊登多篇论说,分别阐述了报纸的政治功能及该报所负之使命。下面主要基于这些论说,对该报的办报理念与政治使命予以分析。

一 阐述报纸的政治功能和报人的持议态度

不署名论说《论报馆有裨于政治》一文阐述了报纸的政治功能。

对于报纸在国家政治中的角色,该文先有如下铺垫:

> 凡服官它省者不辨为秦人越人,考其意,原虑生于斯官于斯,或挟怨而乱是非,或避嫌面黯举措已,故易地而官而官,易民而治。其意非不美,其法非不良也。然以北产而官南土,以东人而治西民,非观政数十年、历典数十部者罕能于地方风土人情谙练而蕴悉焉。其或寄耳目于吏胥,恃腹心于僚佐,得失或参半,疑信且失真……恐智者千虑终亦有一失焉。①

---

① 《汉报》1898 年 9 月 6 日。

即指出中国古代政治"易地而官而治"的缺憾所在:任官难于熟谙地方风土人情。那么,怎么解决这一问题呢?文章说:

> 由是观之,贤者居上位,宰万民,佐天子,出治任,大而责重,政□而事繁,其谁为辅翼而赞益者欤?曰:其报馆乎!①

将报馆譬喻为贤者之辅翼,也就是官员辅佐天子、治理百姓的有益帮手,这是论者对报纸政治角色的定位。

而对于报馆发挥其政治功能的途径,该文写道:

> 报馆有采访,有秉笔。采访者皆土著,生长于斯,见闻必悉;秉笔□游学士夫,胸无成见,持论必公理,求其公是公非,事取诸共闻共见。②

文章把报馆人员分为两类:一是负责采写新闻的采访者,一是负责写作论说的秉笔者;采访者为"土著"即当地人,秉笔者为"游学士",这里的"游学士"所指的是外地人乃至外国人?(!)论者说,报馆分别通过土著之采访者和游学士之秉笔者,将风土人情和公是公非传递给读者。此处尤其突出了报馆秉笔"胸无成见"和"持论必公理"的特征。言下之意,报馆通过采访者的消息和秉笔者的言论弥补了"易地而官而治"的缺憾。文章在最后还补充道:"惟一见诸报章,口诛笔伐,则若辈虽无显戮,若有严刑,已为者,悔其既往之愆;未为者,涤其自新之路。阳长阴消,善人日多,恶人日少,人心渐正,民俗日淳,其□政治讵无毫末之裨益乎?"指出了报章作用于人心和民俗的舆论力量,报纸以此裨益于政治。

在论述报纸政治功能的基础上,《汉报》还进一步阐述了报人的持议态度。这在不署名论说《论报馆持议不必迎合当道》一文中有集中体现。

该文首先就以"清议者"作喻,提出报馆意见不必合于当道者的观点:

---

① 《汉报》1898 年 9 月 6 日(此处"□"为《汉报》原文字迹不清之处。本书以下各处均以"□"表示引文文献中不清楚之字)。
② 《汉报》1898 年 9 月 6 日。

夫主持清议者,其惟报馆乎?既持清议,则意见所存抒为谠论,有时不合于当道者,亦事势之常也,而必求与当道合者,此大谬也。①

接着,作者以孔子"君子和而不同,小人同而不和"之语印证其观点。然后,作者谈及君臣关系道:"君臣亦然,君所谓可而有否焉,臣獻其否以成其可;君所谓否而有可焉,臣獻其可以去其否。是以政平而民不干。"②它的意思是,君臣之间若能做到和而不同,那么就能实现"政平而民不干"的政治理想。

在此基础上,文章指出报馆持议之责及其意义道:

报馆持论,但期上匡君国,下济民生,用其言则固可为政治之砭针、救时之药石,不用其言则空文传后,亦无闷耳,岂必以相同为贵哉?如必区区以迎合,亦何赖有报馆之主持清议哉?③

文章标榜报馆持论"但期上匡君国,下济民生",为报馆批评政治和当局提供理由。

文章又以西国为例,称其报馆对议院"辄揭其短长,发其利弊,争执之而不遗余力,执政者虚怀采纳,幡然改图用,收舍己从人之益,故能上下心一心,日臻隆治。所谓政平而民不干者,西人有焉"④。以此证明报馆批评当局的正当性。

接着,作者强调道:

蒙窃以为报馆者,盖一时之信史,三百篇之遗意,而亿万姓之公评也。故褒贬不容曲笔,立论谨严,美刺互有兼收,藉资劝戒。……倘报馆所有指陈,当道日取而阅之,壤流虽细,未必无补高深;若所论止于寻常猥琐,一切大利大害有关时政者皆缄嘿而不能详,而惟以

---

① 《汉报》1899年11月6日。
② 同上。
③ 同上。
④ 同上。

逆耳之言来相勤勉，为国为民两无匡济。①

文章突出强调了报馆对"一切大利大害有关时政者"进行褒贬的立论态度和角度。

最后，论者说，"呜呼！言者无罪，闻者足戒，报馆不任咎也。夫报馆固主持清议者也！"复拿清议作譬喻，力主言者无罪。

《汉报》对报纸政治功能的强调和报人持议态度的论述，可以说是编者为该报站在与中国当政者不同立场上对中国"一切大利大害有关时政者"进行褒贬和舆论诱导所提供的理论借口。

如果进一步结合该报启事《手书告本馆访事诸友人惠览》，这种意图便更加清楚。该启事署为"六月廿三日馆主宗北平特启"，表明它是《汉报》馆主宗方小太郎所写。启事开头就说：

> 报馆之职，在振起一国之人心，使知自爱其国家而各尽其心力。寰球列国无不重视报馆者，诚以其主持公理，开发宏辞，上可以辅朝廷君相及大官小吏之所未逮，下可以开士农工贾未开之智慧，俾人人皆知所以争自存，法至良意至美也。②

报馆"主持公理"、"辅助朝廷君相"、"振起一国之人心"，这与前述关于报纸功能和报人持议态度的观点相呼应。

在这个基础上，宗方小太郎阐明"本馆"的使命道：

> 鄙人自接办本馆以来于今数年矣。窃念贵邦为同洲同种同文之国而不免为白人所蹂躏，心焉悯之。亟欲大声疾呼，振聋启聩，稍图补救于万一。况今春本馆已归东亚同文分会之所辖，而鄙人忝为本会专员，尤当团结精神，力求整顿，庶无负敝邦同志士大夫维持东亚之苦心，非仅为鄙人克偿素志已也。③

---

① 《汉报》1899年11月6日。
② 《汉报》1899年6月24日。
③ 同上。

上文交代了《汉报》其时已为东亚同文分会之所辖，而宗方本人亦为该会专员的事实，并且明确地提出该报因此而与东亚同文会之"维持东亚之苦心"相一致的宗旨和使命。

基于这一使命，宗方对《汉报》的访事提出如下要求：

> 伏愿诸君子自今以后，广询博采，精益求精。凡子虚乌有之谈、风云月露之事，以及娼声亵语、街巷琐言，幸勿误为新闻，潦草率责，必求其有益于国计民生，有关于学问风化者始得载之笔端，迅速见惠。①

明确要求《汉报》访事必以"有益于国计民生，有关于学问风化者"为新闻而载之笔端、见诸报端，并要求务必"迅速"，为此，不惜改过去"每人每日访报二条"之旧例为"如实能既详且尽，即每人每日访报一条亦无不可"之新例。这充分说明了《汉报》馆主宗方小太郎通过该报议论乃至干预中国政治的意图。

二 标榜《汉报》"仁至义尽"的"德邻""义侠"

正如馆主宗方小太郎自己所言，《汉报》已为东亚同文分会所辖，他本人亦成为该会专员，故东亚同文会的"同洲同种同文"之义及其"维持东亚之苦心"也即《汉报》编者之"素志"。

基于此，该报借连载署名为"漳江驻云客"的论说《汉报东亚同文会志书后》，标榜其对中国的"义侠"之心。

该文系就新近成为《汉报》机关之"东亚同文分会"之设而写。文章首先就为该会之设而叫好道："顷观志日清东亚同文会之设已有端倪，不禁虽然起而曰：善哉！善哉！诚为拯拔危局之一大急务也……此不推为义侠之宗可乎？"又说，"所愿同文会友共勉，义侠为宗。忝天配地，古圣只一义字；济困扶危，寰球赖一侠字"，声称该会以"义侠为宗"②。

接着，文章指出，该会与中国"长江哥老会"、"广东三合会"、"各省山水香堂之会"不同，后者系"豪酋之会而非君子之会"，意即该会为"君子之会"。

---

① 《汉报》1899年6月24日。
② 《汉报》1899年8月26日。

然后，文章说，要挽救目前的危局，徒有空谈是不行的，"必裕捐款"，它说：

> 拟创风气固在报馆，拯拔选植邻赖分会，选将厉兵、征饷屯粮，又当假地各省，分会，当权推为东亚民部外务分统。

这句话在点出该文为"分会"募集捐款之意的同时，也道出了报馆（《汉报》）与分会（东亚同文分会）之间分工合作的紧密关系，即报馆负责"创风气"，分会负责筹集经费。联系上文可知，二者同持"义侠"之宗。

关于"义侠"之所在，该文从四个方面予以重点阐述。

一是针对"俄国蓄力吞噬东三省，现以守为战，反客为主，不久必有一番大战，恐非当道所能办"，即俄国欲吞噬东三省、中国当道者又无能与之为战的情况，文章鼓动：

> 请由会长照会中国政府开通辽潘、满蒙、牛庄、山海关一带口岸，屯驻东亚劲旅，先握黄海之权，截断珲春、海参崴，断其接济之路；其铁路之权不可久假，由中东共主，互相维持，俄人有知当不敢轻动。

该文鼓动由东亚同文会照会中国政府开通东北一带口岸以"屯驻东亚劲旅"，即让日本军队进驻，该地铁路之权也"由日东共主"，即将铁路修筑权从俄国手里夺回让给日本，声称这是为了帮助中国阻止俄国吞噬东三省。

二是针对中国面临西国瓜分、"种教两灭"的形势，该文提出：

> 中国游民游士惟嫌太多，不如设法移屯边卫、募徒塞□如辽东、新疆、云南、广西各省边地屯田，必成重镇，假以土地，供其资斧，当无不乐往矣。西藏后路尤当严为谨守门户，况闻新疆土地亦系肥沃，如不料理，□人得之，又为西面强敌矣。①

---

① 《汉报》1899年8月27日。

提出让中国游民游士移民到边地屯田，目的是为了谨守门户、预防"西面强敌"。

三是就团练之事，该文倡导：

> 我中国团练书院文武人材当亦不少，宜推一二名士以为表率，结数万志士以为一团，东通日本，与东亚同文会一气联贯，实可以扶危济困，固亚洲之大局也。

这毋宁说是训练一支与日本声气相通的中国军队。

四是联络东南亚各地之华人华民：

> 新加坡二百万华人宜为联络也。越南国七十余万华民亦现厄于法国虐政，宜广为招纳可也……即命客越华人联而居之可也，屹然成镇，以扼西来之路。星洲绅商，安南之后，前助中国军饷百万，今时势如此难，虽二百万愿助也。惟在谓中国政府派一星使，给予贡监封典虚衔执照，作为洋学生出身之例，当允得其用力也。

即以中国政府的虚衔执照将东南亚各地之华人华民联络为一体。

在最后，文章发出如下捐款倡议：

> 都是孔孟后学，况有德邻最强之国提倡乎！不扼于内不怵于外，除大府官绅巨富慨捐巨款外，每人每日约不过日出一钱，按月邮寄分会公局，集天下之全力，除累代之公愤，彼雪耻酬百王，除凶报千古，又是何等但当雅量！懦夫当有立志矣。吾殷为我皇上及二万万方里五万万人民拭目望之德邻之助，仁至义尽，千古无两矣！

文章在号召每个人都向"分会"捐款以抵御俄国和西方列强对中国的侵吞时，盛赞德邻之"分会""仁至义尽"、"千古无两"。

这篇文章与其说是东亚同文会的自我标榜，不如说是该会之机关报《汉报》的自我标榜。文章强调日本"济贫扶危，固东亚大局"的"义侠"，鼓动亚洲"孔孟后学"互为联络，鼓吹中日两国"一气联贯"、"互相维持"，宣称日本是对中国仁至义尽的"德邻"，这些标榜之词无不与《汉报》的三大编辑方针相呼应。

《汉报》从强调报纸的政治功能，到突出"报人持议不必迎合当道"，再到标榜自己对中国"仁至义尽"的"德邻""义侠"，充分体现了该报完全基于日本国益立场的办报理念和使命。

第二节 日资《汉报》的版面形式、发行区域及广告特点

日本人接管后的《汉报》，与英商时期的《字林汉报》和《汉报》相比，既有相同之处，同时也有明显的不同所在。下面，笔者即对日资《汉报》的版面形式、内容编排、发行区域和广告特色这几个方面的特征予以介绍并将其与英商时期相比较。

一 《汉报》的版面形式、内容编排及其变化

《汉报》为单面铅印，共一大张。采取两次对折，即先上下对折、再左右对折而形成四个版面的方式。

首先，该报根据报纸内容将报纸上下对折成以广告为主的上半版，和以报头所在的、以论说和新闻报道为主的下半版，为便于叙述，不妨将之分别简称为广告版和报头版。同时，在上下对折成上下两半版之后，该报又左右对折成报头版向外、广告版向内的内、外两页。这样一来，每期一大张的《汉报》就通过两次对折的方式而形成报头右版、报头左版、广告右版、广告左版这四个半版。

其次，在报纸的规格和式样上，《汉报》整张呈长方形。其中，报纸纸张长约97厘米，纸张宽约53.4厘米。经过两次对折后，则每版报纸的纸张长度为48.5厘米，纸张宽度为26.7厘米。当然，这是报纸的纸张尺寸。实际上，在每版，四周均用粗黑直线将版内的文字区域框住，线框外是四周约有各2.8厘米的留白。值得特别一提的是，这种留白的处理有一处例外，即在报头张的外页，其右端在线外并没有留白，而是用较大的字号以两竖排标明报纸的出版日期和期数，分别是光绪年号、日期、期数和对应的西历出版日期、礼拜时间。如"大清光绪二十四年戊戌三月十一日第一千七百九十号 西历一千八百九十八年四月壹号礼拜五"。

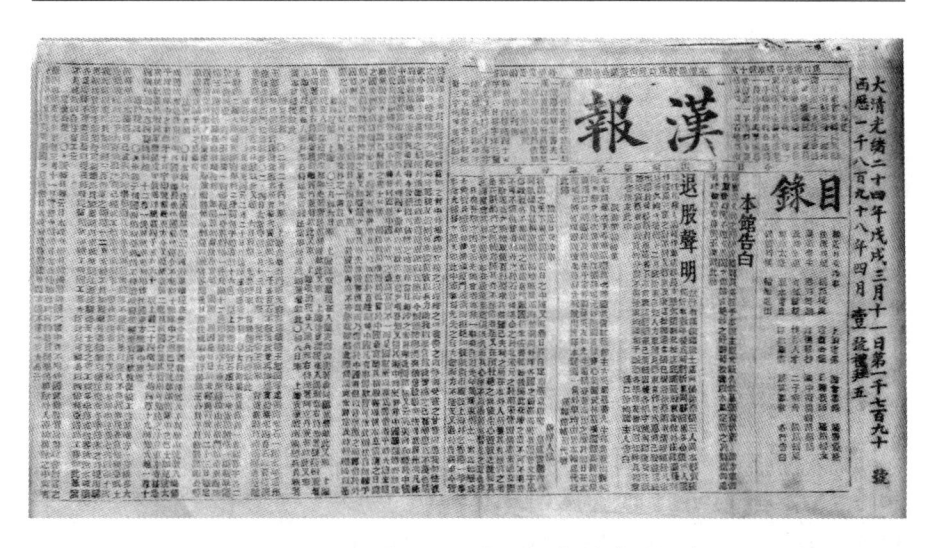

第三章 日资《汉报》(1896—1900)的办报理念与特征 85

图 3-1 1898 年 4 月 1 日日资《汉报》报头版

另外，报纸采取直排形式。下面以报头版为例，来看该报的具体编排形式和特点。

如前所述，报头版被对折为报头右版和报头左版。该版的一个特点是，报头安排在右版，故右版的编排比左版要复杂。同时，报头版还有一个特点，就是该版内以报头宽度为单位，用三条双竖线将其划分为四等分。

下面是报头版的编排形式：

其编排按内容可分为五大块：报头、目录、报首广告、报首论说和新闻报道。报头置于上端，其正中间用行楷体从右到左横排写着报名"汉报"两个大字，这一特别的横排大字号形式，使报头显得分外醒目。报名的左右两端分别用竖排刊登"售报处"和"告白刊例"。报名的上方从右至左写着"汉口零售每张取钱十文"、"本馆开设汉口河街茶业公所间壁"和"外埠远近酌加寄费"字样，分别标明《汉报》的售价、报馆地址和报价特别提示。报名的下方同样是横排右起，写着"今日另出附张不取分文"。除报名外，报头的其他各处的字体和字号大小与报纸正文相同。在报头之下，从右至左分别是报纸目录、广告、论说和新闻报道。在目录栏，从右至左横排的"目录"两字其字号大小仅次于报名"汉报"二字，其下用正文字号竖排列出了本期报纸各篇文章的标题，或者是内容提示（如"恭录电谕"、"各项告白"），这些文章标题和内容提示除论说之外，其余大都是四个字，如"东瀛丛谈"、"美军准备"、"屯米失利"、"双珠再遇"等，字数甚是整齐。紧挨目录的是报首广告。每期有报首广告三四则不等，每条广告均有醒目的标题，广告之间用竖线画出以相间隔。接着报首广告的是报首论说，每期报纸均有一篇报首论说。紧接论说之后是新闻报道。

报头版的标题与正文字体均为老宋体；每则文章的标题一律空三字起，标题之后留一字空格，并加一圆圈接排正文，以示题文之间的区分。这种题文的编排形式与英商《字林汉报》时期完全相同。

值得注意的是，从目前可见日本《汉报》原件来看，该报后来经历了一次重大改版。其改版具体日期尚不得而知，但目前所见最迟一期上述老版式原件为1900年1月16日，目前所见最早一期新版式原件为1900年3月31日（见图3-2①），据此可知，《汉报》改版的时间为1900年1月17日至1900年3月30日之间，也就是说，上述《汉报》的"经典"版式在延续4年之后，于1900年春季作出改版。

改版后的《汉报》有哪些特征和变化呢？

总体上，除了仍旧保留了《汉报》之前共一大张、两次对折成四个版面的特点，以及每则文章的标题空三字起、题文之间加圆圈以示区分的题文编排形式之外，主要是在以下两个方面作出改变：

一是报头形式的重要改变。在编排上，将先前贯穿下半版的竖排两行出版日期和刊期标示移至了报名的上方。更值得注意的是，它将先前中西历比用的日期记法，一改为在中西历之间增添日本历法的记法，并在这三种历法日期之间用两个圆圈相隔，从右至左横向排列，如"大清光绪二十六年三月初二日〇〇大日本明治三十三年四月一日〇〇西历一千九百年四月一号〇〇礼拜日〇〇第二千四百九十五号"。如果说将竖排改为横排还仅仅只是形式上的改变的话，明确地添上"大日本明治"历法的做法，则清楚地表明该报编辑部已经毫不讳言、甚至可以说是要刻意强调该报的"日本"色彩的意图。这与先前该报在报头刻意隐去其日本色彩的做法完全不同。这一改变的原因何在？联系其时正值1900年春季，当时义和团运动在京畿迅速发展、各国纷纷谋划"自行

---

① 因目前所见最早一期新版式的《汉报》（1900年3月31日）明显破损且部分报头被后人遮盖，故新版式图示以报头较为完整和清楚的1900年4月1日该报为例。

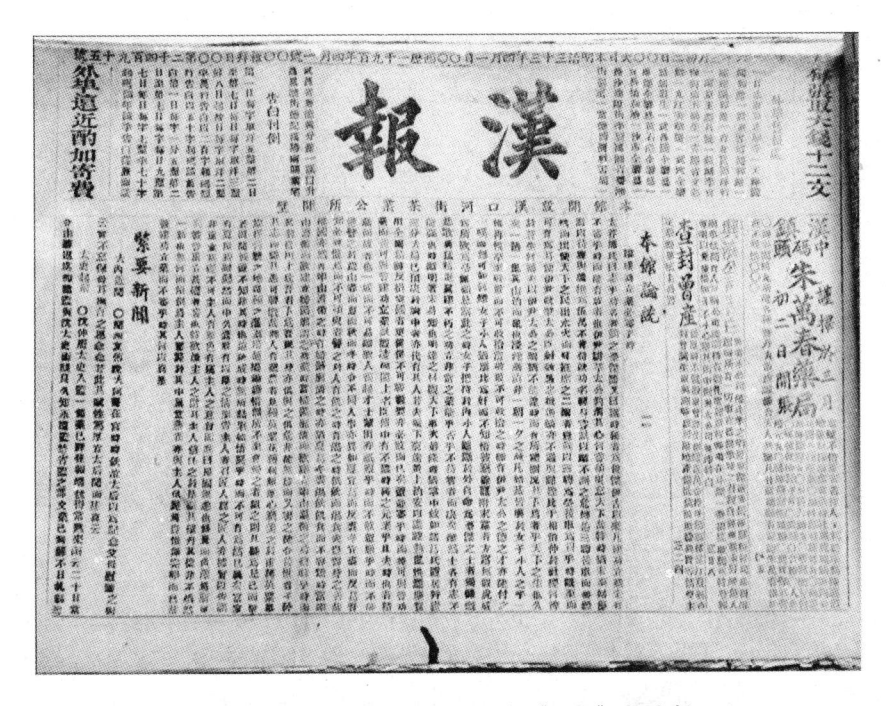

图 3-2 1900 年 4 月 1 日日资《汉报》报头版

办理"即准备动用军事力量瓜分中国（按：这一情形请参照本书第七章）的微妙局势，《汉报》编辑部这一亮出其"大日本"旗帜的做法，无疑耐人寻味和具有深意。

再看报头的其他编排。由于报头上方被标示报纸出版时间和刊期的文字挤占，报纸的售价提示行则由先前的较小字号横排于报名上方，改为用较大字号竖排于报名的右外侧。同时，可以看到，改新版后，报资涨价了，由十文涨到十二文。与报资提示行相对竖排的则是报头右边的"外埠远近酌加寄费"字样，以示报纸售价视发行远近不同而各异。

图 3-3 改版后的日资《汉报》报头

二是报纸内容编排上的突出改变。主要是采取清晰的栏目化方式，即将全张言论和报道等内容依次用较大号行楷体字醒目地依次标为"本馆论说"、"紧要新闻"、"本省新闻"、"西报译录"、"东报译录"、"各省新闻"、"文苑"、"邸抄摘录"这八大栏目。① 广告的编排位置和方式则基本不变，即或者安排在论前，或者安排在报后，也就是紧接着"邸抄摘录"之后。下面对这些广告之外的栏目内容及其编排特征作简要说明。

"本馆论说"栏。该栏的编排位置与《汉报》之前的报首论说同，但正如刻意突出"本馆"二字所示，除极少数署名文章外，该栏目所刊论说绝大多数为不署名文章，如《论民教不相安之故》②、《论主和不为误国》③、《论义和团必不为政府用》④、《论南省督抚宜昭信于西人》⑤ 等，这表明该报编者比过去更为重视言论的态度和努力彰显本馆立场的意图，这可从当时在报首刊出的"本馆告白"中得到印证：

  鄂省为文物之邦，猛虎□龙，良多巨手。本馆主观光既久，钦慕弥深，伏祈诸方家勿各□□时匡不逮，或崇闳之伟伦，或绝妙之好辞，苟投我以木瓜，定□之于梨枣，勿虑明珠投暗，幸毋美玉□□此启。

"崇闳之伟伦，或绝妙之好辞"，特意为论说栏而征稿，足见该报对言论的重视。可以说，《汉报》试图通过开辟"本馆论说"栏，强化自己的舆论阵地和声音。

"紧要新闻"栏。该栏目一般紧排在"本馆论说"之后，是"重要"的短消息。如义和团运动期间，该报每天都在"紧要新闻"栏大量报道战争消息与相关动态，像《外兵占据》⑥、《要约剿匪》⑦、《出兵剿匪》⑧、

---

 ① 有时在"本馆论说"与"紧要新闻"之间插入"上谕电传"或"御旨恭录"栏，但这种情况不多。
 ② 《汉报》1900 年 4 月 29 日。
 ③ 《汉报》1900 年 5 月 13 日。
 ④ 《汉报》1900 年 6 月 15 日。
 ⑤ 《汉报》1900 年 8 月 12 日。
 ⑥ 《汉报》1900 年 6 月 21 日。
 ⑦ 《汉报》1900 年 4 月 17 日。
 ⑧ 《汉报》1900 年 7 月 9 日。

《保全中国起见》①等，其消息一般来源于《汉报》本馆即该馆"访友"以电报发回的见闻，常用"兹闻"、"兹探得"、"接津友来函"、"上海来信云"、"昨得沙市来电云"、"韩京来电云"等方式显示其一手消息来源。正因常常假以电报，所以能够相对"无远弗届"，除了中国本土，还能够报道"高丽"、日本等海外多地的消息，比较快捷，有时甚至是前一天的消息都能见诸报端。

"本省新闻"栏。该栏目紧随"紧要新闻"之后，以报道两湖地区（即湖南、湖北，其中尤以湖北地区为多）的各类事情为主，如《客兵滋事》②、《何故轻生》③、《督抚辕抄》④、《禁止登山》⑤、《洋纱又跌》⑥、《麻油涨价》⑦等。内容上有的是有关该地的社会新闻和涉外新闻，有的是该地方当局的公告性新闻，有的是当地的货物市场行情。《汉报》将该栏排序靠前，表明它很重视鄂省本地读者的阅读兴趣和需要。

"西报译录"栏。该栏为采录西方报纸的消息，有的明确写有译报来源，比如"译文汇报"的《美增水师》⑧，"译字林西报"的《侦探津事》⑨、《特兵情形》⑩，"译字林报"的《管理太严》⑪，"译香港西报"的《匪目就获》⑫，"译捷报"的《电达俄主》⑬等，其中尤以译自《字林西报》和《文汇报》的居多。有的消息则直接摘录，不写明来源。此栏所记之事既有中国境内的，也有境外的；既有事涉中国的，也有不涉中国，仅涉英、俄、美等西方国家的，后者如《英脱军耗》⑭、《印兵宜约束》⑮等。因系转录，相比前面两栏的消息，它往往时效性要弱一些。

---

① 《汉报》1900年9月4日。
② 《汉报》1900年7月16日。
③ 《汉报》1900年8月31日。
④ 《汉报》1900年5月24日。
⑤ 《汉报》1900年8月28日。
⑥ 《汉报》1900年5月9日。
⑦ 《汉报》1900年8月12、13日。
⑧ 《汉报》1900年8月12日。
⑨ 《汉报》1900年8月13日。
⑩ 《汉报》1900年4月24日。
⑪ 《汉报》1900年8月1日。
⑫ 《汉报》1900年5月13日。
⑬ 《汉报》1900年4月24日。
⑭ 《汉报》1900年8月30日。
⑮ 《汉报》1900年8月31日。

"东报译录"栏。该栏为采录自日本国内报纸的消息。在消息来源的处理上，与"西报译录"做法相同，即有的标明消息来源，如"译日报"的《满洲铁路危急》[1]，"译九州日日报"的《脱将远谪》[2]，有的则直接摘录消息内容，不写消息来源。同样，因系转录，其时效性也相对较弱，像摘录自"西七月二十九号海参崴电"的俄国消息《俄属乱扰》，《汉报》刊出来时已是8月12日了。

"各省新闻"栏。记录湖北之外的其他地方如广东、上海、苏州、金陵、安徽、江西等地发生的事情，涉地以长江流域沿江城市为主，由于涉地较多，所记之事较广泛。同时，因改版以后义和团运动运动已蜂起，故内容上除了刊有《整顿钱法》[3]、《争承赔饷》[4]、《拟开煤矿》[5] 等之类的一般性消息外，后来还较多报道了各地所谓"匪徒"和战争的消息，诸如《西人避居》[6]、《大连湾消息》[7] 等。

以上"紧要新闻"、"本省新闻"、"西报译录"、"东报译录"、"各省新闻"五大栏目的内容都是时事。

"文苑"栏和"邸抄摘录"栏。这两栏位置靠后，在《汉报》上并不占有重要地位。

可见，改版后的《汉报》具有如下三大编排特点：（1）用清晰的栏目化方式将内容板块分类；（2）通过在报头增加日本历法纪年的方式和在内页开辟"东报译录"栏目毫不避讳地亮出该报的日本色彩；（3）通过开辟"本馆论说"栏目彰显该报的言论立场；（4）明显增加了时事报道的篇幅。一句话，从编排上便直观地凸显了《汉报》的"日本"色彩及其"时政"与"政论"报纸的性质。

二 《汉报》的发行区域

日本《汉报》的发行区域，目前有据可依的是该报报头的"售报处"所标明的地区，而现在可见该报最早一期标有"售报处"的是1898年3

---

[1] 《汉报》1900年8月12日。
[2] 《汉报》1900年4月12日。
[3] 《汉报》1900年5月7日。
[4] 《汉报》1900年6月28日。
[5] 《汉报》1900年5月2日。
[6] 《汉报》1900年8月2日。
[7] 《汉报》1900年8月26日。

月22日的报纸,这一期报纸的"售报处"写有:

> 广东省博闻报馆,上海苏报馆,福州闽报馆,九江全泰盛,武穴张祝三,武昌县全泰盛信局,武昌粮道街夏德兴分馆,武昌横街全泰盛信局,斗级营松兴公信局,长沙连升街李慎思堂医寓,羊楼洞全泰盛信局,黄石港蔡雨和,沙市全泰盛信局,汉阳南关药善夫,汉口青龙街升昌书局,郭家巷胡万昌信局,河街本馆账房。①

这表明,当时《汉报》的发行范围主要集中在湖北,即武穴、武昌、汉阳、汉口、黄石、沙市这些地方。另外,长江沿岸城市九江也有该报的发售;广东博闻报馆、上海苏报馆和福州闽报馆也出售该报(见图3-4②)。其中,《闽报》与《汉报》一样,都为日本东亚同文会所经营,为同一系之报纸。

图3-4 1898年3月30日日资《汉报》报头所示该报售报处

至1898年8月,《汉报》的"售报处"已经有所扩展,具体情况如下:

> 日本东京,天津国闻报馆,广东博闻报馆,上海乐善堂大药房,福州闽报馆,九江美华阁,南京全泰盛信局,武穴张祝三,安庆文彩斋,长沙连升街李慎思堂又静药街和盛栈,沙市全泰盛信局又福音堂内,武昌县全泰盛信局,武昌省粮道街夏德兴分馆又横街全泰盛信

---

① 《汉报》1898年3月22日。
② 因目前所见最早一期报头标示"售报处"的《汉报》(1898年3月22日)报头破损,故此图为较完整清晰的1898年3月30日该报报头。

局，汉口升昌书局，汉阳南关后药善夫，本镇河街本馆账房。①

这表明，此时《汉报》的发行范围有所扩大，从中国国内扩大到了日本东京；在中国国内则又新增了长江流域的南京和安庆这两个城市。另外，需要指出的是，上海的售报地点"上海乐善堂大药房"与汉口乐善堂同为日本东京乐善堂总店的分店，其老板均为岸田吟香，《汉报》馆主宗方小太郎就是出自岸田吟香的汉口乐善堂门下（按：这层关系在本书第二章有提及）。

根据《汉报》原件，这一发行区域至迟到1899年10月又有所变化，其时该报的售报处为：

> 日本国东京，天津国闻报馆，广东博闻报馆，福建闽报馆，台北良德洋行，南京王庆昌号，芜湖李官保对面玉龙生，九江美华阁，武穴全泰盛张祝三，武昌县全泰盛，重庆全泰盛，宜昌全泰盛，沙市全泰盛，长沙连升街李医寓，常德博济舍书局，武昌省夏德兴分馆，汉口升昌凤麟街德记，汉阳南关叶宅。②

此时《汉报》售报范围最大的变化是新增了台北和湖南常德两地，而去掉了上海。

到1900年4月中旬时，在《汉报》的"售报处"中出现了"日本东京同文会"字样。③ 需要指出的是，根据《汉报》馆主宗方小太郎自己所言，该报正是在这个时候"归东亚同文分会之所辖"，而宗方本人亦"忝为本会（按：即东亚同文会）专员"④。

综上所述，日本人接手《汉报》之后，其发行范围主要集中于两湖（湖南湖北）、长江流域各口岸和广东、天津、上海、福州这些沿海地区；另外，在后期，该报也发行到了台北和日本东京，这两处一为当时日本占领和统辖之地，一为《汉报》主持人的国度所在。同时，值得注意的是，该报往往依托于与自己同一系统之报馆（如福州闽报馆、天津国闻报馆）

---

① 《汉报》1898年8月30日。
② 《汉报》1899年10月6日。
③ 《汉报》1900年4月17日。
④ 《汉报》1899年6月24日。

和机关作为售报点发行其报。

三 《汉报》的广告特点

如前所述，《汉报》被对折为上下两大半版而分别形成为广告版和新闻版，同时，在新闻版之报头版部分往往也会刊有广告。这两种位置的广告，在该报报头的"告白刊例"中被明确区分为"论前告白"和"报后告白"两大类。

在编排形式上，日资《汉报》与英资《字林汉报》及英资《汉报》基本相同，即以竖线为主要的区隔手段，每一条篇幅较长的广告就是一个区隔；对于篇幅短小的广告，则往往将数则短篇幅广告安排在一竖线区隔中，并在它们之间画上横线以示区分。

图 3-5　1900 年 4 月 17 日日资《汉报》"售报处"中出现"日本东亚同文会"字样

在收费上，"论前告白"和"报后告白"这两类广告是有区别的，这一点在"告白刊例"中说得非常清楚，如 1898 年 1 月 31 日的告白刊例为（见图 3-6）：

> 报后告白起码五十字，第一日每字洋三厘，第二日至第七日每日每字洋二厘五毫，第八日以后每日每字洋一厘五毫。论前告白起码字数及价目一应均照后幅加倍。以上如论月论季论年者价均另议。

无论是"论前告白"还是"报后告白"都是按字数收费的，而"论前告白"的收费则是"报后告白"的倍数。同时，该报还以"论月论季论年者价均另议"或"从廉面议"的优惠政策来吸引广告主的长

图3-6 日资《汉报》的告白刊例及论前告白

期投放。

至于日资《汉报》广告的类别，主要有医药医疗类、文化用品类、日用杂货类、机器设备类、轮船运输类和钱价行情等，其种类显然比英商时期更繁多。其中以医药广告为最多，几乎每一期都有一条甚至多条医药广告。另外，每一期都刊有"钱价行情"。每期必有的另一种是彩票广告，如几乎每期都有"汉镇大余利洋行"的彩票广告。

就广告主来说，与英商《字林汉报》和《汉报》时期以洋行为主要

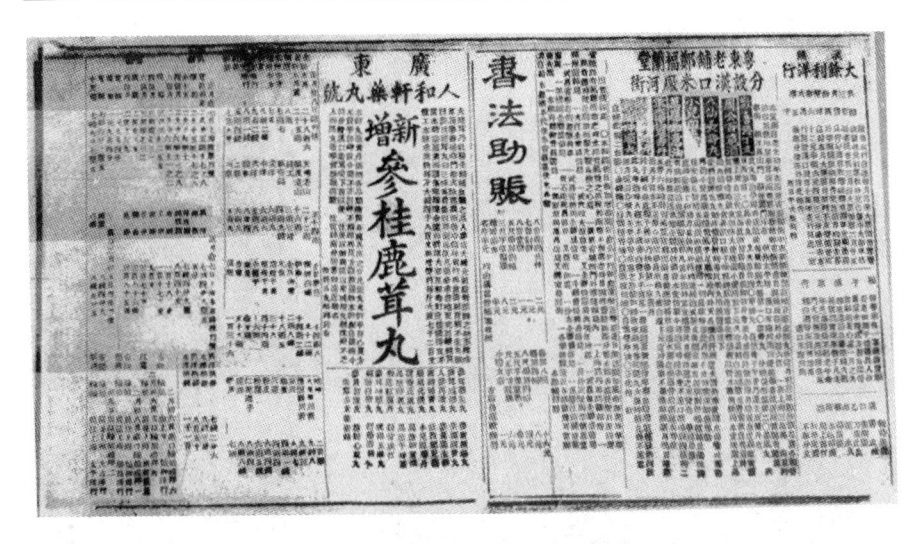

第三章 日资《汉报》(1896—1900)的办报理念与特征 95

图 3-7 日资《汉报》的广告版面

广告主的情况不同的是，日资《汉报》的广告主既有洋行，更有中国国内的广告商，而且相比之下，中国国内的广告商比洋行广告商在数量上更多。中国国内广告商主要集中于汉镇和广东两地。洋行则以日本和英国的为主，其中又以日本广告商的告白最频繁、最醒目。长期在日资《汉报》上投放广告的日本广告商是日商东肥洋行和大阪商轮公司，其中尤以每期必备的东肥洋行的告白最为醒目。东肥洋行的广告一般为后幅广告，有时也放到论前告白的位置。它的后幅广告至少有三条：一条是售卖"批发于汉口"的"孔雀老牌纸卷香烟"的广告，其"香烟"没有说明其产品来源，但画了一个十分醒目的香烟烟盒，其上标有"PEACOCK"和"CIGAREITES"的英文字样；一条是售卖"中桐轧花机器"的广告，较详细地说明了该行历年所售产品的产地，广告称："本行开设汉镇……，自运东洋各种杂货已经数年，远近驰名。兹复装来轧花机器，乃大阪府平野中桐彦大郎自造机器。"[1] 一条是售卖青缎子、丝布、洋伞、棉纱、古铜玩器等"各色杂货"的广告。[2] 这说明，日商东肥洋行数年来在武汉代理销售各类杂货和机器产品，为日本在华一家重要的商业机构。

---

[1] 如《汉报》1898 年 9 月 12 日就刊登了这两条广告。
[2] 如《汉报》1898 年 2 月 9 日就刊登了这条广告。

图 3-8　日商东肥洋行在日资《汉报》刊载的多条告白

由此可见，日资《汉报》在广告编排上延续了英商时期的基本特征，但在广告商的构成上与英商时期有明显的不同，即日资《汉报》吸引了更多国内广告商，尤其是武汉当地的广告商；同时，对华销售其国内商品的日商是《汉报》主要的外商广告主。

第四章

日资《汉报》对戊戌变法的报道与评论

甲午战争中,"堂堂天朝"的清国惨败于"蕞尔岛国"的日本,将清王朝不堪一击的底细暴露无遗。面对战败带来的空前丧权辱国局面,以康有为、梁启超等为代表的中国知识分子深思猛省,倡导发起了一场救亡图存的维新运动。1898年的戊戌变法,是这一重大变革的高潮。

从现有《汉报》的原件来看,在戊戌变法前后,该报对中国这场重大的变革运动给予了关注。

在戊戌变法之前,1898年3月11日(光绪二十四年二月十九日),《汉报》全文照登了康有为以工部主事的身份呈请代奏的《胶事条陈折》。在这篇奏折中,康有为重在强调当时"泰西"诸国急欲瓜分中国的野心和中国所处"外□威迫,分割洊至"的危境,痛陈民族危机,吁请皇上"即时变法,图保疆圉"。奏折说:10年前,"泰西专以分非洲为事耳,今非洲剖迄,三年来泰西专以分中国为说","等我于非洲黑奴",而且他们对此"绝无隐讳"。文中"泰西"的概念,显然是指与"亚洲"相对立的"欧洲"。欧洲诸国"竞厚兵而相持号于众",名曰"保欧洲太平",实则"移毒于亚洲"。在这种情况下,中国处境危急,"二万万华腴之地,四万万莠淑之民,诸国眈眈朵颐已久",而德国胶事[①]更为欧洲列强瓜分中国之借端,使中国主权尽失,将如安南、高丽、土耳其之"国灭"。文章意在激发皇上"以图卧薪尝胆之治",实施维新变法。[②]

《汉报》同时还报道了民间的变法热潮及康梁的社会影响。《发声振

[①] 指胶州湾事件。1897年11月,德国借口德国传教士在山东巨野被杀,派兵强占胶州湾,1898年3月,德国强迫清政府签订条约,强租胶州湾99年,并攫取在山东的路矿特权。
[②] 《汉报》1898年3月11日。

聩》一文详细报道了苏州苏学会敦请"洞悉时务"的"李太守"莅会讲说时局、大声疾呼变法自强的热烈场景,并提到该会中人还将"至上海聘请梁卓如孝廉(按:指梁启超)等莅苏再讲,务期发振聩唤醒痴迷"的计划。①

这说明,至少早在 1898 年春,该报就对这场维新变法运动的相关动态保持着关注。

光绪二十四年四月二十三日(1898 年 6 月 11 日),光绪帝接受维新派的改革方案,下"明定国是"诏,宣布变法维新,随后又召见曾五次上书光绪帝的康有为,商讨变法的措施,并任命他在总理衙门章京上行走,专折奏事,这样,维新派开始直接影响以光绪帝为首的"帝党"势力。此后至八月初六日(9 月 21 日)慈禧太后发动政变之前的百日维新期间,光绪帝根据康有为等人的建议,先后颁布了 100 多道改革诏令,将维新运动推向高潮。

由于现有《汉报》原件的不足,尚无法全面考察该报在百日维新前夕及期间对维新变法的报道特点与舆论基调,不过,从现有原件来看,在这期间,《汉报》转载了光绪帝的不少变法上谕、大臣的各种变法奏折及朝廷有关部门对这些奏折的批复意见,一定程度上反映了当时朝廷的变法动态。如 1898 年 8 月 31 日,《汉报》登载了七月初十日令各将军督抚尚紧赶办新政、将办理情形复奏、并点名批评两位重臣——两江总督刘坤一、两广总督谭钟麟"藉词虚延"的上谕;与此对照的是,对"举人梁启超"请在上海设立学堂以专为培植翻译人才、并请书籍报纸恳免纳税之奏,该谕旨均着照所请,予以批准。

上述这类体现光绪帝对维新派主"变"的明确支持态度和对保守官僚阻"变"的明确贬责态度的上谕、奏折,《汉报》刊登了不少。带来官场震荡的七月十六日、十九日两道谕旨,就同时刊载在《汉报》同一期上。② 这两道御旨,缘因礼部主事王照条陈时务,而礼部尚书怀塔布(慈禧的亲信)等不肯代奏,反上疏弹劾王照"藉端挟制",对此,光绪帝下诏斥责怀塔布等"狃于积习,致成壅蔽之端",将怀塔布、许应骙等礼部六堂官即行革职;称赞王照"不畏强御,勇敢可嘉",赏给三品顶戴,以

---

① 《汉报》1898 年 2 月 27 日。
② 《汉报》1898 年 9 月 7 日。

四品京堂候补;① 着今后有条陈事件者,均不得稍有阻隔,务必代奏,以期广开言路,明目达聪。

从这些谕令和奏折中,不仅可见当时光绪帝主持维新变法事业的急切心情,更可看出其来自于清朝统治阶级内部守旧势力的巨大阻力。《汉报》则从舆论上对这场变革运动予以"支持"和"盛赞"。这除了那些从一般意义上痛陈中国时局危难、呼吁"维新"、"变法"、"自强"的论说外②,更体现于那些落脚于君权和变革的论说如《主权论序》、《答客问急图自强策》、《报馆自述》等文章中。

《主权论序》署名为"东瀛梧荫居士稿",表明作者是日本人。该文集中批判了"芦锁氏"(按:指法国思想家卢梭)的主权在民不在君说。文章指出该说的要害道:"民意之所同,可以作法亦可以败法,可以奉君亦可以废君,颠覆为无权,违众为悖逆……坏旧创新,遂至以驾空之理论揭为典章,名为万世不磨之基。"③ 言下之意,芦锁之主权在民不在君说是"悖逆"之说,不可以奉行。接着称,其说一试于佛国(按:指法国),"人渐餍其祸",恐"有害于治安","外耻称为氏之徒,排击其说,至骂氏为狂且"④,极力贬抑芦锁及其学说的价值。然后,该文又从义理上予以驳斥,称主权不可分,犹如首领与身体不可两分之理,"主权分割之说,愈出而愈悖于理"⑤。最后,称许邻于佛国而不染其说的"独逸各国",因为他们的宪法规定国王为国之首长,总揽最上国权。很明显,这篇文章极力主张主权在君说,而反对主权在民说。

未署名论说《答客问急图自强策》一文则是针对德国胶事而书。它提出,今日时势所当急图者有三要:一曰立自强之本,即在练兵与理财;二曰专自强之权,即在独用君权;三曰张自强之势,即在纠合唇齿相依的日本、联合抵抗欧洲列国。关于第二条独用君权,文章指出,当今我朝君

---

① 这便是所谓"礼部六堂官事件"。戊戌政变后,朝廷重新启用怀塔布,而将王照革职严拿,查抄家产。
② 自 19 世纪五六十年代由地方实力派官僚发起"洋务运动"以来,变法自强的呼声和议论已在朝野获得很大的共识和舆论支持。当然,中日甲午战争后,由于中国面临被列强瓜分的民族危机,中外局势发生变化,关于变法的舆论随之也有了变化。特别是日本《汉报》,在这方面自有它的特点。
③ 《汉报》1898 年 2 月 21 日。
④ 同上。
⑤ 同上。

权不重而致排阻忠贞:"以天子之尊不能爵一人……以天子之威不能杀一人……事无可否,悉下部覆,政无钜细,举援往例,以致奸佞或得后援,忠贞且遭排阻者有之",提出"急须破除积习,独用君权"①,这样就使天下一人有权而群下无权,名臣硕辅有权而贼官贪吏无权,从而使国家致富强。

上述两篇文章,前一篇从一般意义上论述,后一篇则指向中国现状,它们都鲜明表达了加强君权、支持"天子"施政用权的思想和态度。天子者,光绪帝也,因此,实际上是明确支持光绪帝施行维新变法的权力和措置,或者说是鼓吹以光绪帝为首主持维新变法事业的方向。这一点从诸多盛赞"圣主"变革的其他文章中可以进一步得到佐证。如"百日维新"期间,1898年9月13日的署名论说《论宣讲圣谕及宣说时务报劝学篇之益》力颂"圣主"道:"圣主又复虚心采纳,按期呈览各报……圣主力图振作,真转弱为强之一大关键也。"1898年9月14日的《报馆自述》(按:即《汉报》编辑部自撰论说)又大赞道,"方今皇上谕各直省报倡言无忌,据事直书,莫不叹服";"圣主之虚衷采纳好问,而察迩言,知侔虞帝矣"!通览《汉报》,这样的言语不一而足。

光绪帝希冀通过主持维新变法事业改变国运,并借此加强自己的政治权力,但是,从一开始他就是一个没有实权的皇帝,改革中他所依傍的"帝党"和维新派不仅同样没有实权,而且缺乏政治斗争的经验;而以慈禧太后为首的守旧势力——以"后党"(又被称为"旧党")为代表,手握实权,长于权术,他们从推行戊戌新政的第一天起,就对屡屡触犯其固有利益的改革运动怀着极大的猜忌和痛恨之心,极力反对和阻挠。终于,经过周密的部署,慈禧于光绪二十四年八月初六日(1898年9月21日)发动政变,囚禁光绪帝,自己重新"训政",随后大肆镇压和捕杀维新派。中国的政治形势急转直下。

在这一背景下,《汉报》开始关注维新派首领康、梁等的动向和命运。

戊戌政变发生后,《汉报》第一条关于康有为的消息是1898年9月28日的《传闻姑志》,全文如下:

---

① 《汉报》1898年3月5日。

> 工部主事康有为前自皇上召见之后,特蒙恩宠,谕往上海办理官报,以开民智,嗣后并有旨饬速往沪上勿得在京观望。今闻不知为何要事,康有为潜藏无踪,朝廷务欲得之,确否?尚俟查明再录。①

这则消息留下不知"康有为潜藏无踪"而"朝廷务欲得之"的传闻是否确切及康有为行踪究竟如何的悬念。

紧接着,1898年10月3日,该报以《国事述要》为题报道了关于康有为的两个消息:一是本月初十日(9月26日)上海官方"在码头密拿官犯康有为",但因当日(康有为所乘坐的)英国太古公司之重庆轮船未在吴淞口外停泊而未获,于是一时盛传康有为已为英国兵船载往香港。一是指出康有为之所以得罪朝廷,是因请皇上尽行新政使中国自强而朝中大臣有不欲强者,"互相倾轧";现在英国兵船聚集北洋已有十余艘,"大约此必有深意也"②。这两方面的消息分别来源于"上海友人来信云"和"西字报载",即该报的上海通讯员来稿和西方报纸的转载。从这些报道中可以看出,英国开始动用兵船干预此事。

在这两天之后的1898年10月5日,《汉报》登载了八月十四日(9月29日)和八月十六日(10月1日)的上谕,这是《汉报》首次刊登关于戊戌政变的朝廷文件,后者是清朝官方对维新派的定性文件。该上谕以极其严厉的语句宣判康有为及其"乱党"的"罪行"如下:

> 乃不意主事康有为首倡邪说,惑世诬民,而宵小之徒群相附和,乘变法之际间行其乱法之谋,包藏祸心,潜图不轨,前日竟有纠约乱党谋围颐和园、劫制皇太后及朕躬之事。
>
> 又闻该乱党私立保国会,言保中国不保大清,其悖逆情形实堪发指。
>
> 康有为学术乖僻,其平日所作无非离经叛道。
>
> 康有为实为叛逆之首,现已在逃,着各省督抚一体严密查拿,极刑惩治。
>
> 已革工部主事康有为,学术乖谬,大悖圣教,其所著作,无非惑

---

① 《汉报》1898年9月28日。
② 《汉报》1898年10月3日。

世诬民,离经叛道之言,着将将革员所有书籍板片由地方官严查销毁,以息邪说而正人心。①

该上谕中,朝廷控康有为谋杀慈禧太后和光绪皇帝,是大逆不道、恶贯满盈的"叛逆之首",其命令全国捉拿,极刑惩治。

对梁启超的宣判之词则相对轻缓:

> 举人梁启超与康有为互相为奸,所作文字语多狂谬,着一并严拿惩办。②

该上谕还宣示了史称"戊戌六君子"被正法之事:

> 康有为之弟康广仁及御史杨深秀、军机章京谭嗣同、林旭、杨锐、刘光第等实系与康有为结党……实属同恶相济,罪大恶极……于昨日谕令将该犯等即行正法,此事为非常之变,幸该犯等均已明正典刑。③

一夜之间,康梁派由皇上的宠臣变为朝廷缉拿的对象,中国的时局为之一变。《汉报》及时传递了这种信息,并在随后几天的该报上发表《国事续闻》和《西报译登》两文,④ 追踪报道"戊戌六君子"被捕的经过和谭嗣同"一片愚忠以身报国"的壮举。同时,它以"西报译登"或"上海西报云"的方式,在该报中首次披露日本方面对中国政局的态度:"日本论及中国今之大局云,我日本须竭力扶助中国维新百度以臻郅治之隆。今者皇室多故,我日本亦须与别强国联合,使中国转危为安,然而环顾各大国,可协力扶持中国者,其惟大英国乎?"这明确表示,日本将对中国在戊戌政变后的维新事业持高度关注和"竭力扶助"的态度,暗示英日两国都将可能干预此事。

总之,在1898年9月至10月间,在朝廷对变法派实施严酷镇压、风

---

① 《汉报》1898 年 10 月 5 日。
② 同上。
③ 同上。
④ 《汉报》1898 年 10 月 11 日。

声甚紧的时候①，《汉报》频频报道了这方面的消息，尤其是最令人瞩目的康、梁的动向，向外界传递事情的发展动态，但基本上是止于报道事情的进展，而并未进一步流露自己的倾向。实际上，此时也正是康、梁频繁向外求援而英日两国政府或明或暗加紧行动、终于成功将他们救援出去、中外关系尤其是中日关系处于十分微妙复杂的敏感时刻。其间，康有为在英国军舰的护送下，几经周折，从上海安全抵达香港；梁启超则先后在日本驻华代理公使林权助、日本驻天津领事郑永昌等日本政要的安排、保护下逃脱清政府的缉拿，从天津安全抵达日本。②当时中国的政治走向还不十分明朗，英人担心的是幕后有俄国的阴谋，深恐中国从此投向俄国而动摇英国的利益，故积极营救倾向英、日的维新人士。日本方面，当时正当第一次大隈重信内阁执政，兼任外务大臣的大隈首相，其外交取向是"英日同盟"与"保全支那"，使日本成为东方的领袖，所以，也希望保全维新新党。政变发生不久，大隈就令林权助劝告清朝政府实行温和主义，不可对维新分子有过激的处置。在康、梁逃抵日本后，大隈政府还为其提供一切生活费用。③但日本政府的这些积极救援和支持维新派的行动都是在小心翼翼地与清朝当局保持表面友好关系的基础上暗中进行的。

可见，在戊戌政变发生后的第一时间里，《汉报》十分关注维新人士的动向和命运，但从目前能看到的报道中可以看出，该报编者非常谨慎，并不贸然直接表态，应该说，这与当时日本政府不公开得罪清政府的立场从根本上来说是一致的，甚至可以说，它比日本当政者的处置更为谨慎。然而，细心者还是可以从字里行间窥见到那种对康、梁的密切关注究其实就是静观其变之中对后者一种十分关切的态度。

---

① 在"戊戌六君子"被杀之后，清廷暂时停止了对维新改革派的追究，但从10月4日起，慈禧太后又重新开始对改革派的清算，将陈宝箴、陈三立、江标、熊希龄、张元济等革职。

② 政变当天，慈禧太后下令捉拿康有为，康有为当晚在塘沽乘坐英商太古轮船公司重庆号前往上海，轮船9月24日到达吴淞口外时，英国领事将康转移到英国军舰上，躲过了上海道蔡均的搜捕；后来，复在英国军舰的护卫下，康有为乘英国轮船，于9月29日到达英国殖民地香港。梁启超则在政变当天来到日本公使馆，要求保护，在日本前首相伊藤博文的支持下，日本驻华代理公使林权助留梁启超在公使馆住了一夜，第二天由日本驻天津领事郑永昌伴随，梁启超乘火车前往天津；随后，郑永昌继续伴随梁启超搭船前往大沽，此时清政府正在到处缉拿梁。10月3日，日本海军大臣派遣军舰，在日本首相大隈重信的亲自关注下，由林权助安排梁启超乘坐日本军舰大岛舰于10月12日由大沽抵达日本。这一过程详见茅海建、郑匡民《日本政府对于戊戌变法的观察与反应》，《历史研究》2004年第3期。

③ 参见王树槐《外人与戊戌变法》，上海书店出版社1998年版，第207—208、225页。

但是后来，在戊戌政变一年后，《汉报》对康、梁的报道，其态度产生了很大的变化。

1899年12月4日，《汉报》以《密谕又传》为题摘录《国闻报》的消息如下：

> 中国政府闻捕臣康有为已抵香港，即发密电至粤署，□省督抚严拿。官场窃议以为香港非中国官权力所能行，亦何必多此一举乎？①

康、梁逃亡在外期间，清朝一直没有停止对他们的缉拿。在这种情况下，《汉报》借《国闻报》的"官场以为多此一举"之议间接表达对清政府这种行为的微词。

该报文章中对朝廷处置康、梁之事不满的直接表达，则体现于1899年12月27日的未署名论说《恭纪十一月十八日上谕后》一文中。该文用了近半的篇幅大肆铺陈"善观家者视其子，善观国者视其臣"之理，批评"人无诤友，家无诤子"之况，谓"唯国亦然"，然后笔锋一转，直斥十一月十八日上谕中"易君主为民主"与"但能致死，确有证据，亦必从优奖赏"之语论道：

> 康梁之能煽动士类者，特窃泰西之绪余耳，以此责康梁有辞矣，况海外华商习知民主之乐而畏君主之苦。读上谕至此，将窃赞康梁之才，而吊林谭诸人之死，非其罪矣，是罪之而反誉之，败之而适助之也！②

这一段议论中，作者对康、梁和戊戌六君子的评价有与朝廷唱反调之意。

接着，文章又对朝廷悬赏行刺现居于英国属地香港的康、梁表示讽刺和鄙夷，认为其有损国体：

> 且康梁一捕臣耳，即欲明正典刑，官将罪案婉达英廷……名正言顺，似亦无难索致，而乃悬赏行刺，隐然以敌国相待，何视康梁之重

---

① 《汉报》1899年12月4日。
② 《汉报》1899年12月27日。

耶！虽重赏之下必有勇夫，其如国体何？①

引起《汉报》刊文直接指斥的"十一月十八日上谕"究竟是什么内容呢？其实，该报在1899年12月23日（即光绪二十五年十一月廿一日）的《上传电谕》已全文刊登了该上谕，该上谕在此不仅老调重弹（按：此时戊戌政变已经过去一年有余），重提康有为"密结邪党，阴蓄逆谋，几陷朕躬于不孝，并有保中国不保大清之谋，遂有改君主为民主之计"的"旧罪"，同时指斥康有为、梁启超逃亡海外后"尚复肆为簧鼓，刊布流言，其意在蒙惑众听，离间宫廷"、"尤持维新守旧之论，煽惑狂妄"、"狠心未改，仍在沿海一带往来"的"新罪"，悬赏捉拿康有为、梁启超，"即使实难生获，但能设法致死"，"确有证据，亦必从优奖赏"。② 这就是说，慈禧太后此时决心不惜一切手段和代价除掉逃亡在外的变法头领康、梁。

针对这个表明清廷当权者欲不惜手段和代价除掉康、梁的上谕，《汉报》发表文章予以明确批判。该报1900年2月10日的报道特意披露了这则"为中外人所熟读"的上谕是根据慈禧太后的意见，由"荣中堂（按：指慈禧的亲信、当时的军机大臣、直隶总督荣禄）最得意之幕宾某君代拟"③。可见，《汉报》这篇论说的批判锋芒，显然是针对慈禧太后的。

该报接着进一步为康、梁"翻案"道：

> 康梁之罪在操之太急，原其居心，实亦无他，谋为不轨四字不啻莫须有三字，所谓欲加之罪何患无词也！……权奸深恨康梁，果欲谋为不轨以危太后之实据，能不□切详细宣布天下乎？④

意思就是说，所谓康、梁谋为不轨、大逆不道的罪名并无实据，而是权奸操纵的结果，康、梁其实根本无罪。该文接着写道：

> 康梁既无不轨之实据，皇上即无不孝之实据矣。彼权奸藉太后以

---

① 《汉报》1899年12月27日。
② 《汉报》1899年12月23日。
③ 《汉报》1900年2月10日。
④ 《汉报》1900年2月8日，以下两段引文皆同此。

夺政，是非康梁谋为不轨以危太后，实权奸谋为不轨以危皇上也！

不仅如此，同文还为光绪帝说话道：

> 皇上未听人言而忤太后，非皇上之不孝；太后轻听人言而幽皇上，太后之不慈也！使内外臣工当此之时壹志同心，披肝沥胆，上为皇上辩冤，下为康梁洗过，太后一日不悟，痛哭直谏之声一日不止。

"太后不慈"、"太后不悟"，矛头指向当朝最高当权者慈禧太后。与此同时，文章还痛诉"林谭六人伏诛，康梁诸君远遁，举朝之臣丧魂失魄"，"皇上蒙奇冤受极辱，幽囚缧绁，九死一生"，罗列太后在戊戌政变中犯下的"罪过"，并将太后和皇上的尖锐对立向天下揭示无遗，而其意则在维护光绪帝权力的立场十分鲜明，措辞尖锐。

可以看出，《汉报》对康、梁和戊戌政变的报道，从政变之初尽量隐藏立场的谨慎，在政变过去一年多后，变为与清朝拥有最高实权的慈禧太后大唱反调、大肆声讨、大喊"为康梁洗过"、"为皇上辩冤"，言辞毫无顾忌，前后反差非常强烈。

这一态度的大反差，让人不禁要问：为什么会有这种变化呢？为何《汉报》在这个时候对康、梁和光绪的支持态度变得如此鲜明呢？

先回到刚才这篇论说。在末尾，文章说，"皇上之废已定于八月初六日矣"，"皇上之废，非废于权奸，非废于太后，而废于群臣之不能以死力争于权奸乎"。原来，前述痛斥都是针对皇上废立一事。

不妨再结合在此前后《汉报》对立嗣之事的热议和腔调，来进一步分析该报"变调"的背景和原因。

慈禧太后早在戊戌变法之前就存有废光绪之心。戊戌政变后，慈禧训政，并让人散播光绪患病的谣言，为废立作铺垫，以根绝后患，但因迫于国内众多的反对意见，加上日本政府等外国列强不断施加压力，慈禧太后最终没能趁戊戌政变之机废黜光绪。[①] 尽管如此，慈禧和守旧派的废立之谋从未停歇，甚至到1899年底时愈酿愈益，已成必行之势，最后在军机

---

① 参见茅海建、郑匡民《日本政府对于戊戌变法的观察与反应》，《历史研究》2004年第3期。

大臣荣禄等旧党的策划、推动下，终于1900年1月24日发布懿旨，下诏建储，立有着叶赫那拉氏血统的端郡王之子溥儁为"大阿哥"，并预定于庚子年元旦（1900年1月31日）光绪帝行让位礼，改元"保庆"。此事顿时在国内外掀起轩然大波。这便是史称的"己亥建储"事件。①

正是在上述背景下，《汉报》从1899年10月起就开始报道两宫起居和皇上的身体状况，强调皇上无病，渲染请"太后撤帘"、"皇上亲政"的奏言。② 到1900年初，正是废立建储之事势在必行之时，该报则屡屡发表各类文章，强烈反对"预备内禅"事。1900年1月12日的论说《论文汇报纪预备内禅事》一文一口气列举如下五个理由来说明预备内禅之事"断断然不可信"：其一，"皇上承继大统"，"上系宗社之重，下为治乱所关"；其二，"皇上知勇，内外咸闻"，"今无端内禅，天下后世能无谴议"？其三，内禅"名不正则言不顺，天下恐因此多故"；其四，康、梁将乘机"纠合外埠华商"，革命党则"和于后"，"内地勤王之旗争树，外洋保商之兵纷来"，内忧外患，瓜分将至；其五，"禅则危，不禅则安，禅则亡，不禅则存"，内外诸臣绝不会默默然而不力诤。③ 文章看似驳斥《文汇报》所云"博闻北京预备内禅之事"为蜚语，实则是对内禅的种种危害和后果提出预先警告。

在建储之诏发布之后，《汉报》对立嗣的报道不仅言辞更为激烈，而且时间密集，内容丰富，在短时间内迅速呈集中报道之势。以1900年2月5日至2月17日期间为例，在这13天里，以频率论，《汉报》几乎每天都有对此事的报道或言论；以文章数量计，相关内容共有25篇，几乎平均每天就有两篇文章直接报道或议论此事，足见该报对这一事件的重视程度；从内容来看，这期间的报道重点有二：一是对有关立嗣"来龙去脉"的描述，二是渲染立嗣引发的海内外反响。下面分别对这两点加以说明。

前者最典型的莫过于"录同文沪报"之《总论支那立嗣事》④ 一文。该文旨在分析立嗣之事的前因后果。文章说，"其实根于前年"，"前岁八

---

① 参见王树槐《外人与戊戌变法》，上海书店出版社1998年版，第212—222页。
② 如《汉报》1899年10月6日的《两宫起居》和《恳切陈词》、10月11日的《圣躬万安》、1900年1月20日的《皇上病情》等文章。
③ 《汉报》1900年1月12日。
④ 《汉报》1900年2月11日。

月变后，顽固不呈之臣构煽于两宫，废立之事已将成"，只因是"非常之举"而不敢骤发，但"未尝一日忘也"。随后，种种"异常迹象"都表明此事一直在蓄谋之中：皇上三旬万寿，"不饬庆典者，早已存废立之心"；遣军机大臣刚毅南下筹款练兵者（按：《汉报》对此屡有报道），"实使之暗察各省官与民情之向背也"；调两江总督刘坤一入京陛见者，"恐其仍复谏阻而先夺之权也"；调李傅相（按：指李鸿章）至广东任两广总督者，"以促其（按：指刘坤一）卸任也"。文章还特别提到朝廷"重提康梁旧事"、下悬赏暗杀之谕（见上文）的原因在于"盖以诸事机已迫，特示天下以不忘，而将于此发其端也"。对悬赏刺杀康、梁之事，《汉报》在后来的报道中进一步分析道，这是由于"朝廷将有废立之举，深忌帝党在外或兴勤王之师，故欲断绝根株"，"除却外洋华民归心之帝党"，"永无与政府反对之人"①。即害怕康、梁鼓动外洋华民勤王，因而急欲除去这一心腹之患。值得注意的是，《汉报》还分两次连续刊登了香港《中国邮报》"访事"在香港康有为的寓所采访后者的报道《记捕臣问答》。访事采访了康有为对立嗣背后的人事关系问题比如扶助太后之首领为谁、朝廷派李鸿章至两广是何意、对溥儁其人等的看法，康有为一一回答，谈论立嗣的"背景"和"内幕"。②

在这次采访中，康有为还大谈溥儁即位不得人心的后果，他说，北京恐有大半之官不肯承认新主，中国百姓皆不喜欢皇太后及其党羽之所为，北数省之乱较南数省更甚，虽一时不至造反，但乱象已成。结合该报道中对康有为周围"维新党人不少"、"类皆年富力强、静气平心"状况的描述，让人不难联想到海外维新党人此时对光绪的声援及其势力和影响。③

事实上，康有为的"乱象"之说并非空穴来风。在这前后，《汉报》就频频报道了海内外华人、绅商士庶声援光绪复位的"勤王"消息。该报所刊登的"昨由上海所邮寄"、"不知作者为何"的不署名檄文《飞檄天来》声称，"皇上一日在位，民等戴天自安，永无反侧，皇上今若此孤危，则民等必与权奸不共戴天"④！这其实就是警告慈禧太后，若光绪不复位，老百姓将要造反。据《汉报》所转译日本报上的消息，"中国各地

---

① 《汉报》1900年2月17日。
② 《汉报》1900年2月14日、2月15日。
③ 同上。
④ 《汉报》1900年2月5日。

之志士"在上海附近聚集，他们都认为立嗣有违祖宗之宪例，而商议草阻谏一篇并发送檄文于四方，"以招同志之士"，"现署名盖印者二千人云"①。《汉报》还报道了上海电报局拒绝传发立嗣电报、以实际行动直接与朝廷相对抗的简讯。② 同时，该报还刊载寓沪湖南绅商 256 人电禀皇上规政的消息，向读者传达了反对建储力量强大的信息。而更令人"骇闻"的是，据《汉报》所载，"上海有某西人"接到"草莽英雄"的密函，称其"会中党羽在长江一带者约有数十万人"，"不能再行忍耐"皇上废立之事，"要叩求先生（按：指西人）设万全之策阻止废立一事，请皇上复辟，大政亲操，以救中国"。《汉报》将这个消息称作"骇闻"。③ 在该报与这则"骇闻"同日的报道中，甚至还有直接煽动"树勤王之旗以清君侧"的言论。《汉报》还频频刊登海外华人联名电奏力阻立嗣的消息，特别是南洋新加坡阇埠华商电请圣安的奏稿长文《星洲上书记》，《汉报》分三日三次刊登，以显示海外华人勤王的声势，勾画出一幅人心惶惶的乱象图。对这幅"波涛汹涌"勤王乱象图的渲染情形，可以从署名"海隅布衣"的《忧天罪言》文章中窥见一斑。该文将当时的形势喻为"阴霾塞宇，毒雾熏天，喋血未干，变端踵起"，将慈禧专权内禅称为"垂帘亲政，重行训政，创中土四千年未有之奇闻"，着重渲染"龙颜□损，饮泣晨昏"、"凡属仁人义士靡不流涕唏嘘"之悲和"普天皆裂，斩深宫之羽翼诛畿近逮嫔妃"之怒，号召四海同胞、各省绅衿士庶"同上还政之书"，"共陈复辟之议"④。这篇文章在对太后的声讨和对光绪的拥戴中，极力渲染光绪让位的民族悲愤，毫不忌惮慈禧太后的威权。

值得注意的是，正如前面所提到的，在这次对海内外"勤王"声浪的系列报道中，《汉报》再次关注康、梁的消息，但显而易见的是，它对康、梁的报道是置于其"勤王报道"的大框架之中的，也就是说，关于康、梁的消息和议论，是勤王报道的重要部分；而该报如此"高调"的"勤王报道"，其外在合法性的来源，在于自始至终借助变法自强这一当时中国的时代主题和政治制高点。对《汉报》来说，这就是康、梁和光

---

① 《汉报》1900 年 2 月 9 日。
② 除了拒绝为朝廷发电报外，上海电报局总办经元善还鼓动上海绅商名流 1000 余人联合发出保皇通电，此后，各地阻止建储的通电纷纷飞向北京，给慈禧太后造成了极大压力。
③ 《汉报》1900 年 2 月 12 日。
④ 《汉报》1900 年 2 月 8 日。

绪帝的新闻价值所在。

需要补充的是，从《汉报》的报道中，可以看到日本政界对于光绪帝废立一事的强烈关注态度。如《日人所论》一文根据"日本访友来函云"，报道以下消息：中国立嗣上谕一传到日本，日本上下议论纷纷，各政党诸员都开会议论此事，纷纷向政府移文质问此事的真情和政府的对策。①《节译捷办纪嗣统事》一文则进一步报道称，日本驻北京钦使接到本国政府令其尽力阻止立嗣的来电后，已面告总理衙门王大臣道，"若皇太后事在必行，则弊国定出干预，万不令为所欲为"②。这些报道传递出日本政府干预此事的态度非常坚决的信息。由此不难推见，《汉报》反对"建储"的态度和立场与其本国政府是一致的。

总之，在与"戊戌政变"一脉相承的"己亥建储"事件上，《汉报》一改一年多以前对戊戌政变的谨慎报道态度，而采取了积极干预的报道姿态，它以密集的系列报道和措辞激烈的言论，大量报道国内外反对建储的"勤王"声浪，毫不忌惮地批判慈禧太后及其"权奸弄国"的"罪行"，将社会人心引向拥戴"宵旰忧勤"、"与康梁亲密以维新"③的光绪帝，舆论倾向非常鲜明。

---

① 《汉报》1900年2月13日。
② 《汉报》1900年2月17日。
③ 《汉报》1900年2月9日。

第五章

日资《汉报》关于中日关系的报道及其舆论诱导[*]

前面提到，针对甲午战争后中国人"厌日人极甚"的对日态度，以三大"汉报主义"为宗旨的《汉报》被赋予"以期明唇亡齿寒之谊，融合朝野官民之感情"的政治重任。[①] 事实上，从现有《汉报》的内容来看，该报确实在这方面作出了很大的努力。下文即根据现存《汉报》原件，具体分析该报的"中日关系"报道及其舆论诱导的特点。

第一节 营造"中日睦邻"氛围

《汉报》多次报道了中日官、绅、士之间应和、往来的"交好之谊"和"睦邻"之情，最突出的是对东亚同文会的报道。

《汉报》报道东亚同文会成立的消息，称"日本东京府绅董近卫侯爵及长冈护美、岸田吟香等于西历是月初二号"在东京"创设东亚同文会"，"拟以讲究救济亚局之策"，并选委员派往中国北京、天津、上海、汉口、福州、湖南、重庆、南京、广东等地方察看各处之情形，又创立报

---

[*] 本章内容曾发表于《新闻与传播研究》2010年第5期，原题为《日本在华第一家舆论机关〈汉报〉的"中日关系"报道及其论调》，内容上有所调整。

[①] 日本驻汉领事馆濑川浅之进在向其上司日本驻北京公使西德二郎汇报《汉报》的创办意图时说道："发刊之时，清之南北，承日清战役战败之后，上下之感情颇恶，厌日人极甚，加之发刊于清国各地报纸竞相痛骂日本，甚至倡导联俄制倭（亲俄排日）之论，朝野官宪之意向，亦倾注于此，故于汉报纸上辨支那各报之妄言，冷却俄国崇拜之热，以期明唇亡齿寒之谊，融合朝野官民之感情。"同时，濑川浅之进向西德二郎报告《汉报》的宗旨即"汉报主义"之所在道："一、介绍日本之实情于支那之官民，以令其信于我；二、明唇齿相依之义，行一脉相承之实；三、抑制旧党、援助新党，以助维新之气象。"两次都强调了《汉报》制造"唇亡齿寒"中日关系舆论的政治任务。参阅［日］中下正治《新闻にみる日中关系史》，研文出版社2000年版，第74—75页。

馆以唱论其意见。① 该会"讲究救济亚局之策",并派员考察中国各要地的情形,对中国的"关切"之情可见一斑。

在《汉报》后来陆续报道该会头目及会员在中国的交游、宴请、演说等文章中,这种"关切"和"友谊"之情被描绘得十分浓厚。如《公爵将到》一文报道"日本贵族院议长兼东亚同文会会长公爵近卫君笃麿"游历欧洲后从上海溯江而来汉口的消息,再次强调近卫创设该会的初衷在于"开扶持危局之基",挽救"日急一日"的"东亚时局",并说:"想该公之来汉,张香帅(按:指湖广总督张之洞)亦所喜欢也,未知该公来汉、东西之名相肝胆相照之时,江汉之秋色果如何哉,真堪设想矣!"② 所谓中日之间"肝胆相照"的关系,在下述两文《华员宴会》和《中东盛会》中有更具体的描述。

《华员宴会》一文翻译东亚同文会在东京的机关刊物《亚东时论》③上的消息,报道"东亚同文会筵宴中国李公使、丁提督、沈观察及忝赞通译诸君"时"主宾尽欢"的情形。酒过三巡,宴会主人、日本的长冈代理会长致辞道,"中日同处震旦,唇齿相依,今日宾主联欢,冠裳荟萃……愿诸公将来极力提倡,以厚邦交",强调中日"同处震旦,唇齿相依"的"邦交"关系。主人话毕,客人即中方"罗君庚龄"代丁提督答谢,感谢在其奉差日本期间,"乃蒙贵国大皇帝及政府诸公与贤士大夫推同洲同种之义,优待逾恒",并感叹若中国朝廷能渐次仿效日本各"井井有条"之事业,"岂非东方大局之幸哉"!可谓寄厚望于日本。觥筹交错之间,东亚同文会田锅干事接过话题演说"两国人民交情愈固,但愿永以为好,以固邦交"之语,中国沈观察则以"贵国与敝国同文同洲交好之谊永矢勿变"之语应和。该会会员中岛裁之则提醒,虽两国人情气质不同,但"于政治上大有关系,中国宜注意于此"。宴会上的演说紧紧围绕着中日之间"同文同洲"、"唇齿相依"的地缘政治关系,互相应和,极力描画出一幅中日交好、亲睦善邻、其乐融融的景象。④

---

① 参见《汉报》1898年11月19日。
② 《汉报》1899年10月14日。
③ 《东亚时论》主要宣传东亚同文会主旨及会员在中、韩境内的活动和见闻,以唤起日本国内的舆论,了解东亚情势。参见黄福庆《近代日本在华文化及社会事业之研究》,台北"中研院"近代史研究所1997年版,第14页。
④ 参见《汉报》1899年12月3日。

《中东盛会》一文报道了近卫公爵游历欧美后，抵粤拜会粤督、参观时敏学堂时学堂同人开筵公宴的情况。席间，中方学堂同人"属词致颂"道："但愿贵公爵荣旋东土，名驾西欧，亚洲之太平可保，中东之交谊不渝。"翌日，特意"雇匠照一中东盛会图以志交谊"，照相留念。①

受中日甲午战争胜局的鼓舞，日本民间研究中国问题的热情勃发。东亚同文会便是集合了这些对中国大陆怀有野心的日本民间人士的社团。从上述报道中可以看到，该会成员频频活动于中国各地，以游历考察为名，与中国的士绅和各级官员广泛交游，在这个过程中，他们不断宣传该会对"东亚时局"的关切之心，强调中日"同文同洲同种"、情同兄弟的"睦邻"关系，宣扬两国人民的"交好之谊"，并引起一些中国人的呼应与唱和。

但东亚同文会的背景其实甚为复杂。该会由日本的东亚会和同文会（均成立于1897年）两个团体在1898年11月2日合并而成，由贵族院议长近卫笃麿担任会长。近卫早年留学欧美，学成归国后活跃于日本议坛。他的论调，相似于美国的门罗主义，称"东洋实为东洋的东洋，处理东洋问题，是属于东洋人的责任"②。言下之意，东洋之中、韩属于日本的后院，不容他人置喙。持这种论调的近卫所主持的东亚同文会，公布其纲领如下：（1）保全中国。（2）协助中国及朝鲜的改革。（3）研究中国及朝鲜的时事。（4）唤起日本国内舆论。又在其宗旨书中写道：

> 中日韩三国之交往已久，文化相通，风教相同，情同唇齿，玉帛往来，自古不渝，是诚出于天理之公，发乎人道之正，岂与彼环宇列强之朝婚夕寇，互相攘夺可同日而语耶！何意前年旻天不吊，兄弟阋墙，而列国遂乘间蹈瑕，时局日艰……当此时际，上有三国之政府，秉公尚礼，可使邦交益固。下有三国之商民，各守信义，和衷共济，可使邻谊日敦。而三国之士大夫，即其中流砥柱，须相交以诚，修明大道，扶上律下，俾可同底于强盛。是即吾东亚同文会之所以创设也。三国之士大夫，同生此洲，同有志于斯时，请赞成此意，加入本

---

① 《汉报》1899年12月13日。
② 黄福庆：《近代日本在华文化及社会事业之研究》，台北"中研院"近代史研究所1997年版，第14页。

会，以共同戮力！①

可以看出，打着"保全中国"的旗号、实则奉行亚洲门罗主义宗旨的东亚同文会，正是以中日"同文同洲"、"唇齿相依"的地缘政治关系为定位，以挽救东亚时局为名号进行对外（主要是对华）宣传的。这也是《汉报》在前述报道中宣传的重点。

实际上，东亚同文会与《汉报》之关系是十分密切的。其中，该会评议员岸田吟香和佐佐友房与《汉报》的成立很有渊源。被日本谍报界喻为开辟对华情报活动"先驱"的岸田吟香曾于1886年全力协助日本参谋本部派驻中国的谍报武官荒尾精（此人后来也是同文会的成员），在汉口建立起一家日本在华重要情报基地——汉口乐善堂。汉口乐善堂的要旨即是以"中日提携"为旗号，试图实现"改造中国"的政治目标。在将英人《汉报》成功接收归至日本人过程中出力最多而成为该报社长的宗方小太郎，就是出自汉口乐善堂门下，《汉报》遂成为宗方小太郎及其同道们对汉口乐善堂"事业"之延伸。佐佐友房则是在宗方接收该报过程中与日本政府方面具体联络其经费事宜的人物。同时，东亚同文会分别在北京、汉口、上海、福州、广州等地各设支部，汉口支部主任为《汉报》社长宗方小太郎，该支部助理人员之一为《汉报》主笔冈幸七郎。② 从这些线索可知，东亚同文会与《汉报》之间，在人事和事业上可谓互相交织，密不可分。而至1899年4月，致力于对华文化事业的东亚同文会干脆直接出资补助《汉报》，将该报作为自己的机关报。③ 这样，《汉报》实为东亚同文会的宣传阵地，《汉报》编者也自觉地以宣传其"同文同种"、"唇齿相依"的"中日睦邻"论为己任，以此联络中国士绅感情。"馆主宗北平（按：即宗方小太郎）"特在《汉报》上发布启事《手书告本馆访事诸友人惠览》，即是公开其与东亚同文会同声一气的立场。启事说道：

鄙人接办本馆以来，于今数年矣，窃念贵邦为同邦同洲同种同文之国而不免为白人所蹂躏，心焉悯之，亟欲大声疾呼，震聋启聩，稍

---

① [日] 东亚同文会编：《对华回忆录》，胡锡年译，商务印书馆1959年版，第471页。
② 同上书，第472页。
③ 参见黄福庆《近代日本在华文化及社会事业之研究》，台北"中研院"近代史研究所1997年版，第20页。

图补救于万一。况今春本馆已归东亚同文分会之所辖，而鄙人忝为本会会员，尤当团结精神，力求整顿，庶无负敝邦同志士大夫维持东亚之苦心，非仅鄙人克偿素志已也。①

图5-1　1899年6月24日日资《汉报》启事《手书告本馆访事诸友人惠览》

这里既交代了《汉报》与东亚同文会的特殊关系，同时也暴露出与东亚同文会持同一立场的该报处处宣扬的所谓日本同志士大夫"念同邦同洲同种同文"之情、"维持东亚之苦心"背后的真实意图所在——他们真正担心和针对的是中国"为白人所蹂躏"，即被欧洲列国所瓜分这一局势，更具体地说，就是如前面濑川领事所言，日本害怕中日甲午战争之后中国朝野官宪"联俄制倭（亲俄排日）"之意向，即担心中国的人心倒向日本在亚洲最大的竞争对手俄国，影响日本在中国的既得利益和进一步扩张，因而必须要在报纸上"辨支那各报之妄言，冷却俄国崇拜之热，以期明唇亡齿寒之谊，融合朝野官民之感情"。关于这一点，日本学者中下正治在陈述《汉报》创刊的意图时分析道：（甲午战争之后）随着俄国与德国分别占领旅大（按：指旅顺和大连）和青岛，中国的舆论随之一分为二，一是以洋务派官僚李鸿章等为代表的亲俄派，一是以变法的士大夫和扬子江流域（英国的势力范围）的官僚张之洞所代表的亲日、英派，其中，变法派除了康有为一派外，还有以唐才常为代表的湖南派，甚至是"革

---

① 《汉报》1899年6月24日。

命主义"的孙文一派,也都是倾向借助日本的力量完成中国变法自强大事的。① 可以看出,当时日本人眼中的这些"亲日派",既有深得清廷信任的地方实力派官僚,又有已经获得海内外舆论同情的新兴的改良主义者,同时还有刚刚萌芽的革命主义者,虽然他们的阶级利益和根本立场大不相同,但在世纪之交的历史舞台上,在对待日本的态度问题上,他们各取所需地都采取了倾向于日本(而不是因"三国干涉还辽"而正居功取信于慈禧太后的俄国)的态度。正因为如此,甲午战争之后的几年被日本官方认为是近代"日支关系"的"最好时期",并称它在义和团运动后"达到顶峰"。在这个背景下,宗方小太郎实施"汉报主义"之三条——"一、介绍日本之实情于支那之官民,以令其信于我;二、明唇齿相依之义,行一脉相承之实;三、抑制旧党、援助新党,以助维新之气象",也就是在中国开展收买人心、扶植势力、对抗俄国以服务于日本"经略大陆"国策的舆论工作,实际上已经具备了一定的社会基础。正是在这样的基础上,《汉报》极力放大、渲染所谓"中日敦睦"的种种虚虚实实的情形。上述宣扬东亚同文会成员在华活动的报道只是其中一例,其他典型的例子如:《天囚游草》宣传"日本西村子俊先生"游武昌与汉上士大夫交酬互唱之情和"当似兄弟,知耻相师"之诗盟;② 《游石山谒曾公祠记》描述中国作者与"东友柳君"、"东瀛词客宗北平"(按:即《汉报》馆主宗方小太郎)及"其友冈西门诸君"在鄂"把臂谈心,相见恨晚"的情形;③《日将到闽》报道日本陆军少将、台湾府总督参谋长木樾抵闽后对在座闽省官绅的演说内容,他说,"中日两国共处亚细亚东,言语虽不相通,文字则见相同……两国比邻,仅隔一带水……是不可不开亚东民智而进文明之境也";④ 而《日员论华》则记录了日本钦使在上海向其本国人士所言之"中国太后皇上召见时,垂询要事多件,余尚奏对称旨,并谓荣禄、张之洞、刘坤一、李鸿章等皆重视日本,皆能联络日本",他还对太后皇上说,两国相争后,"其敦睦情形如中日之亲密者殆未有也","余力言两国敦睦必当持久,且彼此必有利益方可"⑤。当然,这些"中日

---

① 参见〔日〕中下正治《新闻にみる日中关系史》,研文出版社 2000 年版,第 75—76 页。
② 《汉报》1898 年 2 月 6 日。
③ 《汉报》1898 年 3 月 8 日。
④ 《汉报》1899 年 10 月 7 日。
⑤ 《汉报》1899 年 12 月 24 日。

敦睦"之词，往往多是由文中当事之日本人之口所导引而出的。

同时，为了突出"中日敦睦"、"中日睦邻"的宣传主题，对于绕不开的、刚刚过去的中日交恶、日本侵华的甲午战争这一事实，《汉报》则采取了极力淡化、诡辩和开脱的方式。署名"东瀛冷眼人撰"的《论日本让俄之本意》一文就是最典型的例子，该文驳斥"本埠某报"中关于俄国乘甲午一役与日本争夺朝鲜、被俄国所挫之论时说道：

> 嗟乎！甲午一役我日本岂得已乎？论者试设身处地，当其时日本苟不战，将何如乎？因循至今，日本国势将何若？彼各国之视日本又将何若乎？①

将这场日本对华大规模侵略战争说成是日本不得已而为之的"苦衷"，这种开脱和诡辩之词在《汉报》中并不为怪。而极力突出俄、德、法、英等欧洲列强对中国的侵略行径和瓜分图谋，却尽量淡化日本的侵略行为，甚至仅将之称为"兄弟失和"的小事，则更是《汉报》的常见手法。如"日东宗北平稿"即宗方小太郎所写《论东方时局》续稿中称："甲午岁因高丽之事中东失和，有阋墙之变，乙未春订约于马关，言归于好。从此以来局面一变，欧洲诸国跃跃欲试……瓜分中国之机渐动矣。"② 这是将日本发动的这场使中国陷入瓜分狂潮的侵略战争说得轻轻巧巧，一笔带过。不署名论说《书亚沪报厦门土民滋事案平议后》则说："近来日本于华亲密敦睦有加无已，前岁之役似属万不获已，亦初不料中国之败坏至此。"③ 这就更是在为日本开脱之余夹带对被侵略的战败者中国说风凉话了。

然而，尽管《汉报》如此这般地淡化这场侵略战争，突出地泛泛而谈中日间的"亲密敦睦"关系，但两国之间侵略与被侵略的事实和中国人"厌日人极甚"的现实是客观存在的，中日间尖锐的矛盾和冲突也是无法掩饰的。事实上，在面对中日矛盾的时事时，《汉报》仍然想要淡化其中侵略与被侵略的本质，而以日本对中国的"体谅"和"友好之情"相掩盖。这典型地体现在该报对"厦门事件"的报道中。

---

① 《汉报》1899年12月11日。
② 《汉报》1899年6月24日。
③ 《汉报》1899年12月9日。

所谓"厦门事件",是指在《马关条约》签订后,占有台湾的日本为了便利其对福建的侵略,胁迫清政府允其在厦门设立专管租界而引起的中日冲突事件,其直接的导火索是光绪二十五年(1899年)七月十八日,日本驻厦门领事馆人员为拟议中的专管租界插旗划界,遭到当地民众的强烈反对,双方产生冲突。《汉报》十分关注该事件的发展,屡屡报道日本政府对该事的态度,并专门发表论说对此事进行评论。这些报道文章有《厦事要闻》、《厦事近闻》、《一人三角》、《厦门近闻》、《公使问答》、《日本要议》①等,论说有《厦门租界起衅处置论》、《书亚沪报厦门土民滋事案平议后》②等。这些文章有的系"日报云",即摘录日本本国报纸的内容;有的录自日本在台湾的报纸;有的则为"北京来电云"、"接日友来函云"等,即来自本报访事人的报道,有的则为不署名文章。

上述文章一律将此次反对日本设专管租界的厦门民众称之为"乱民"、"无赖之辈"、"暴民"、"匪魁",如"关于厦门乱民殴打日官之事"、"厦门乱民再蜂起袭日本领事署事"、"厦门关道悍观察使唆无赖殴打日官致伤之事"、"厦门某军门亦使唆暴民"等语。同时,对于日本政府的"处置"态度,文章则一方面不断突出日本政府派员、派军舰给中国施加压力的强硬态度,另一方面却同时不断强调日本不同于"欧洲诸国之暴",在此事上念"兄弟之情"、"同洲之义"而"寝兵息事"的态度,所以中国人应对日本的"宽厚仁慈"感恩戴德。

以不署名论说《厦门租界起衅处置论》为例。该文先是将"厦人"贬为"逞一身之愤而遗君父之隐"的"忍人"和"惘然顾一时之利而误天下之大局"的"愚人",然后摆出日本"帝国"对此事"主静者"和"主动者"的两种不同处置态度:"主动者"态度强硬,说要"速遣战舰出师而问罪",如果中国"不听","则如甲午之役……务使一败涂地";"主静者"则念"我与清国毗连,交谊日笃",主张"不如寝兵息事,勉复和局,二三顽民罪在无赦,稍示国威则邻交日密矣"!最后,文章分析道,日清今日之和好非欧洲所能比,日本此次若对中国以兵戎相见,则正给泰西诸国以可乘之隙,其后果"更甚于还辽之事",因而主张中日"言归于好"。③ 该文虽然最后落脚于赞同

---

① 分别参见《汉报》1899年9月27日、10月7日、10月8日、10月11日、10月12日。
② 分别参见《汉报》1899年10月11日、12月9日。
③ 参见《汉报》1899年10月11日。

"主静者"的主张，但却明显带有恩威并施的意味；同时，显而易见的是，文章主张"寝兵息事"的根本原因是忌于欧洲列强的干涉，是为日本不再重蹈"三国干涉还辽"之覆辙而着想的。此文系"录台湾日报云"，可以说反映了厦门对岸台湾的殖民者日本方面的观点。

《书亚沪报厦门土民滋事案平议后》一文则借对《亚东时报》（该文将之简称为"亚报"）和《沪报》两报就"厦门土民滋事一案"的评论进行对比，发表对厦门一案的"持平之议"。文章开篇便就两报署名之事肯定"亚报"，批评"沪报"，因为"亚报系深山氏手笔，沪报但书来稿不著姓氏"，认为如果真是持平之议，就应该署名，而不应该"低昂于其间"[①]。这就是说，在作者笔下，报纸文章署名与否都成了评价其议论是否公允的重要标准。至于对两报的观点即它们对"下顺舆情，与（日本）领事官辩难"的厦门地方官员"恽道"的不同评价，该文虽看似公平地各加有可有否的评点，以显示该文的"平议"，但归根到底，它支持的是"亚报"对该官员所"诋"之论，后者"谓恽道要结厦民泥风水之陋说，几酿巨祸"并深诋中外日报对恽道的偏袒；而对"沪报"赞扬该官之论则颇有微词，因"沪报""谓恽道不受外人恫吓，能以一官之去就相争"，并责日本政府既然要联华就不应待恽道如此之过。该文落脚于将日本"果欲保全中国"、"设身处地为中国谋"的好意与恽道的"不知大局"、"不识时务"相衬托，意即中国的地方官要自省，称如果"日本不爱中国，则已如谊切唇齿，界泯畛域"，显然是维护日本政府的立场。[②] 具有讽刺意味的是，虽然该文指出"平议"之论应该署名而不应"低昂于其间"，但它恰恰是一篇未署名而"低昂于其间"的文章，可见这种署名的要求是对人而不对己的。

《汉报》所登文章处处强调日本爱中国，对中国念兄弟之情、同洲之义，"未曾仿欧洲诸国之暴"，"不欲因一小细故挟强要索各种之利权以碍中日两国之交谊"，但实际上，这些文章时刻不忘提请注意日本政府"将厦门官员调开"、"割一开矿之处"、"处置匪魁"、"偿金"这种种强硬的要索条件，并说中国政府应该对日本的这些"宽大"条件"感铭其德"。[③]

可见，淡化和掩饰日本对中国的侵略事实，强调中日间"唇齿相依"、

---

① 参见《汉报》1899年12月9日。
② 同上。
③ 参见《汉报》1899年10月12日。

"同文同种"的地缘政治关系，着眼于宣传"中日睦邻"论，这是甲午战争后日本《汉报》中日关系论调的一大特点。正如前面所述，这种论调是实施三大"汉报主义"的一个重要方面，也是该报的日本立场的一大表现。

第二节　宣扬"师日"舆论

与此同时，值得注意的是，《汉报》的诸多论说和相关报道还反复强调如下的观点和"理论"：日本和中国既相同又不同，相同的是中日"同文同洲同种"而"情同兄弟"（如前述）；不同的则是"亚东唯我日本首崇西法，与列强相犄角"[1]，"日本国民犹是人耳，何以如是之开化哉"[2]，即亚洲唯有日本能够开国进取、取法欧美而致强盛，与欧美共入"文明开化"的行列，从而将日本与妄自尊大的中国和亚洲其他国家从文明程度上区分开来。同时，日本"事事与欧美各国无少差别，且闲有过者"，"与泰西各国竞强争富"[3]，即日本已步入与欧美同列的强国地位，从而将日本与羸弱不堪的中国乃至整个亚洲国家从国力强弱上划清了界限。

需要指出的是，在突出中国之羸弱时，《汉报》不惜露骨地矮化华人，其"矮华"心态在多篇文章中都有直接的流露。

如《日使论华》一文就直接以日本官员之口塑造出了"不争气"的、甚至是"无可救药"的华人形象。该文中，日本钦使"加藤君"回东京对同僚谈论中国的近况时，除了告诉他们近来牛庄日本商务比"中日未战以前"（按：指中日甲午战争以前）大有进步的"喜讯"之外，还特意转述了他在牛庄时日本驻牛庄领事对他言及的华人印象：

> 惟有可异者，该处华人无忠爱之心，因在牛庄筵宴时，有华官二人在座曰"英日两国何以不管理中国"等语。度其意中，不论英、日、俄、德将来管理中国，彼辈但期得保其身家性命而已，即中国他埠华人亦复如是。[4]

---

[1]《汉报》1900年1月19日。
[2]《汉报》1900年1月21日。
[3]《汉报》1898年1月27日。
[4]《汉报》1900年2月7日。

"无忠爱之心"、希望列强"管理中国"、"但期得保其身家性命",这位日本领事一边欣喜地汇报着他的同胞通过侵略战争在中国领土上所掠取的巨大利益,一边又以上述"自私"、"奴性"的标签来矮化自己的掠夺对象!

同时,该文又讲述了"加藤君"所"亲见"的"麻木"的华人形象:

> 又可异者,加藤君一日乘火车至北京,内有一辆称谓邮车……是车不论何等华人不能乘坐,而华人视之若为固然之事,岂不可怪?①

对在中国的土地上受尽外人歧视却将此"视之若为固然"的"麻木"的华人,"加藤君"感到"可怪",即不可理喻。然而,"加藤君"真是感同身受地为华人感到悲哀吗?非也!他说:

> 由北京至上海再往南京、汉口,观中国大局,有多人皆云不免瓜分,恐目下亦不能分,吾亦不敢云永免瓜分之患,惟各国有大利在中国者不愿照此办理。吾知英国必不乐预闻此事耳。然各国欲辖管如此地大民稠之国,则亦有何利益,其经费亦殊可观,不敌其所得之利,然亦有以并吞为志而不在商务者,则又当别论矣。②

看来,"加藤君"所密切关注的是中国是被各国共同瓜分还是被某一国并吞的问题。他个人的判断是前者——不免瓜分。在这种形势下,他向其同僚分析了日本的在华利益问题:

> 无论中国若何,日本办理吾亦知之,如推广两国商务,及中国工业竭力推广等事。近日各报言各国皆得大利,日本所得无几,此言大谬。中国尚有无限之利为日本分沾,惟目下日本资本不多,故不能举办各种大工程耳。③

可见,归根结底,日本钦使"加藤君"所真正关心的是中国被瓜分过程

---

① 《汉报》1900年2月7日。
② 同上。
③ 同上。

中日本如何从"无限之利"中"分沾"到最大的利益。在他眼中，中国人自私、麻木、没有国家观念、无可救药，这些落后的"国民性"注定了他们活该做亡国奴。他动辄以"可异"、"可怪"之词来形容华人及其"国民性"，折射出日本官员对华人强烈蔑视和嘲弄的心态——一种对华人赤裸裸的矮化心态。

《汉报》刊登的另一篇署名为"东瀛逸史译文"的文章《日本各报论华商杂居内地之可否》中，日人对华人的这种矮化之心更加明显和露骨。在日本政府与欧美诸国改订通商条约之后，日本官民关于"华商亦准均需其恩典、杂居内地适宜营业否"的议论沸沸扬扬，这篇文章便摘录了日本各报"纷纷不一"的以下三种议论："拒绝论"、"限制论"和"开放论"（见图5-2）。该文重点摘录了"拒绝论"者如日本《京华日报》的言论，后者先是驳斥"限制论"者"言之迂远而乏先见之明"道：

> 我国民常好表示侠气宽胸而往往不顾国家百年之利害消长，愚亦甚矣！已允准其杂居，而后见其弊害再欲废之，亦遂不可得行也。试看美国之情形，华人在新金山者六万余，在纽约克者三万余人，其势已有不可动者。美国即悟其非，现欲设法驱除之，然事至迟矣！①

文章以"国家百年之利害消长"为名号，援引美国允准华人杂居之弊害的"教训"，指斥"限制论"者为缺乏"先见之明"。

接着，日本《京华日报》又驳斥"使役中国之劳力者以助我国之商工业务之说"道：

> 若使华商杂居内地，即各地市街忽为不洁之区，人民皆感染恶风，紊乱道德，毁伤风仪，已可预知矣！……世人动则言至杂居内地之时，须妨碍欧美人之进入，盖恐夺其利权也，何知可恐者即却在华商。②

这篇文章还引用同样持"拒绝论"的《时事新报》的言论道：

---

① 《汉报》1899年7月22日。
② 同上。

然至下等之贱民吃鸦片、嗜赌博、好窃盗，颇有碍风教，若悉允准杂居，即中国下等之人民皆绕陆渡来，而遂贻一种不可除之害毒矣！又云现在中日两国人民之间动辄有梦想甲午之仇衅者，若一旦杂居内地，则或恐两民相敌视而害内国之治安，惹国际之葛藤。

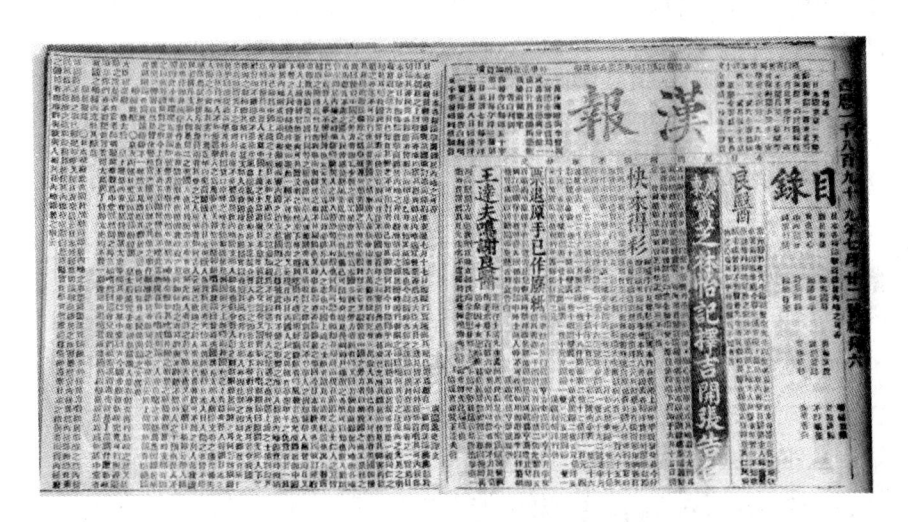

图 5-2　1899 年 7 月 22 日日资《汉报》刊载论说《日本各报论华商杂居内地之可否》

"不洁"、"恶风"、"紊乱道德"、"毁伤风仪"、"吃鸦片、嗜赌博、好窃盗"、"颇有碍风教"、"害毒"——将华商描述成无恶不作无人不嫌的害毒，以激起日本人对华商的厌恶、防备和惧怕之心，可谓是对华人的极端侮蔑和排斥；而所谓以恐惹"甲午之仇衅"为大造"排华"舆论的理由，则不小心泄露了该论者讳言的"心结"。

与上述"拒绝论"者旨在维护日本"国家利权"而极力矮化华人、掀起"防华"、"厌华"、"恐华"、"排华"的舆论立场并无实质区别的是日本的"限制论"者，如《读卖新报》的言论，后者虽然认为"不必要急开放内地"而建议限制杂居（"准现通商埠及特许出货口岸等之地方使相杂居"），但其考虑为"是则国权之上无碍，而于国利之上有益矣。吾人每谓日本之利自厚待西人，不如优遇华人之为万胜也"。可见，同"拒绝论"者一样，"限制论"者的根本出发点仍然是日本的"国权"与"国利"。至于"开放论"者如东京《朝日新报》的观点，即华人杂居事件非国权事件，只需政府决定便可，文章对此一笔带过。

可见，《汉报》编者秉持日本"国益"至上的原则，渲染华人卑微屈辱的"贱民"地位和"自私""麻木"的"亡国奴"形象，制造"防华"、"厌华"、"恐华"乃至"排华"的社会舆论，从而达到矮化中国的舆论效果。而矮化中国的目的，则是为了突出日本的"文明开化"，将日本与中国从国力强弱和文明程度上区分开来。换句话说，《汉报》把1868年明治维新改革后、特别是击败大清帝国后的日本置于亚洲各国之上，鼓吹日本民族优越感论。

在《汉报》的主持人眼中，既然"睦邻友好"、"情同兄弟"的日本与中国有着如此大的差异，前者是如此之先进，"师法日本"便成为后者自然而然的或者说是唯一的选择。《汉报》的"师日"论就是在这样的逻辑下顺理成章地出炉了。

《汉报》中倡导"以日本为师"的文章既多且具体，但凡涉及中国变法举措和兴国之策的，都往往大造"师日"舆论。比如，在谈到中国必须开设学堂培育人才的问题时，其不署名论说《论治国当以富教为先务》就是以日本为榜样展开论述的。[①]

又如，在谈到中国亟待引进西书的问题时，不署名文章《论译书为当今急务》更是直接说中国"唯借日本已成之功，图中国倍收之效"。该文写道，"（日本）已尽将泰西各国新学诸书择其至精极要者分门别类而翻译……故能推陈出新，与泰西各国竞强争富。今其书具在"，中国"苟从而尽译之，较之翻译西文，其易不止倍蓰，盖所费不过数万金，为时不过数寒暑，而欧美诸国数万万亿兆人士所考求而得之新学，无不灿然大备夫"[②]。换句话说就是，中国译书不应该舍近求远诉诸欧美，而应该就近取法日本，翻译日本之书既经济又美备。

再如，在谈到中国需改良教育时，署名为"澳门灌根草堂陈衮荣稿"的论说《论中国教育亟宜改良》对日本明治维新取法欧美之举大加推崇，文章写道：

> 今夫日本之变法也三十年于兹矣，内政外交赫赫在人耳目，然当其变法伊始，有志之士周游美处，日求所以兴国之策，因而知教育为

---

① 《汉报》1898年2月6日。
② 《汉报》1898年1月27日。

自强之原，因又择西欧中之与己同际遇者取法焉，因其境遇正同，故其收效亦不甚相远。①

于是，作者干脆通篇介绍与欧美"境遇正同"的日本在教育改革方面的做法，直接呼吁中国"以日本之兴学为师法"。

在当时的历史背景下，《汉报》所倡导的这种"师日"论调对中国人而言并不唐突。实际上，经过甲午战争的较量，中国官绅对日本的态度正由自大轻视逐渐转变为欣羡崇拜。从康有为到黄遵宪，从张之洞到李鸿章，无不是"师日"论的拥趸，②他们的观点无不俨然与《汉报》上述论说中的"师日"论如出一辙。可以这么说，《汉报》的"师日"舆论与其说是迎合了当时中国官绅中甚为流行的"师日"心态，不如说是在刻意撒播、促进和加强这方面的论点和论据。

但是，必须特别指出的一点是，与中国官绅寻求中国富强出路的立场根本不同的是，《汉报》的"师日"论贯穿着"弱肉强食"的逻辑前提。在该报馆主宗方小太郎署名"日东宗北平"、分四天连续发表的长篇论说《论东方时局》中，就贯穿着"丛林法则"的逻辑主线。该论说开篇即从生物进化论的角度，将世界"分洲域五，别人种三"，洲即亚、欧、澳、美、非，种即黄、白、黑，然后指出"人竞功利，强凌弱，大虐小"的弱肉强食规则纵贯着人类从上古至今世的历史进程：

其初也，族与族争，群与群争；其中也，社会与社会争，国与国争；其终也，洲与洲争，人种与人种争；至此愈增大矣！③

在描画了历史的纵坐标之后，文章落笔于现实，将当世时局概括为：

今试通观宇内大局，白种强大，黑种垂亡，黄种不振。是以彼白种之人先灭临近之黑种，而后临黄种之国。白种之成国者虽不少，其最强而且大者五，曰俄、英、德、法、美，黄种立国者虽亦不少，于今世纪

---

① 《汉报》1900年1月21日。
② 韩小林：《论近代中国从"轻日"到"师日"的转变》，《安徽史学》2004年第3期。
③ 《汉报》1899年6月23日。

间为白人所割灭者甚多矣，而其能保持独立者仅有日本与中国而已。①

文章又道：

> 甲午乙未以来，白人之势如潮之方进，将漂没黄人之国土，所谓洲与洲争、人种与人种争者，今之时即是也。大局之形势已如此，若非早为之所，黄种之民将为白人之臣妾矣！②

显然，这是一种基于"种族优劣论"的时局观，其潜台词是，人种有优劣，作为劣等之黄种被强势之白人凌虐乃至割灭不过是弱肉强食的"普世法则"和优胜劣汰的"国际公理"作用下的自然结果。为了进一步对这种时局观作出论证，文章详细回顾了"支那建国"几千年来由盛及衰、"不进则退"，而白人之势如潮东进、各国竞相前来问鼎、终使中国"屈而不伸"的历程。而导致这种结局的原因所在，作者强调是"徒自尊大而不取他人之长"的中国"后于宇内之大势"，简言之就是：妄自尊大的中国已经落伍了！

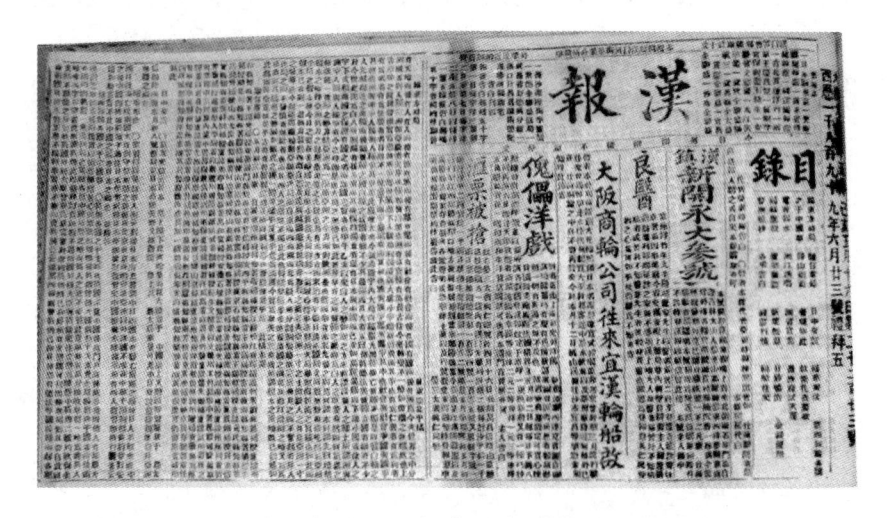

图 5-3　1899 年 6 月 23 日日资《汉报》刊载论说《论东方时局》

---

① 《汉报》1899 年 6 月 23 日。
② 同上。

当然，由于《汉报》已经预设了日本在文明程度和国力上优于中国、优于亚洲的前提（如前所述），故其潜台词便是，日本已经不在"劣等之黄种"之列，那么，劣等落伍的、濒临割灭的中国就应以优胜而"睦邻"的日本为师，这是中国自然而明智的选择。

第三节　鼓吹"联日抗欧"论

根据《汉报》的逻辑，既然"师日"是明智之举，那么"联日抗欧"就是时世使然了。关于"联日"即"中日联盟"的议题不断散见于《汉报》的报道和论说中。

比如，《海面风声》一文报道"昨有友从东海而来""渴怀畅述"各国情形的言论，该人称现在日英将联盟，俄国政府见日本"发愤自雄，颇有锐不可当之势"，故与日本也"愿结私盟"，接着又说：

> 可见日本乃亚洲称雄之国，与英和则英可以强，与俄交则俄亦可以强。而中国与日地共一洲，情同骨肉，曷不连为一气，同御外侮，俾亚洲大局勃然一新哉！①

这则出自日本人的消息有意无意地流露出日本称霸亚洲、与欧洲列国争锋的野心。

论说文《论读报可知其国之强弱》则更是直截了当说出了日本的这种称霸野心，文章说：

> 日本崛起于亚洲之中，朝野上下咸奋发有为，岂不欲长驾而远驭？故吾读其报，则皇皇于亚东之事与清国问题、韩国问题、越南问题，若者宜念辅车唇齿之义，而联络修好；若者宜体字恤弱之义，翼之使起立，输之以文明，举士大夫精神之所专注，兢兢焉以维持东亚为允。②

---

① 《汉报》1898年2月24日。
② 《汉报》1899年10月28日。

同文又云：

> 盖其国势新造，强俄瞰于前，大美横于侧，未易起而婴其锋，不得不为未雨绸缪之计也。故读日本之报，知其政府其社员志在执东亚之牛耳而已！①

"日本崛起于亚洲之中"、"欲长驾而远驭"、"志在执东亚之牛耳"，这是日本的亚洲盟主梦最直白而真实的写照。文中所谓"念辅车唇齿之义"，"皇皇于亚东之事与清国问题、韩国问题、越南问题"，所谓与中国"情同骨肉"，"连为一气同御外侮"（即"唇齿相依"、"中日睦邻"）等等，则都是实施这一独霸亚洲迷梦的战略手段和动听托词。

不难看出，《汉报》这种以日本独霸亚洲为核心的"联日"论，其实质是实现日本对中、朝这些东亚邻国的侵吞和控制，使后者沦为日本的殖民地或保护国。该报所登诸多文章均有意无意地流露出这个倾向。

如《论英日俄联盟保护中高》一文就引《香港每日报》的报道说，如果英国果能借款于中国，则英国对中国可以虽不出名辅助，暗中却有操纵自如之权，从而早日了结各国争端。借英国说事而实喻日本，是《汉报》的惯常手法，此处即是如此。对于东亚之另一弱国——高丽，它则说，"高丽则不然，一切政治非由外人经理主持断难望其振作。"② 意即高丽这一弱小之国应完全沦为殖民地，而对中国这一积贫积弱的大国，由于各国觊觎，则只能采取暗中操纵之策。

这种借别国说事或者借别人之口言说"中日联盟"和日本"扶助"中国之事，在《中日盟约》一文中体现得更为明显。该文引述"日报登英京伦敦电报云"道：

> 英国及德国诸政治学大家皆谓中日两国同盟一议吾人所赞称，而中国因之可以挽狂澜于既倒，防御俄人之侵入也。又言中国若将海陆两军之改革及时政之整理委任日本之人，即其成功无疑矣。何则？日本与中国原有同文同教之关系，是以彼此之交情甚易相亲，非西洋诸

---

① 《汉报》1899 年 10 月 28 日。
② 《汉报》1898 年 3 月 12 日。

国之所能企及也。果然，即日本必可从中国之所请，扫除其积弊，清厘其财政，教练其陆军。陆上之事咸能整顿，之后更团结中日两国海军，以筹备海防，于是中国再为天下之强国矣。①

在这里，"中日两国同盟"一说是英德诸国"政治学大家"之议，也受到他们的"赞称"，他们还说应将中国的军务和时政之改革大权委之于日本人，因为中日"同文同教"，"甚易相亲"，这种"睦邻之情"远非西洋诸国所能企及；若日本人果能从中国之所请，主持中国的改革大事，则中国可由此而强大。

在《汉报》的报道中，不仅是英德等欧洲诸国热议"中日联盟"之事，中国人自己则更是对日本人存着信任和依赖之感，热切希望日本能留在中国充当中国的保护国。《中人慨言》即根据"每日报云"，称在日本东京之中国人某，闻俄国强请大连湾及旅顺口之事后，激昂慷慨地发表言论道，俄国欲分割中国东三省之志非自今日始，之所以迟迟不发，是因忌于英国及日本的干涉，故一直在等待转机；但是中国若借得外洋之款而缴清（《马关条约》所规定的）日本偿金，日本政府就会撤去驻威海军队，"俄国必乘此机大呈南下之欲，而英国亦必占据威海卫以与俄兵相对"，于是：

> 当此之时，只非俄国而已，英国亦必请中国以各种条议，是实为瓜分中国之源矣！吾辈宁欲日本不撤驻威日兵也！中朝之识者如何云云。②

这种来自中国人的、"宁欲日本不撤驻威日兵"以"保护"中国不受俄国及欧洲列强瓜分的说法，即"联日抗俄"或曰"联日抗欧"之论，在《威海筹防》一文中得到强调。该文引述日本《九州报》的内容道：

> 近来中日邦交日益加厚，中国切有联日本之意，日本亦有助中国以保东亚之和局之心。只欧洲列国羡之而复忌之，造作浮言，欲离间

---

① 《汉报》1899年8月31日。
② 《汉报》1898年4月4日。

中日两国，识者甚忧之。①

该文接着又引用"中国某大员语日人某"之话道：

> 然若中国缴清偿金，日本政府必按马关条约以撤退驻威海卫军队，是真中人所尤忧也！何则？日本军队若撤退威海，中国即不可不屯驻士兵以资防守，否则欧洲列国必乘机而要假该地，以仿胶澳之例……惟今日之计，虽缴清偿金，尚须日兵暂驻威海卫，俟中国整顿军备、徐筹防堵而后撤退日兵，则是中日两国之幸也！②

显然，这里是在"联日抗欧"论的话题之下，故意借"中国人某"、"中国某大员"等所谓中国人之语，完全将日本置于中国乃至东亚的保护国地位，以制造日兵不撤退威海卫、继续留驻该地的舆论。

第四节　撒播"中日无平等可言"论

为了避免引起欧美列强的猜疑及强烈反应，《汉报》也刊登了诸多文章驳斥"中日联盟"论。

比如署名"东瀛逸史稿"的论说《论本报纪伊藤侯来华之事》一文，就是为驳斥西报关于"敦请伊侯"的传言所写。

所谓"敦请伊侯"，即慈禧派人赴东京"拟请伊藤侯至中国办事"，也就是帮助慈禧革新旧政、而"伊侯业已允从"之事。从《汉报》的报道来看，这件事一时被《字林西报》等西报所盛传。③《论本报纪伊藤侯来华之事》对此予以专门分析和郑重澄清。该文首先即指出此事系西报捏造："从来西报猥捏造事件传之论之者颇多矣……凡天下之事，其不可尤信据者即实西人论东方之事者也。今世人直信西报所言者，而以为皇太后请伊藤侯来华、伊侯亦慨然应之即大误矣！"接着，为了论证此事"不靠谱"，文章先是大斥皇太后为"守旧之人"，而伊藤侯则是"完成维新

---

① 《汉报》1898年4月10日。
② 同上。
③ 对"敦请伊侯"之事的"传言"见《汉报》1899年8月2日之《敦请伊侯》和1899年8月3日之《伊侯来华确闻》等文。

之大业，真天下革新者之大斗也"，"守旧之人与革新之人，其所志者其所行者全相反焉"，就是说，伊藤侯与皇太后根本不是一路人，谈何"敦请"之事?! 然后，文章强调伊藤侯是"日廷之重臣……一日不可无伊侯"，是"东亚之人杰，欧美之人每服其明智焉"，"今突然去我国到中国而助皇太后作事，即外人必怪之，且谤其轻动矣"①。原来，"伊侯"（即伊藤博文）可不是普通的日本人，他曾于日本明治初年与岩仓具视、大久保利通、木户孝允等出使欧美考察，是日本明治维新的元老、"开国进取"的功臣；更值得指出的是，他曾四次组阁，侵略朝鲜、中国的甲午战争就是伊藤内阁主持发动的，中国战败后他作为日本政府的全权代表主持了中日《马关条约》的签署。正因在甲午战争中侵华有功，伊藤博文晋升侯爵，称为"伊侯"。有着这样背景的"伊侯""到中国而助皇太后作事"之事，当然是"天方夜谭"了。文章彻底否定了"敦请伊侯"的可能性，实际上也就强调了基于中日平等关系的"中日联盟"之"荒谬性"。

又如《日清同盟论》一文。这是录自《亚东时报》的长篇论说，专为驳斥《字林西报》和"英京伦敦电报"等西方媒体所传"日清两国联络密订盟约"的"谣言"而写。② 同样地，为了证明中日联盟根本"不靠谱"，文章分析了日本不可能与"清国"结盟的如下两大原因。

一是国际形势使然，即甲午战争后，欧美列强"交绥妥商"、"欲联作一气以宰割中国"，"如是，则知是事无妨于我国我畅我欲、为无往不可复，何与清国共商标榜同盟，取嫌列国之忌哉"③！此话说得毫不含糊：结盟与否，完全取决于我日本的国家利益，在当前的局势下，日本的选择是毫不犹豫地加入欧美列强交绥瓜分中国的阵营，而决不是与中国为伍。二是中国的状况使然，即清国太贫弱，文章说，"国富兵强而后始可共言同盟之事耳！"言下之意，哪有穷人跟富人交朋友的道理！从而彻底与中国划清了界线。更有甚者，文章还说道：就近日东亚时局而言，我日本无（按：指与清国）结盟的必要，然而，一旦时局发生变化，则"亦有同盟之日，犹甲午之役我于朝鲜也"！对照"犹甲午之役我于朝鲜"的史实，

---

① 《汉报》1899 年 8 月 6 日。
② 这些"谣言"见《汉报》1899 年 7 月 13 日之《中日联约》、1899 年 7 月 16 日之《中日密约》、1899 年 8 月 31 日之《中日盟约》等文。
③ 参见《汉报》1899 年 9 月 21 日，本段其他引文皆同。

其意即：实施大规模武力入侵，完全将中国变为自己的殖民地，就像当年发动甲午战争将朝鲜沦为自己的殖民地那样。最后，该文还写道："我国……是故不愿显树同盟之名，以启东亚多事之端，其心事已若是亮亮矣！"《汉报》不愿因"同盟之名"而招致西方列强猜忌以致惹出"事端"之心由此可见。

从表面上看，这些驳斥西报的言论（包括转录其他报刊者）似乎与前述的"中日睦邻"论、"师日"论、"联日抗欧"论有相互矛盾或不相连贯之处，但仔细分析，两者是在巧妙地互相呼应，进一步加强推行其"日强中弱"、积弱的清国已被置于"优越民族"日本之下的舆论。

如果说，"中日睦邻"论旨在劝告中国人放弃"厌日"的情绪和行动，"师日"论则意图告诉中国读者，甲午战争之后的局面已十分清楚，中国人与其不自量力地和强大的日本相抗衡，不如俯首称臣，拜日为师。至于"联日抗欧"论，不消说，其前提是尊日本为东亚之盟主，共同抵御欧洲列强之东进（对俄国来说是"南进"）。这个理论其实也是后来日本称霸亚洲的"东亚共荣圈"或"大东亚共荣圈"理论的蓝本。

一句话，这些理论无一不是以中国受众为宣传的对象。不过，由于日本军国羽翼尚未丰满，东京当局对于欧洲列强的反应不能不有所顾忌。《汉报》前述几篇驳斥西报之论无疑正是这些顾忌心态的产物。但是，即使是这些旨在消除西人警惕心理的言论，执笔者也不忘摆出亚洲强者、霸者姿态，大长"大日本国"志气，大灭中国人的威风，撒播亚洲格局已定、中日之间没有平等可言的论调。从这个角度来看，这些论调与其说是和"中日睦邻"论、"师日"论、"联日抗欧"论有所出入，不如说是其论调的加强与升华，两者之间是紧密挂钩的。

第六章

日资《汉报》对义和团运动的态度与基调

对于中国国内风起云涌的义和团运动，同年代发行的日资《汉报》是密切关注的。

通过甲午战争，一方面，日本取得了与欧美各国同等的在华领事裁判权和最惠国待遇，以及设立租借的权利，日本终于挤进帝国主义列强的行列，成为世界帝国主义集团中的一员；另一方面，列强在远东的侵略格局迅速发生变化，即西方列强由此将侵略矛头一起集中于中国，加紧划分在华势力范围、掀起割地狂潮，而以三国干涉还辽恃功于清政府的俄国则乘机加快了其在朝鲜和满洲的进逼，从而与致力于"经略大陆"事业的日本发生直接对抗。

本来，屈服于三国干涉还辽的日本政府已经切身体会到了帝国主义国际政治对其海外扩张的制约，日本欲谋取更多海外领地、乘机成为东洋盟主的梦想受到打击，[1] 而在紧接着的瓜分中国狂潮中，以俄国为代表的西方列强在中国、东亚的强势出击，更加深了日本在插手列强瓜分中国斗争中的弱势感和外交上的孤立感。不过，正如日本历史学家井上清和远山茂树所言，1900年爆发的义和团运动让日本政府看到了新的希望，它想乘此机会一举挽回在瓜分中国过程中的落后处境，继续其"扩张利益线而成为东洋盟主"的迷梦。[2]

---

[1] 在屈服于三国干涉还辽之前、《马关条约》尚未签订的1895年4月15日，山县有朋向天皇上奏道："臣以为，我国应以本次战争为机取新领地于海外，果如斯，则为其守备必须扩张军备，更何况欲乘连捷之势乘机成为东洋盟主者乎？"参见［日］井上清《日本帝国主义的形成》，宿久高、林少华、刘小冷译，孙连璧校，人民出版社1984年版，第58页。

[2] 同上书，第62、66页；另见［日］远山茂树《日本近代史》，邹有恒译，商务印书馆1983年版，第145页。

那么，受日本军方暗中支持和幕后指挥的《汉报》对于义和团运动是如何报道的呢？它是如何配合日本政府的帝国主义扩张战略的呢？下文将根据现有《汉报》原件的内容，将该报对义和团运动的报道分为四个时期进行分析。在展开具体内容分析之前，首先需要就分期的问题作一简单说明。分期的主要依据是义和团运动的发展进程，同时结合《汉报》的报道内容。史家普遍认为，义和团运动兴起于山东，[①] 然后蔓延到直隶。也有研究者认为，直隶省和山东省一样，都是义和团运动的发源地。[②] 不管是发源于山东还是直隶，直到1899年底和1900年春间，义和团运动才开始在清王朝的"畿辅重地"——直隶活跃起来，又于1900年四五月间向直隶首府——保定地区推进，然后从保定向北发展到新城、定兴、涿州一带，进入北京；向东发展到雄县、霸县、静海等地，进入天津，从而在京、津、保一带形成了一个新的战斗中心。[③] 义和团运动在直隶获得了迅猛发展，开始走向高潮。[④]

同时，大约在1900年的四五月间，北京城内开始出现义和团的活动，[⑤] 据总理衙门于三月十七日（西历4月16日）致直隶总督裕禄电报，"义和团、大刀会等月前已至涿州、易州等处，今日又至卢沟桥一带"，他们"暗带兵器，散布揭帖，专以杀害教民、仇对洋人为词"，各国使署人员担心义和团在清朝近畿的活动危及到在京外国人的利益，"咸有戒心"[⑥]。至5月，外州县来到北京的团民不断增加，北京居民参加义和团活动的人数越来越多，据四月二十四日（西历5月22日）《总理各国事务奕劻等折》曰，"今日京城地面，颇有外来奸民，妄造咒符，引诱愚民，相率练习拳会，并散布谣言，张贴揭帖，辄称拆毁教堂，除灭洋人，藉端煽动"，"事关交涉，深恐酿成衅端"，在京洋人"均有自危之心，各

[①] 如廖一中等编《义和团运动史》，人民出版社1981年版，第57页；李侃等《中国近代史》，中华书局2010年版，第266页。
[②] 参见林华国《历史的真相——义和团运动的史实及其再认识》，天津古籍出版社2002年版，第53页。
[③] 参见李侃等《中国近代史》，中华书局2010年版，第270页。
[④] 参见廖一中等编《义和团运动史》，人民出版社1981年版，第119、125页。
[⑤] 参见林华国《历史的真相——义和团运动的史实及其再认识》，天津古籍出版社2002年版，第91页；廖一中等编《义和团运动史》，人民出版社1981年版，第145页。
[⑥] 国家档案局明清档案馆编《义和团档案史料》上册，中华书局1959年版，第79页。

电本国，请派兵来京，自行保护"①。接着，5月27日，义和团攻占涿州城，在城门上竖起"兴清灭洋"的旗帜，然后在京津铁路沿线的一些车站进行毁坏活动，并焚毁欧洲人的住房。5月29日，义和团占领了京津铁路之间最重要的丰台车站。②

义和团在京畿的迅速发展，不仅给清政府带来了更大的压力，更直接威胁到在京洋人的利益。所以，列强开始从寄望于清政府镇压义和团转向"本国自行办理"，即谋划联合出兵镇压义和团。这种谋划活动始于1900年3月间，然后逐渐升级，至6月上旬便开始组织由英国舰队司令官西摩将军率领的所谓"使馆卫队"，以进驻东交民巷、保护北京使馆为名，由塘沽向天津、北京进发，直接用兵力威胁清政府弹压义和团，这支"使馆卫队"可谓后来八国联军侵华的先遣队。

针对列强先是向清政府施压，后则自行出兵弹压，乃至攻城略地的不断升级的行径，《汉报》都有相应的报道和评论。为方便叙述，本章将《汉报》对义和团运动的报道分为以下四个时期：

一是列强施压阶段。即1900年3月之前。

二是列强谋划"自行办理"阶段。即1900年3月至1900年6月21日（清政府正式向列强宣战之日）之前。

三是中外战争阶段。即1900年6月21日至8月14日（八国联军占领北京城之日）。

四是善后阶段。即1900年8月14日之后。

下面具体阐述之。

第一节 列强施压阶段(1900年3月之前)

这一时期，《汉报》对义和团运动的报道重点有二：一是突出义和团"闹教"的"猖獗"形势，夸大其对洋人安危的威胁程度；二是抱怨中国政府和官员对洋人的镇压义和团之请不上心、不尽力。

---

① 参见国家档案局明清档案馆编《义和团档案史料》上册，中华书局1959年版，第97—98页。

② 参见李侃等《中国近代史》，中华书局2010年版，第271页。

一 突出"义和团匪""闹教"的猖獗之势

在几则有关"德州教案"的消息中,该报着重报道义和团"匪徒多人,欲与教堂为难"①、"德州四乡匪徒与教民为难"②,对义和团一律以"匪"相称,突出他们与教堂、教民,也即与洋人为难的无比"残忍"、"野蛮"之处。《教案未了》就称山东曹州地方"有匪党手持大刀,吹号持械,白昼抢劫鲍庄教堂"③;《教堂被毁》报道,"近日山东有教堂十四所同时被土匪焚毁"④;《义和团近闻》言济南府各处义和团"必杀尽教民、逐尽洋人而后已"⑤;《义和团匪》称深州有闹教之事,"义和团历将城外教堂两处均行拆毁,欲为则为,无所顾忌"⑥。在这些报道中,义和团可谓见教堂就毁,见教民就杀,为所欲为,完全是杀人不眨眼的魔鬼。

在揭露"义和团匪"这些"暴行"的同时,该报也尽量渲染西方传教士的受害悲状。《山东闹教》报道,烟台"土匪""忽将耶稣教会各教士、家属、实物劫掠一空,并勒令各教士不准逗留"⑦,这里的意思是,不仅教士"受害",连他们的家属都不被放过,一并"劫掠"。同样地,《义和团匪汇志》称"义和团之祸滋蔓愈甚"、"英人眷属三家,零丁孤立,与外声气隔绝,请之华官亦云无法保护"⑧,洋人眷属无辜无助的"受害者"形象跃然纸上。

根据《汉报》的报道,义和团像幽灵一般"无处无之"⑨,"四出抢掠"⑩,到处"聚众滋事",即便是屡有被正法者,仍然"时有蠢动之象"⑪,欲"相机起事"⑫,只是有的还未曾举动,"长官无从知之耳"。

---

① 《汉报》1899 年 10 月 6 日。
② 《汉报》1899 年 10 月 10 日。
③ 《汉报》1899 年 11 月 4 日。
④ 《汉报》1899 年 12 月 24 日。
⑤ 同上。
⑥ 《汉报》1900 年 1 月 16 日。
⑦ 《汉报》1899 年 12 月 14 日。
⑧ 《汉报》1900 年 1 月 2 日。
⑨ 《汉报》1900 年 2 月 8 日。
⑩ 《汉报》1900 年 1 月 12 日。
⑪ 《汉报》1899 年 12 月 19 日。
⑫ 《汉报》1900 年 12 月 4 日。

《汉报》大量报道这些"生乱"者,使"人心为之皇皇"①,"民心颇为惊惧",乃至于"德州官府出示安民而终未能安静"的情况,② 无一不是为了说明"义和团匪"是如何为乱社会、惊扰民心的。至于恃洋人之威的教民为非作歹的行径,尽管《汉报》的数篇论说里都有提及,但却未将它与义和团的行为相结合报道,而是将舆论引向同情洋人教士而憎恨义和团。

　　正是在这样的基调引导下,《汉报》报道了"受惊""受害"教士不断向清政府请求"保护"的消息。在山东德州教案中,他们"请山东巡抚严饬该处地方驻防添兵竭力保护"③,山东巡抚果然在第一时间派兵弹压,且"业已平静",只是维平县地方仍有"土棍滋扰",该巡抚亦不敢怠慢,已饬该处防营"火速驰往弹压矣"④。在直隶景州,河间府太守"恐酿巨祸","急赴津禀督宪,请督宪拨兵预防"⑤。"火速"、"急赴",可见,应洋人之请弹压义和团,中国政府不可谓不重视,不可谓不配合,不可谓不迅速。尤其是新任山东巡抚袁世凯,调任山东之前即已不断增兵赶赴济南一带"剿办会匪",其兵力最初为"一千"⑥,五天之后则增至"步兵三千,炮队一,哨炮十二尊,马队百五十骑"⑦,增兵迅速,且兵力精锐。清政府撤下讲求剿抚相宜的毓贤,调派"锐意以歼灭匪徒为己任"⑧的袁世凯任山东巡抚,即显示清政府对列强压力屈服的态度,所以《汉报》对此非常重视,密切关注袁世凯的"剿匪"行踪和动向。

　　例如,《再志义和团匪》称"东宪袁中丞仍在德州,尚未到济南",似有急盼袁快速到位之意;同时,该文又说"中丞所统之兵只有一万一千名,深恐不足制匪之死命",袁军在一个月之内多次增兵,作者仍嫌兵力不够;作者还担忧"军饷支绌之事",要求"所筹饷项必须充足方可",以"保全胶州境内不生事端"。文章毫不隐讳"惟山东人因恨洋人之故并

---

① 《汉报》1900 年 2 月 8 日。
② 《汉报》1899 年 12 月 19 日。
③ 《汉报》1899 年 10 月 6 日。
④ 《汉报》1899 年 10 月 10 日。
⑤ 《汉报》1899 年 12 月 25 日。
⑥ 《汉报》1899 年 12 月 20 日。
⑦ 《汉报》1899 年 12 月 25 日。
⑧ 《汉报》1900 年 1 月 20 日。

恨德人"的"实情"①，更不隐讳作者这种欲致义和团于死地的急切心情。当三天后袁军再增至3万时，《汉报》迅速报道了这个消息，并且难掩欣喜之情，预测"大约数月内可以将义和团大刀会剿平"②。

不过，形势并没有《汉报》编者所预想的那么乐观。被列强寄予"厚望"的新任署理山东巡抚袁世凯于1899年底率兵到达济南上任后，清政府随即连发三道谕旨，一而再、再而三地对他强调办理"山东民教不和"之案时须秉持"持平办理"、"慎重兵端"的"操持之妙"和"化大为小，化有为无"的基本精神，警告他"不可一意剿击"，倘"办理不善，以致腹地骚动"，则"惟袁世凯是问"③。这三道谕旨无疑使袁世凯暂时不敢对义和团大开杀戒，从而稍稍给了义和团以喘息之机；同时，这也显示了清政府以往"主剿"义和团的态度开始松动。更甚的是，清廷于1900年1月11日（光绪二十五年十二月十一日）向全国各省发布上谕，该上谕在明确强调"化大为小，化有为无"这一"固根本"、"联邦交"的基本精神同时，更进一步提出"会亦有别"的方针，即对义和团"只问其为匪与否，肇衅与否，不论其会不会、教不教也"的招抚政策。该上谕还指出，"或习技艺以卫身家，或联村众以互保间里"者为安分良民，叮嘱各省督抚对他们千万不可"概目为会匪，株连滥杀，以致良莠不分，民心惶惑"④。这道谕旨因有"鼓励""义和拳"之类结社的嫌疑而一度被英法等国驻华公使纠结不止，成为他们集兵天津的理由，此为后话。

二 抱怨清政府"怜惜义和团中人"的主抚倾向

就在清政府逐渐显露这种对义和团改剿为抚的政策意向之时，《汉报》开始陆续刊登文章表达对中国官员镇压义和团不力的怨言。

《大刀会滋扰》一文就转述《津报》的报道，称河间府至天津一带目下大刀会攻击景州县，"甚为猖獗"，"该处有天主教堂一区，英教士二人，英领事请地方官弹压，该官'答以无力'，后由领事请天津官场派梅

---

① 《汉报》1900年1月20日。
② 《汉报》1900年1月23日。
③ 参见国家档案局明清档案馆编《义和团档案史料》上册，中华书局1959年版，第44、46、47页。
④ 同上书，第56页。

统领率兵一千五百人前往","目下该匪已毁击多处矣"。尽管如此,仍"尚望华官从速禁止也"。① 言词中流露出对中国地方官"弹压"不力的不满之情。而当天的另一则报道《义和团匪汇志》称,"义和团之祸滋蔓愈甚,已延及直隶南境",并危及到景州地方英人眷属的安全,这些"零丁孤立"的英人眷属"请之华官亦云无法保护",对此,"西人闻者戚忧形于色,有议请英德美三国公使出而干预其事者"②。这篇报道除抱怨中国地方官员"无所作为"之外,同时还明显发出了列强将联合胁迫清政府对义和团予以严厉镇压的信号。

随后,抱怨与胁迫双管齐下的文章便开始屡见报端。最典型的莫过于1900年2月21日的《汉报》。这一天,《汉报》刊登了《擅拔铁路标竿》、《匪徒猖獗》、《德人不平》和《西人论华官》四篇文章,其中,前两篇报道山东青岛高密即墨等处之华人"目下颇为不靖,竟欲阻挠铁路工程",这些"土人""依旧与(德国)工程师为难,恒将所插之标擅自拔去,不准工作",当地村长不仅不阻止这些行为,反而戏弄德国工程师,纵容这些"匪徒"的"骚扰",致使"德人愈怒,即回青岛禀请政府"。《德人不平》则根据"山东沂州府访事来信",报道的是另一件事,即有德人三名行经韩家村地方,因遭"各乡人横加殴打,不胜忿怒,特至青岛派兵前往村焚烧几尽"。应该说,"肇事"之中国村民已受惩罚,但文章作者因闻有中国官员带有抚恤银分给被焚各家而颇有微词,写道:

> 今并不拿办凶手,亦不抚恤教民,可知中国官场居心,明欲与西人为难,所以能殴辱洋人之人反得受赏,不知德人闻此信息又将作何举动也。③

这几篇报道虽然不是直接指向"义和拳"、"大刀会",而是指向山东各处与西人为难之"乡人"、"土人",但对其"匪徒"的指称与对"义和拳"、"大刀会"的"匪徒"指称是一样的。从文中"中国官场居心,

---

① 《汉报》1900年1月2日。
② 同上。
③ 《汉报》1900年2月21日。

明欲与西人为难"的落脚点,亦可窥见《汉报》对地方之华官处置"匪徒""暴行"日益增强的不满态度。这种不满在《西人论华官》一文中更是升级到对清政府高层乃至最高当权者慈禧太后进行强烈抗议的程度。

该文译自《字林西报》,它借慈禧太后赏赐毓贤一事大加发挥。文章首先将当时山东直隶等处义和团及大刀会蔓延更甚的局面归咎于前任山东巡抚毓贤,然后将毓贤被撤任后继续得到朝廷信任、获"太后召见,反赏以福字"之优待解读为"太后赏给毓贤,盖实怜惜义和团中人之意,大约因其办理甚好,故有此举",即将太后对毓贤的态度视为朝廷对义和团态度的风向标。

与此同时,文章还顺势向慈禧太后抗议:"我等西人皆当知此不喜我等西人之毓贤,太后独喜爱之矣",同时也向专事与外人交涉的总署开炮:

> 数年来京城中偷抢西人物什之案层见叠出,英美两国使臣虽迭次函请总署捉拿,亦不过多废纸张及工夫而已,从未闻一次有用者。即总署接到来文后,亦无非给一回文,略谓贵大臣来文已悉,已饬九门提督严行拿捉,起赃归还等语……遂为延搁永无起赃之日……除非设法请使臣逼令将提督撤任,庶后任者自然认真办理,此等事目日见其罕矣![1]

作者严厉指斥总署对西人被窃之案敷衍塞责、推诿延搁,并且建议各国使臣"逼令"总署撤下办案不力的九门提督,换上"认真办理"的后任者。

第二节 列强谋划"自行办理"阶段
（1900年3月至6月21日）

朝廷"优待"前任山东巡抚毓贤、发布"会亦有别"的1月11日谕旨这两件事给了以英国为首的西方列强"自行办理"的口实。1900年3月16日,英国驻华公使窦纳乐致函该国外交大臣索尔兹伯理时说道:

---

[1] 《汉报》1900年2月21日。

昨天，我阅读了任命前山东巡抚毓贤担任山西巡抚职位的官方通告，使我对中国政府在这个问题上的态度抱有严重的疑虑。山东反对基督教结社的成长和逍遥法外，普遍地被认为是由于这位高级官员所给予他们的同情和鼓励；他的行为在过去若干时候以来已经成为好几位外交使节提出强烈抗议的主题。总之，毓贤被指定担任如此重要的一个职位，不能不认为是中国政府方面对列强的意见和抗议特别缺乏考虑的表现。①

换句话说，列强对于慈禧太后不但不惩罚毓敏，反而重用这名"主犯"，是不能接受的。②

与此同时，1900年1月11日那道"有害的上谕"③更是令他们忍无可忍。窦纳乐在向其上司报告时，就多次对这道上谕提出其"疑虑"的看法，认为它将结社分为好坏两种，这表明中国政府对"义和拳"和"大刀会"这样的结社抱有好感，后者从这道上谕中得到鼓励而"继续对基督徒施加强暴"④。作为抗议，清政府被要求发布另一道上谕，"指名镇压会匪"，也就是下令"指名对'义和拳'和'大刀会'进行全面镇压和取缔"⑤。几经周旋，最后，清政府屈服于列强的多方威胁，终于发布了一道"令人满意的上谕，指名对义和拳会予以取缔"⑥。

在这一使清政府服从其要求的过程中，列强对中国官员采取的是"最严重警告的词句"、"施加最强大的压力"和"用最强有力的方式"⑦，具体来说就是，如若不接受他们的要求，便调遣军舰、组织联合武装向中国"示威"。简言之，就是列强将动用自己的军事力量去剿灭义和团，这便是列强所言"自行办理"的含意。

---

① 《英国蓝皮书有关义和团运动资料选译》，胡滨译，中华书局1980年版，第16页。
② 1900年3月14日，清政府任命毓贤为山西巡抚，美国公使康格在此之前曾向清政府提出，不得将毓贤任命在有传教士活动的地区，而山西恰恰是英美传教士势力较大的地方。参见马勇《中国近代通史第4卷：从戊戌维新到义和团（1895—1900）》，江苏人民出版社2009年版，第409页。
③ 《英国蓝皮书有关义和团运动资料选译》，胡滨译，中华书局1980年版，第13页。
④ 同上书，第7、11、12页。
⑤ 同上书，第11、13页。
⑥ 同上书，第15页。
⑦ 同上书，第6页。

在列强谋划"自行办理"的此阶段,《汉报》的报道既有延续上一阶段之处,同时在报道重点和基调上又有所发展、变化。

一 渲染"义和团匪"的"仇洋之暴"

首先是继续突出义和团乃至北省人民的"仇洋"之暴,也即其"仇西教"、"仇西人"的"暴行"。

"仇洋"仍然是《汉报》对义和团运动报道的关键词。《议遏华乱》称山东直隶等省"百姓屡与西人为仇"。《西报危言》称各国驻京使臣均深悉"北省人民其憾恨洋人之心既深且重"。对义和团"暴行"的报道,则基本上不出以下的报道模式——

> 二十七夜义和团匪蜂起,烧毁马家堡车站场,二十八日黎明进袭长新店及卢沟桥二车站场,烧之,又截断电线,猖獗殊甚,无所不至。①

> 纷纷谣传直隶省又有英国传教士一人为刀匪戕害⋯⋯自勒罗克司教士被戕后,大刀会有恃无恐,所以胆囊愈大。②

即抽离列强侵华、中外对立的社会背景,孤立突出义和团焚毁、劫掠、杀戮的"残暴"形象。

《汉报》同时还着重报道了"仇洋"深重、"残暴野蛮"的义和团在直隶"潜滋暗长蔓延甚速"的不可控局面。《汉报》刊文说,在天津附近,"义和团中人甚为猖獗,大有不靖之状"③;在直隶北境,"随处皆有应募入会者","近又在北京迤北尽力招人入会","即在热河之各口,满员亦莫不为之袒护"④;在白沟河地方,"有团匪声言将定期拆毁教堂";在文安、霸州、安州、固安、雄县一带,"亦有团匪蠢动";在保定府清苑县,"亦有团匪踪迹,其众约二千余人,以仇教为名盘踞庄内"⑤。

---

① 《汉报》1900年6月9日。
② 《汉报》1900年4月3日。
③ 《汉报》1900年4月4日。
④ 《汉报》1900年4月24日。
⑤ 《汉报》1900年4月25日。

在《汉报》的义和团报道中，一篇译自《字林西报》的长文《西人被难详情》尤其引人注意，它以约1650字的超长篇幅，用极其细腻的笔法，详细描述了义和团沿途"追杀""无辜"西人的前后经过，力图用一个个"特写镜头"展露义和团的"仇洋之暴"（见图6-1）。

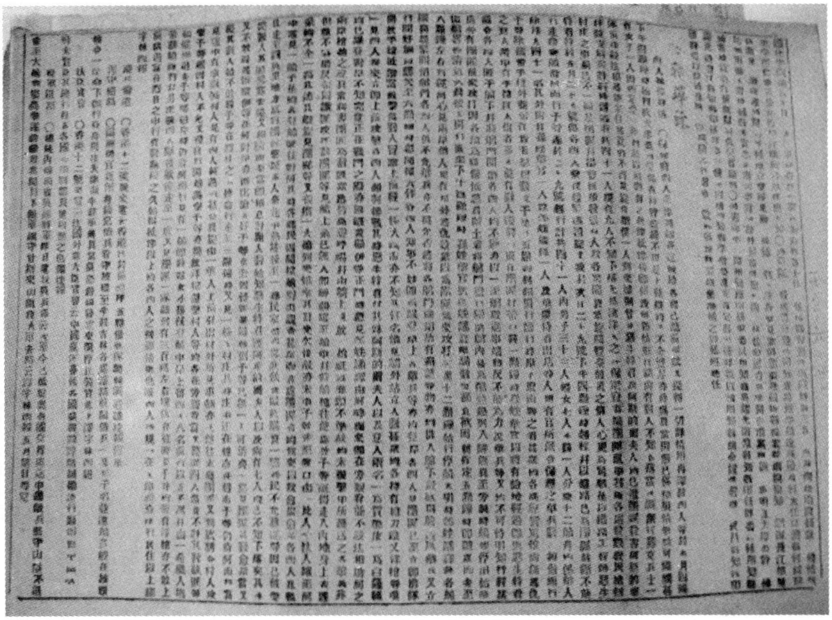

图6-1　1900年6月20日日资《汉报》刊载长文《西人被难详情》

该文记录的是"保定府西人至津避难"途中被"团匪"追杀的"悲惨遭遇"：41名西人"在途被劫"，抵津时两人遇难、七人下落不明，剩下32人"业已受伤，衣衫皆褴褛不堪，足上鞋袜均已不全，双足亦疼痛异常，困惫已极，狼狈情形殊可怜悯"。文章开头就将这批西人的"可怜"群像描绘出来，以引起读者的关注；然后叙及遇难者，写道："恶生特君及阿斯的尔夫人均已遭团匪杀害，阿斯的尔并被支解矣！"

接着，作者追述缘起：

> 团匪乱事甚极各处杀戮教民、抢劫村庄之事业已不一而足，团匪并扬言务须杀尽洋人，致各警惧异常。旋闻丰台被灾情形，人心更为惊骇，是以铁路工程师恶生特君特于五月二十八号传各西人乘夜赶紧逃遁。

原来，正是为了躲避欲"杀尽洋人"的团匪，这群男 33 人、妇 7 人、小孩 1 人的西人在铁路工程师的带领下开始其逃遁之旅。"以铁路已为团匪截断，不能行走，命乘船沿河而行"。不过，"尚有孙姓华官一人，暨郑姓翻译一人，及华仆侍者出店等人，更有官所派令保护之华兵数人相偕而行"，且他们"除携带手枪外，并带有旧毛瑟枪数支"，可见这些西人其实是在华人的服侍、华兵的保护之下。

文章接着开始叙述"团匪"追杀、西人"抵御"与逃遁的经过和情形：

当天下午 5 点——

　　临行时岸上聚而观之者甚众，均各高声詈骂，惟尚无寻仇之意，人丛中有手持巨木棍者多人，并有数人腰间束有团匪红带。

8 点钟左右——

　　行经河心，见两岸华人□有格外寻仇景象，以为团匪到来攻打矣。

第二天早晨——

　　至六点钟时忽闻枪大作，各西人知事不妙，即均跃登岸上，各华兵等亦均登岸。各西人见团匪已至，立即排队开放手枪抵御……唯见墙外站立人数甚众，均各持有枪刀、铁叉、洋枪等项，一见西人到来，立即上前攻击，各西人即与接战。

西人与"团匪"的激战就此展开，根据作者的叙述，当时，"河之两岸枪炮之声异常利害，团匪为数颇众，悉皆厉声呼喝……只以准头不准，故均未被击中"。就是说，西人虽处在两岸众多"团匪"的猛烈夹击之中，但竟均未被击中！然后西人开始弃船而逃，"身上衣履业均不全，一路且逃且御，旋见团匪等又复携一大炮到来，惟幸其目光欠佳，故亦未中"。说明西人还是没有被击中者。

从全文所述来看，面对"愈聚愈多"的各处"团匪"，"且逃且御"、"且战且走"的西人反而"将团匪击毙多人"、"又毙其数人"、"又毙匪四人，伤者不计其数"，"团匪"则"其胆略寒"、"始不追赶"、"惧而退去"、"不敢上前阻遏"；而且中途西人至一乡民家"略得进食"，并"拟欲购买一驴"，可谓从容补给。所以，从过程来看，反倒是"逃遁"之西人主动出击、从容补给；从结果来看，反倒是"被难"之西人击退、战胜了"加害"之"团匪"。

文末称"以上均各西人被难情形也"，清楚表明，其新闻线索来自"受难"的西人。

《汉报》一方面突出团匪的上述"仇洋暴行"，一方面则将"团匪""仇洋"的蔓延态势归咎于清政府的纵容，抱怨并且抗议清政府高层纵容袒护的言词不时可见，而且毫不遮掩："山东土匪滋事亦从未闻拘案惩办"[①]；"目前在山东有匪徒闹教而政府从未拘办一人，其故盖由会匪之有所恃而然者"、"本报日前所登大刀会之首领系某郡王"[②]；"华官并不思将练拳会匪出力弹压，将在内地之各西人一律保护，而会匪之抵敌西人实由华官纵之使然也"[③]；"北省人民其憾恨洋人之心既深且重，实为毓中丞及现在治理中国之各人酿成"[④]；"但目下北京天津等处仍均不肯承认北省现有乱事"[⑤]。明确归咎于"治理中国之各人"，甚至不惮具名如"毓中丞"、"某郡王"。更有甚者，还有"皇太后于日前不将练拳会匪驱逐，反容其□拥北方，至今乃成莫大之祸"[⑥] 之语，毫不顾忌地点名皇太后，称其为"酿祸"者。

二 为各国"合力迫请"清政府"严办"义和团之议喝彩

实际上，面对义和团运动的迅猛发展和列强的不断威吓，清朝统治集团内部本已存在的矛盾和争斗更加激烈，占据实位的后党集团中以端郡王载漪为首的一批王公大臣，则出于阻止列强扶持光绪、想让慈禧太后继续把持朝政的目的，极力主张招抚义和团"以为我用"，形成"主抚派"。他

---

① 《汉报》1900年4月3日。
② 《汉报》1900年4月4日。
③ 《汉报》1900年4月17日。
④ 《汉报》1900年4月3日。
⑤ 同上。
⑥ 《汉报》1900年4月17日。

们不仅影响朝政，还利用舆论，关键的是迎合了慈禧太后的心意，因而获得了慈禧太后的支持。① 对于清朝高层中的这种主抚倾向，列强当然有所警觉，何况前述1900年1月11日那道"会亦有别"的"有害"上谕，以及毓贤的优待和任命，更犹如一道催化剂，它们进一步印证了列强对清政府鼓励结社成员、不准备镇压义和团的疑虑，使列强对清政府纠结不止，不断向清廷高层乃至慈禧太后提出强硬抗议，并且开始放弃依靠清政府的力量去镇压义和团的想法，而着手谋划联合出兵剿灭义和团、恫吓清政府的议程。

正是在这种背景下，《汉报》无所顾忌地将抗议（而不仅仅是抱怨）的矛头直指慈禧太后和朝廷高官，毫不隐晦。这与前一阶段相对较为含蓄地抱怨的态度有所区别。

同时，自1900年4月以来，《汉报》中报道列强合议出兵中国的文章多起来了。"紧要新闻"《议遏华乱》写道："路透总局近探得，泰西各国因山东直隶等省地方不安，百姓屡与西人为仇，故目下彼此相商，欲联合阻止华政府云。"② 同一天译自《字林西报》的一篇文章《西报危言》则为此事喝彩道：

> 查去年冬初，东省会匪事起，本报即曾论及该匪之可危，谓各国合力迫请华政府严办此事。今见各钦使案果已照行，曷胜欣喜。③

眼见"本报"（按：指《字林西报》）"去年冬初"的"迫请"建议即可实行，该报不禁"欣喜"。在为列强"合力迫请"之举呐喊助威的同时，该报不忘催促其主子向中国采取更严厉的恫吓和惩办行动：

> 最妙者各国莫如再会中国政府，使知伊等目下实非自主之国傥，貌（按：原文如此）视洋人，不思悔过，各国定难将就。务必互相

---

① 后党集团中，端郡王载漪，军机大臣、吏部尚书刚毅，大学士徐桐，军机大臣、刑部尚书赵舒翘，户部尚书崇绮，庄郡王载勋等均属主抚派，其中载漪是溥儁之父，徐桐为溥儁之师，刚毅是西太后和载漪的宠臣，赵舒翘是由刚毅援引而至尚书的，崇绮是同治帝的丈人，溥儁过继给同治为子，就和崇绮联上了亲。所以，他们以载漪为中心，以扶立溥儁为目的，在清廷内部得到了较广泛的支持。参见廖一中等编《义和团运动史》，人民出版社1981年版，第150—152页。
② 《汉报》1900年4月3日。
③ 同上。

联合使之就我范围。此则须由吾英使窦纳乐世爵照时各国合办,再不可迟。吾行迟则恐必至伊子胡底耳。①

"中国……非自主之国傥"、"务必互相联合使之就我范围"、"再不可迟"——一语道破了西人的真实用心——快快乘势把中国沦为殖民地。对于这种言论,《汉报》将之题为"西报危言"。

接着,《汉报》4月17日"紧要新闻"栏之《要约剿匪》转录《文译报》的报道称,"会匪之抵敌西人"实因华官的纵容所致,所以:

> 驻京英、美、德、法各公使咸奉本国政府之谕,于今日联名致哀的美敦书与总理衙门,限清政府两个月内即将拒敌洋人之各会匪悉行剿灭,□若清政府再置之不问,则以上四国亦须自行饬派水陆各军,从清国沿各口登岸,直入内地,以便保护其各国西人之性命。②

该文还说,目前"现大沽口已有外国兵船无数,均驻扎该处,以备不测,盖亦足以壮其各钦使之威势,以便迫服总理衙门之照办"③。各国向天津运兵,气氛顿时紧张起来,该文称,"该处之华官闻此消息大为惊骇异常"④。

三 密切关注各国大举调兵入京动态

《汉报》接下来屡以"紧要新闻"为栏目,大量采用该报自己的消息渠道报道列强向津、京用兵的进一步动向。如《拳匪再志》据"昨接津友西上月二十九号发来之函云":

> 日本水师兵二十五名昨已上岸抵津保护领事署,刻下大沽口停泊英兵舰二艘,德美兵舰各一艘……英租界则已自昨日派人巡逻警备,法租界亦每晚九点钟禁止华人行走,刀枪森备,颇有戒严之象云。⑤

---

① 《汉报》1900年4月3日。
② 《汉报》1900年4月17日。
③ 同上。
④ 同上。
⑤ 《汉报》1900年6月9日。

这说明各国在向大沽口增派兵舰，尤其是日本水师兵已经上岸，随时准备开战；英、法租界则犹如戒严，气氛紧张。

又如《京津阻滞》据"昨接天津十六日上午十点钟发来之电"，报道各国调兵的进展情况，称："各国兵共计一千七百名向北京进发，因须修筑铁路故运行不能迅速，又有俄兵一千八百名亦拟以今晚晋京。"①

同日之《英俄纠兵》报道俄兵6000名已到秦皇岛听候调遣，各国入京洋兵"统归英国水师提督西茂调度，惟俄兵不归其节制"的消息；《外兵毙匪》说在京津铁路之间"外兵与拳匪开仗，匪徒毙者六十人"②。

《征兵保卫》称得到官场消息，清政府密电调湖南湖北两省兵力10000名由陆入京保卫；《谕筹江防》据"南京十一号来电"，称两江总督刘坤一和湖广总督张之洞奉朝廷电谕，饬令严兵密布以防英国水师战舰拦入长江。这些报道显示各国已派遣所谓的"使馆卫队"入京，据此，则天津、北京这些畿辅要地陆续有外兵调入，且洋兵已与义和团开仗，中国政府也正在调兵备战，中外之战似箭在弦上，一触即发。两天之后，《汉报》刊登消息《匪耗要电》，预言"两礼拜恐有战事"③。后来"战事"的发生比这个预言实际提前了一个礼拜。

四 散布对列强"避战求和"的投降论调

就在各国紧密调兵京津、中外"战事"将要爆发前夕，《汉报》"本馆论说"栏刊载了文章《论主和不为误国》，为中外局势定下"主和"的论调。文章首先论道：

> 苟可以一战，和可也，不和亦可也。和则德全好生，不致两国生灵有锋镝死亡之忧。苟未能战未能守，和固非上策，不和即难以图存，势不得不为城下之盟，聊延国祚。④

这就是说，求和是中国唯一的出路，不和则将亡国。定下这个主调之后，

---

① 《汉报》1900年6月12日。
② 同上。
③ 《汉报》1900年6月14日。
④ 《汉报》1900年5月13日。

为免招骂声,作者先入为主地驳斥中国主战论者的"求和误国"论:先是讽刺他们不敢担当,说"自外洋通商以来",中国每与列强构衅时,总是脱不了"先则勉与之战、后则仍归于和"的宿命,那些"好为大言者"(按:指主战论者)每每总是在媾和之后才"慷慨激昂著为论说"批判议和,而在战和之局未定时,"人多模棱其说,未敢全以战为是,亦未敢全以和为非"。接着,作者指斥那些视"主和倡首之人"为"宋之秦桧"者为不识时务:"吾知其于近今之情形时势尚未熟悉也"。那么,时势究竟如何呢?作者娓娓道来:

> 夫外洋犹皮毛也,内地犹心腹也,皮毛之患小,而心腹之患大。现今吏治不整,武备不修,上下相蒙,久成积习,州县为亲民之官,类皆图饱宦囊,不复关心民瘼……人心思乱,亦势迫使然。加之教匪、会匪各省党羽甚多,潜蓄异谋,跃然欲动。①

在作者笔下,当时中国的心腹之患即最大的祸患乃"人心思乱"、"党羽甚多"这种"内乱",至于外兵压境、外洋入侵倒只是皮毛小事,无需过多理会,"识时务者"必须懂得这个道理。接下来,作者便在这个前提下大谈中国的"戡乱"之道:"以国家之兵力,制外洋则不足,戡内乱则有余。"要求将国家兵力用于"勘内乱",即镇压义和团运动。然后进一步指出:

> 若主持政柄者不筹全局,徒逞小忿,一遇海疆有事,决计主战,各省征兵,纷纷调遣,旷日持久,师老无功,吾恐内地空虚,人心必为之骚动。设有草泽英雄,揭竿起事,而剿匪、会匪更同时响应,大势即成瓦解矣。②

文章将抵御外侵的主战之举贬为"徒逞小忿",斥其将导致中国走向加速内乱的瓦解之势。这是主战的后果之一。后果之二则是:"外洋之祸必更速而且大也"。

---

① 《汉报》1900年5月13日。
② 同上。

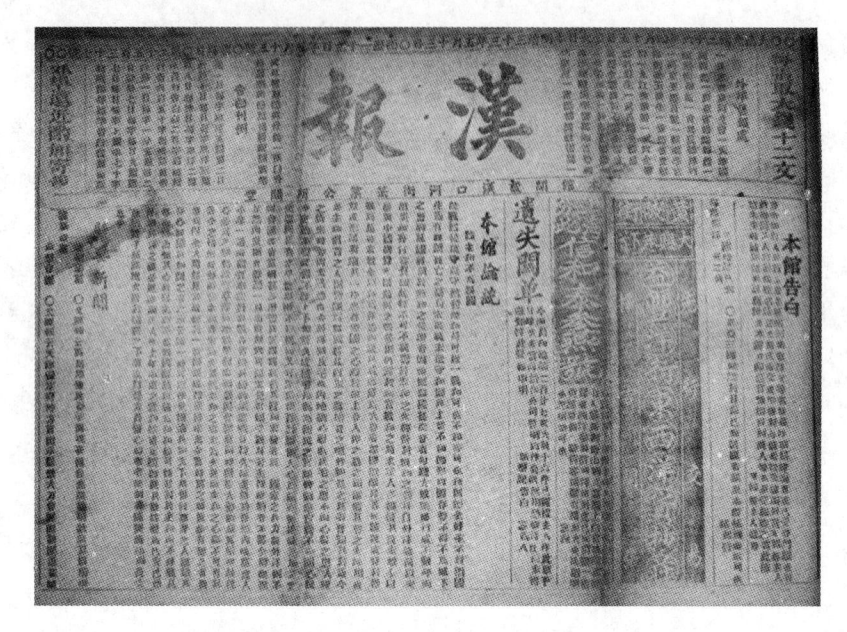

图6-2 1900年5月13日日资《汉报》刊载论说《论主和不为误国》

通观全文，所谓主和，其实就是要当政者武力向内，将国家兵力用于镇压义和团，对外则不能抵抗，只能求和，否则将加速招致更大的"外洋之祸"。一言以概之，主和不误国，修战误国。

五 鼓吹基于中日"共保亚东时局"的"急剿（义和团）"论

若再结合这一阶段《汉报》相继刊登的另外一篇"本馆论说"之文章《论剿办团匪刻不容缓》，《汉报》的"主和即主剿"的投降论逻辑便更加明白。

《论剿办团匪刻不容缓》的主要意图在阐述"主剿"论，即要求中国政府对义和团采取"非决意进剿不可"的政策，直接呼应《论主和不为误国》篇的"主和"论。

该文将义和团称为"巨祸"。它说，"当局者宜急妥善策，销除巨祸，乃犹迟疑姑息、徘徊容忍，吾知内患外侮不旋踵而并至矣"，呼吁当局者的重视。虽曰"内患外侮"，作者实际上却单单强调其"外侮"之虞：

泰西诸国视华若美味，久思染指，奈意见分歧，若不能和衷共济，虎视眈眈,互相猜忌,而中国赖以幸存。

今则义和团创于山东,蔓及畿辅,各国莫不有使馆教堂洋行,以故兵舰之来不谋而合、不约而同,此固中国之大不幸,而外人绝好机会也！①

这里,作者把当时风起云涌的义和团运动定位为"外人绝好机会",意为:泰西各国视中国为"美味",虎视眈眈,觊觎已久,只是由于他们之间互相猜忌和牵制才不好下手,中国才得以免被瓜分;但如今义和团起,正是各国竞相出兵、各嗜其欲、图饱私囊的绝好机会,中国之瓜分只在旦夕！

文章接着以"俄人将调兵五千名登津岸"的消息来例证"西人跃跃欲动、华人汹汹自危"的被瓜分处境,随后笔锋一转,批评清政府剿抚不定的政策道:

倘政府有不悟,或剿或抚,不早决策,至令西兵与义和团开仗,嗣后种种要索有不堪设想者矣！②

文章指责清政府的不剿立场导致西人"急于自剿"而与义和团开仗,并警告道:

盖我不肯剿则西人必剿,与其使西人剿,偿兵费以遗后患,且外人干预内政,渐失自主之权,何如剿抚兼施,除暴安良,既不启外人觊觎之心,更可销内地腹心之患。不然,政府纵任义和团猖獗而不之问,而各国兵舰而不肯袖手旁观而听其滋蔓也。③

以列强出兵、干预内政、要索兵费相威吓,胁迫清政府"毋误认义和团为民,而急为剿办焉"。

"非决意进剿不可"、"急为剿办"、"刻不容缓"——这一急剿论主张当然显示出作者剿灭义和团之心的迫切,但同时更隐含作者对"泰西

---

① 《汉报》1900年6月14日.
② 同上。
③ 同上。

诸国"跃跃欲动、趁机将中国瓜分豆剖动向的高度警觉和防备之心。

问题是，这种警觉和防备是否出于驱逐列强、保全中国的中国人立场？要回答这个问题，不妨先仔细分析这一阶段《汉报》如下几篇"本馆论说"：《论民教不相安之故》、《论民教不相安之故 续昨稿》和《台湾民政长官后藤新平君演说》。

《论民教不相安之故》（包括《论民教不相安之故 续昨稿》）为不署名言论，它对耶教传入中国之后于"近年""层见叠出"发生教案的现象进行"推原"。文章先是否定了民教不相安缘起于"神甫之本意"、"中外语言不通、嗜好各异、服食起居、男女礼节种种悬殊"、"我华士人类多轻视耶教、地方官名虽保护实不甚关切"这种种推论，然后指出：

> 其所以不相安之故，实由于奉教者之良莠不齐耳！奉教者之所以良莠不齐者，由传教者之人地生疏，亦由传教者之门墙不峻，使传教者稍峻门墙，必无良莠不齐之弊，无良莠不齐之弊，必无民教不相安之弊矣！①

可见，作者明言因"奉教者之良莠不齐"，实则归咎于"传教者之门墙不峻"。特别是"续稿"之开头"出入教堂者良莠不齐，则其教亦概可知矣，此民之所以蔑视耶教也，即民教之所以不相安也"之语②，更是一步步将民教不相安之因由"奉教者"推至"传教者"，再由"传教者"推至"其教"，所以最终是归之于耶教本身。何则？"盖闻耶教以度人多寡为功德之大小，颇有来者不拒之势，而会长会理承厥宗旨亦莫辨贤否，惟以劝人入教为第一义，教堂中几若汪洋大海，好丑咸备"③。原来，问题出在"来者不拒"的耶教之制。这无疑是对东来之耶教即西教的间接否定。

如若结合不署名言论《台湾民政长官后藤新平君演说》一文的内容，《汉报》论者对西教的否定之意及其"良苦用心"更加明显。该文系转载《闽报》所刊登之台湾民政长官后藤新平来福州时的演说。后藤新平在演说中，先是强调了福州之于台湾、之于中日关系、乃至之于整个"亚东时局"的极其重要性，"故（台湾和福州）必连为一气和如一家，乃足以保东方之局"。

---

① 《汉报》1900年4月12日。
② 《汉报》1900年4月13日。
③ 同上。

然后，谓倡导两地联为一气的目的在于"以遏白人东渐之势"，并称日本"在朝在野万口同声，皆以日本现当以扶助中国为第一要义"。

在"中日同心一气"共"遏白人东渐之势"的话语框架下，后藤驳斥了"外人"的两种舆论：一是日本扶助中国是为从中图利之说，二是儒教不足有为之说。尤其是对后一种舆论，后藤予以重点批驳道：

> 外人又谓儒教萎靡不振，不足与有为，惟奉基督教者考究实学，可济经国之才，足救时俗之弊。不佞以为不然。儒教重三纲五常之道，明修齐治平之理，大之可以治国，小至可以治家，何尝无安上全下之方，长治久安之策？①

他又说，试看"今日"之日本，"其奉儒教与中国同，然而百度振兴，蒸蒸日上，今之言维新者皆首数日本，则儒教何尝不足与有为"？大力推崇儒教，暗中贬抑基督教，还故意声明"不佞之为此言，非抑基督而尊孔子也"。

图 6-3　1900 年 5 月 17 日日资《汉报》刊载论说《台湾民政长官后藤新平君演说》

---

① 《汉报》1900 年 5 月 17 日。

如果说《论民教不相安之故》还只是就事论事般否定耶教之制的话，《台湾民政长官后藤新平君演说》则是将对儒教的推崇和对基督教的贬抑置于欧亚对立的话语框架之下，明显含有防范西教东渐、防止其向中国渗透影响的意图。

第三节 中外战争阶段(1900 年 6 月 21 日至 1900 年 8 月 14 日)

1900 年 6 月 21 日，清廷发布上谕宣称"与其苟且图存，贻羞万古，孰若大张挞伐，一决雌雄"，同日谕令各省督抚"召集义民成团，藉御外侮"，此被称为"宣战"上谕，[①] 标志进入中外战争阶段。

一 《汉报》的战争报道线索及战时讯息获取途径

从 6 月 21 日清廷宣战到 8 月 14 日八国联军攻下北京城，前后历时不过两个多月，但战事纷繁，而以联军相继攻下大沽炮台、占领天津城和北京城为结局。鉴于此，为了便于分析，可以把这场战争分为三大战事：以大沽炮台为中心的大沽战事、以天津紫竹林租界为中心的天津战事和以北京东交民巷使馆区为中心的北京战事。当然，还有两条战事线索，一是英国水师提督西摩耳所统帅的由塘沽经天津向北京进犯、以保护北京使馆为名的"使馆卫队"与中方之清军及义和团之间的战斗，其战场分布在京津铁路沿线一带，没有一个中心战场；二是列强占领大沽炮台后不断在该炮台集兵并运往天津和北京过程中，中外之间的战斗，同样地，这也没有一个中心战场。故笔者姑且把它们当作战事线索而论。本阶段《汉报》主要围绕着这三大战事和两条战事线索进行战争报道。

《汉报》此阶段的报道内容以战事报道为主，每天都在"紧要新闻"栏目里大量报道战争消息，多则一天十几条，少则一天也有四五条；同时，在其"西报译录"和"东报译录"栏目中也常常会摘录其他各报事关这场战争的讯息。另外，它还经常在"本馆论说"栏里刊登言论文章，发表对战局和战争事态的看法。需要预先交代的是，正如《汉报》屡屡所报道的情况，义和团不断在京、津、沪等地毁坏铁路、

[①] 范文澜：《中国近代史》上册，人民出版社 1962 年版，第 373 页。

电线、邮局、电报局这些交通和通信设施,以阻滞联军的进犯,这使战事讯息传递迟缓甚至完全被阻断,所以,《汉报》刊登的消息往往会比事件的实际发生时间滞后几天甚至十余天。尤其是到了1900年6月下旬,据《汉报》称,"各处发电致北方须托烟台领事转寄,该领事或能遣派兵舰寄送,否则恐有遗失矣"①。这就是说,当时西人的电报或许只有从烟台发出或经由烟台发出才能畅通,因为该处领事"能派遣兵舰寄送"。在战事纷飞之际,有列国兵舰为护盾,烟台成了当时列强传递信息的一个重要中转站。②

二 突出中方"挑衅"在先的大沽战事报道基调

也许正是由于讯息传递滞后之故,在清廷宣战当天即1900年6月21日,《汉报》才在"紧要新闻"栏刊登6月17日联军攻下大沽炮台的消息,其题为《外兵占据》。它是当天"紧要新闻"栏的首条新闻,也是该阶段《汉报》的第一条战事报道,全文摘录如下:

> 天津来电云,中国政府特饬天津大沽炮台拒阻外兵登岸,于是,日、英、美、德诸国皆以为悖万国公法,直相联击大沽炮台。日兵先占据第一炮台,各国兵勇亦争先抢据各炮台。□此役日将一名受伤颇重,兵勇死伤者数名,且各国将士兵勇亦死伤不少云。③

文章把大沽战事的责任归结于中国政府"悖万国公法",同时突出各国将士之勇,尤其是强调日兵抢据第一炮台的"战功"和"贡献",是该文的基调所在。这一基调也始终贯穿在此后《汉报》有关的战事报道和评论中。

对于大沽战事的开仗情形及各国伤亡情况,《汉报》陆陆续续都有详尽的报道和追述。如《大沽闻仗专电》④、《大沽开仗情形并伤亡人数》⑤、

---

① 《汉报》1900年6月29日。
② 甲午战争之后,德占胶州、俄据旅顺大连、英驻威海卫,这三地呈合抱之势将烟台拱卫成列强出海入陆的相对安全据点。
③ 《汉报》1900年6月21日。
④ 《汉报》1900年6月25日。
⑤ 《汉报》1900年6月26日。

《大沽详述》①、《大沽攻台详誌》②、《字林二十三号晚传单》③、《汇丁船主述大沽攻台情形》④诸文章,其消息大都由该报访事"探访"所得。其中,对大沽开仗的前后经过写得最为详细的,莫过于《汇丁船主述大沽攻台情形》一文。

这篇文章系"报馆访事人"(按:即《汉报》记者)"往访"在大沽之战中受伤颇重的英国灭鱼雷舰汇丁号船主、"叩以当日情形"所写。根据船主所述,列国军舰之所以陆续驶至渤海洋面,泊驻大沽,至15日已有20支之多,是因为"北地警闻"即义和团事件的发生。至于大沽战事的起因,则是因15日下午他们"遥见支那水手在河口沉设水雷,殊属可怪",即中国水手准备向他们袭击,"于是列国舰长商议派英舰"进入河口"侦探情形",德舰、俄舰亦偕行,"忽撄敌雷,然以其布设不善,幸免于轰沉"。意思是说,列国舰队遭到了中国水手的袭击,而且即使如此,他们这些外人也并未还击。言下之意是,挑起大沽战事的是中国军队。至当夜一点钟,"忽闻南北两岸炮台连放大炮,火光闪耀,往来空中",此系前方"支那灭雷舰四艘"所发。这时,英舰"倍炽汽力鼓轮急驶绕出",仍然"未作回击"。随后,舰长令"夺之",英舰才"卸舢板一艘"追击,"敌舰"(指中国雷舰)"瞎放小枪,无一丸中我兵者","我兵奋跃,勇气百倍"追上"敌舰",舰中水手"纷纷投水向船坞方面而遁……无一人抵我者",于是,"我舰"轻而易举夺得对方雷舰。

这些描述的弦外之音是,中国水手对大沽的列国舰队先是挑衅,后又两度袭击,继而不抵抗而逃,因此,清军被列国舰队击败可以说是活该。文章还通过访事人向船主的追问补述了"战状":原来,列国移电直隶总督裕禄,"求暂交大沽炮台于列国舰队手,以为担保之地",因未得到中方"复牒",列国舰队便密议部署,以15日夜半准12时为期,但没想到中方先动手开战,"讵南岸炮台先开炮火,各炮台次之,水陆同时开战",并使"列国舰队受伤颇多"。

从上述二文的描述中不难发现,《汉报》的"本馆访事人"始终是站在列强一方当事人的视角来叙述战争的起因、经过和责任的。

---

① 《汉报》1900年6月26日。
② 《汉报》1900年6月29日。
③ 《汉报》1900年7月1日。
④ 《汉报》1900年7月9日。

三 基于"华兵围攻"与"联军解围"比对话语的天津战事报道框架

对于紧接之后的天津战事,《汉报》亦采取了与之类似的报道手法和角度。

如《天津警信》就如此写道:

> 闻前日有华人练勇多名,以四十磅码之炮攻击天津租界,已将美国领事府毁坏。又西报得烟台二十一号来电云,天津礼拜一来信云,华兵在城内炮攻各国租界,美领事署及他房屋毁坏甚多,俄、英、日、美各兵以炮队回攻云云,以上各消息上海各领事亦得有电报。①

文中两条来自西报并被送达西人的消息都在强调华兵炮攻天津(紫竹林)租界并将美国领事署房屋毁坏——简言之即西人被攻击这一事情。"烟台来电"之《烟台要电述津沽事》中"华军炮击各国租界,连攻不止,各租界已成焦土"的报道同样如此。②《津函汇述》则以汇集"烟台来电"照录"天津来函"的方式,对中国人"围攻"天津租界及联军反围攻的情形予以更详细的报道。

《津函汇述》③汇集数条简讯:一条称,天津"被围"及水师提督西墨耳"被困"均经先后援解,"目前"津门景象"严若战场";一条称,"自上月二十一日起,华兵连日围攻租界,直至二十七日止",外国援兵2000名与从大沽赶来的美国兵队300名,"联合一军","战抵津门",华兵则以聂士成"所部之勇"12000名,其装备精良、枪弹充足,"正好攻击租界"华兵,"有一日自朝至晚轰攻不歇,妇女小孩皆藏身于地窖","竟无房屋未被击伤,界内西人遭难仅有三人",至24日时,"各国联军正在围攻天津";一条称,"天津解围之后,随即整备往援水提督西墨耳";一条称,各国联军拟"定必先夺取北洋制造局",该局距津三英里,于是,英、俄、法、意、德五国联兵3000名"攻之,相持有五点钟之久,终为所克,旋将火药房轰毁",即一举拿下对紫竹林租界威胁最大的、也

---

① 《汉报》1900年6月29日。
② 《汉报》1900年7月2日。
③ 《汉报》1900年7月15日。

是清军在华北最大的军火工厂东局子；① 一条称，"目下"，天津城内业已"焚烧殆半"，而火车栈左近各村庄"尽系华人民居，各国统兵官恐其不利，于是议必纵火焚毁各该村而后妥云"。

上述简讯一边反复陈诉天津租界被围攻的困境，一边又不由展现"解围"之联军围攻天津和夺取清兵军火厂的"奋勇"，尤其是"不小心"透露了战后各国统兵官纵火焚烧该地华人民居的决议。

列强沿津沽铁路及津沽河道不断运载援兵抵津②，天津租界华洋激战，7月14日天津城失陷。《汉报》在7月24日和7月25日两天共刊登五篇文章对这一重大消息给予集中报道，这五篇文章分别是7月24日的《津战近述》《津城又陷》《天津战事汇闻》《客述津沽目见情形》和7月25日的《西兵夺城》。

其中，《津战近述》和《津城又陷》均为简讯，前者简述"十八日天津之战"联军分两路进军击败"敌军"，"华人死亡无算，尸横遍野"的战争结果。文中的"十八日"是指农历六月十八日，即西历7月14日，也即天津城陷落之日。《津城又陷》则用寥寥数语正式宣告了列强攻陷天津城的消息：

> 烟台十九日来电云，本处官场中人顷得天津信云，英、美、日、俄、法五国联兵于礼拜六日出队攻天津城而陷之，并夺获城内炮台一座，即前此长向租界攻击者也。

《天津战事汇闻》由"上海日商得信"所获悉的多条消息汇集而成，不惜再次重复"各国联军已于十八日攻陷津城"的"捷报"；同时又用其他几条消息补充了天津失陷前数日各国联军与华兵异常激烈的交战场景。

就以当天的《客述津沽目见情形》为例，该文先是详述了"自津门来沪"的"友人数人"目击津地开仗的乱象，称"自京津铁路毁后，谣言四起，租界中人纷纷移去，拳匪异常猖獗，其人遇之皆须下车，官吏亦

---

① 参见马勇《中国近代通史第4卷：从戊戌维新到义和团（1895—1900）》，江苏人民出版社2009年版，第493页。

② 据1900年7月12日《景星船述津沽事》一文，津沽火车常仅能由大沽驶抵"某处"，该处距津约10英里；而津沽河道也须不时察看有无阻碍之处。尽管如此，美、英、俄等各国兵舰仍不断驰往"救援"。

须停轿";接着则开始回忆其所见闻的天津租界战事经过,称先是有人"纵烧城内之教堂",然后,有攻租界消息传来,"闻西人开枪声、拳匪喊杀声相持一刻余钟";6 月 17 日大沽炮台为各国所掠之后,"闻炮声隆隆……据闻华兵四面来攻,情形极险……据西人云,若无援兵颇难久守";此一星期后,"西国大队援兵已至,华兵退去……闻西沽武库为西人所夺";几天之后,"西人攻击机器东局";再后来,"闻西兵已得数处炮台,嗣后各国兵陆续又到,有万人之谱",联军胜利在望。文章最后写道,"我等"于天津攻陷前数日由某西人领至小火轮开往塘沽,登轮至大沽,"见口外二大炮台,一插日旗,一插俄旗,其余分插各国旗"。文章以"我等"所见外国国旗飘扬于大沽炮台的情景结尾。

不仅如此,《汉报》还"专派天津等处随军访事友"赴津采访,发来"捷电",从而刊登为《西兵夺城》一文。该文篇幅不长,但它是在天津被占领之后"本馆访事友"对引起这场战事的"原因"所作的报道,现摘录如下:

> 十八日驻扎天津租界各国联军,因天津城内拳匪华兵等在城墙上置大小炮,遥击租界,日夜搅扰,因本不欲伤及城中安分本地绅商平民,西官劝华兵不可由城墙上击租界,则西兵亦不使炸弹攻城内百姓房屋,讵华匪不听良言,点燃大炮,遥击租界,故西兵于十八日分两队前往攻取……鏖战竟日,旋因华兵拳匪伤死甚众,不能久持,纷纷弃城逃窜城北方,天津遂被西兵所夺。①

"日夜搅扰"的华匪不听西官"良言",遂导致天津被西兵所夺,这就是《汉报》访事人对这场实由列强先发制人、进攻天津武备学堂、激起中国军民反抗的天津战事起因的交代。

四 制造"征剿拳匪"的"正义"攻(北京)城舆论

《汉报》将各国联军侵华的战争说成是抗击中国"拳匪"的"正当"行为甚至是"正义"行为,这与列强的官方口径完全一致。《汉报》所登《专剿拳匪知照》一文就照录了驻扎津沽各国统军大员所拟"进征北京章

---

① 《汉报》1900 年 7 月 25 日。

程",内容如下:

> 各国统军大员现拟即日合军前往救援北京城内被困本国西人,途中惟征剿拳匪以及聚众持械阻我军去路之辈,决无故意杀戮无辜平民及守己华官之理。望尔官商军民人等须各切切勿听莠言,致干戈玉石俱焚,悔之无及云云。①

根据这篇照会,"征剿拳匪"成为联军进攻北京城(包括前述大沽战事和天津战事)的口实,俨然一场"正义"战争,即使是焚烧民居、尸横遍野,也确非西官西兵的本意而实为中国人"咎由自取"所致。《汉报》正是在这样的、与西方列强契合一致的舆论框架下来报道这场侵华战争的。

五 重点关注"本邦"日本出兵中国动态与英国态度

沿着如此的大前提,《汉报》对日本"本邦"兵将在战争中的表现,以及对"本邦"增兵中国的动向给予了特别的关注。

除了前述《外兵占据》一文外,此后《汉报》又多次对日军在各战场的"出色"表现反复予以突出。如在刊登《外兵占据》一文的第二天,该报又刊登了该文的后续报道《占据续闻》,补充该报所得"确闻"道:

> 日本军队先占据该炮台之要垒,直接日本国旗章,各国军队看此光景,亦各争先占据各垒,遂悉占据大沽炮台。②

此后,《大沽攻台详志》又称本文记录的是乘船来自天津的"友人",在大沽口所"目睹各国兵船战夺炮台情形",它描述激战情景道:

> 旋见日本兵船两艘,驶至炮台之后燃炮反击,炮台之兵亦能分兵还击,炮台华兵死者无数。而气不稍俟平明,日本兵舍舟登岸,俯行于炮线中,奋勇直薄炮台下,争跃而上,手刃华兵数人,拔华旗,立日本旗。当时华兵各队见第一台已失,用全力来扑日兵所得之第一炮

---

① 《汉报》1900年6月29日。
② 《汉报》1900年6月22日。

台，冀可克复，乃日兵奋死迎敌，冒火前进，复得第二炮台。当华兵与日兵酣战时，各国兵士亦俱登陆。①

文章详尽地描述了大沽战场上日兵"奋勇"战斗、在列强各国兵中夺得"头功"的场景，尤其突出了"拔华旗、立日本旗"的细节，对日兵的称颂之情很是明显。在刊登这篇文章的第三天，《汉报》又刊登了《字林二十三号晚传单》一文，写道："据称是役日本水师官助英水官夺占炮台，既入台墙，日旗初升，该日官随即中炮殒命。"② 该文用来自"字林传单"的消息，既是再次彰显，又是再次证明日兵的"功绩"。在列强攻陷天津城后，该报同样地又对日军在天津战场上的"冲锋陷阵之勇"进行张扬。③

可以这么说，《汉报》力图用不同的消息来源反复证明和宣扬日军在各个战场的"英勇"表现和赫赫"战功"。这与其时《汉报》所转载日本《东京日日新闻》报道中所宣称的日本出师中国乃在"扬我国威名"之语④可谓互相呼应。

再看关于日本出兵问题的报道。

《汉报》1900年6月下旬的报道就已经密切关注日军的动向，比如关于日军来华的消息、日军在华活动的情况，如《日舰抵津》⑤、《日舰向津》⑥ 等文。特别是《大沽详述》一文尤其值得一提，它对日船以"本邦"和"我邦"相称，报道其运送各国负伤兵员的消息。另外，《日员协议》一文也对日舰以"本邦兵轮"相称。⑦ 这是《汉报》为数不多的标明"本邦"字眼的报道（大多数的报道并不曾标明"本邦"或"我邦"二字），毋庸说，不管是出于有意还是无意，它们都流露出该报特殊的"本邦"情结。

关于日本出兵的问题，《汉报》关注得更多的是列强国际社会尤其是英国的态度。

---

① 《汉报》1900年6月29日。
② 《汉报》1900年7月1日。
③ 如1900年8月5日《津战余闻》称"日军攻破城垣，首先入城，英军紧随其后"。
④ 《汉报》1900年7月4日。
⑤ 《汉报》1900年6月22日。
⑥ 《汉报》1900年6月29日。
⑦ 《汉报》1900年7月4日。

比如，《借兵剿匪》云，"闻各国协议，欲借日本陆兵二万以为剿匪之用"①，体现"各国"对日本出兵的需要。

《外部宣言》译录《捷报》的消息道，"英国外部某大臣在下议院宣言云，甚望日本当遣派大兵赴华，否则目下甚难攻入北京"②，意在通过英国政要之口显示英国对日本出兵的期待之心，以及日本出兵对联军攻占北京的"特殊意义"。

《英督扬言》则译录自《字林西报》道：

> 兹闻日兵约有万名已到大沽，此外另有七万名早已整备以便即刻调遣。第因事关各国，不免私怀猜忌，以故观望不前，然日所忌者谅非英国，盖英政府曾经声言，无论何国，能早日派兵赴华，俾得即行剿灭乱党，则实英所切望也。③

从文中可知，此时日本大规模出兵中国已成事实，但文章仍称日本担心各国的"私怀猜忌"而"观望不前"，并强调英国"切望"日本出兵，以早日"剿灭乱党"之情，为日本出兵作声援。

上述报道屡屡突出了英国政府在日本出兵问题上的大力支持态度。而随后的《日军来华》一文则更是以"可靠"消息渠道（"昨接日本专电"），报道了英国对日本予以切实支持的消息道，"日本政府于十一日已遣陆军二万五千名往津沽，……所有一切军费均由英国代垫"，作者说，"如此救援北京，西人当不日可望矣"④。总之，在《汉报》刊文中，日本政府出兵中国之举其实是应"剿匪"之需、"承各国之托"⑤、解"燃眉之急"而作出的，是与各国共同行动、协商一致的结果，而决非出于日本政府的任何图谋野心。

这样的报道基调，与当时日本政府在出兵问题上所采取的外交策略和舆论姿态可以说是相互呼应的。

当义和团运动蜂起于京津之始，密切观察中国局势的日本山县内阁就

---

① 《汉报》1900年7月1日。
② 《汉报》1900年7月13日。
③ 同上。
④ 《汉报》1900年7月15日。
⑤ 《汉报》1900年7月17日。

对出兵问题作出了自己的预测：山县首相判断，各国出于镇压义和团的需要，不能不依赖距离中国最近的日本出动大部队，日本当然要抓住这一绝好机会，但决不能表现得太过积极主动（按：是要吸取三国干涉还辽的教训，杜绝引起他国干预的口实），而是要坐待各国前来求援；桂陆相认为，只有各国乞援之时，才是日本出头之日，即只有日本成为镇压义和团的主力，"才是将来掌握东洋霸权的开端"[①]；山本海相说得更具体，"在评定中国（动乱）问题上的主导者是日本。既然是付出了劳动的主动者，那么就不能不争取获得最为贵重的东西来作为报酬。……日本应该把这一点作为国是，在国内统一舆论，在外向列强表明我国的宗旨，以巩固大展作为的基础"[②]。

很显然，于各国争相豪夺中国利权，又彼此紧盯他国、互相紧张防备之际，这一坐等求援、相机而动出兵策略的成功实施，既需要日本政府的审时度势，同时也需要舆论机关的积极配合。于是，由日本驻汉领事直接参与拟定办报宗旨、作为日本在华第一家舆论机关的《汉报》，其在出兵问题上与日本政府之意正相契合的舆论基调可以说是意料中事。

如上文所述，在宣传日本应列强之所需要、所期待而出兵之时，《汉报》还刻意强调了列强老大——英国的全力支持。这固然是该报的一种宣传策略，在事实上却也的确如此。已在中国占据最大商业利益、其时正陷入非洲布尔战争泥塘的老牌帝国英国，当时面临的最大难题，是如何阻挡与自己在远东有着最大利益冲突的俄国咄咄逼人的南下攻势，于是，危机感日深的大英帝国开始放下其"光荣孤立"的身段，寻找盟友。日本在甲午战争后迅速崛起于东亚，虽然其国力与欧美列强各国相差甚远，但它向中、朝侵略扩张的步伐对南下的俄国正当其冲，在英国政府看来，这位"后起之秀"正是自己阻挡俄国南下的盟友，故有意拉拢日本。而尚无力与俄国直接对抗但又以俄国为最大假想敌、并且后来不得不隐忍由俄国出头所致的"三国干涉还辽"之痛的日本，自甲午战争之前便已感到了联英抗俄的必要性。正是基于抗俄的共同利益，英日两国互抛橄榄枝、

[①] [日] 井上清：《日本帝国主义的形成》，宿久高、林少华、刘小冷译，孙连壁校，人民出版社1984年版，第64页。
[②] 转引自唐奇芳《1895—1900年间日本对华政策演变研究》，博士论文，北京大学国际关系学院，2006年，第123页。

互相接近。① 所以，至各国联合镇压义和团之际，鉴于中国华北局势的进一步恶化，同时也忌于俄国借机向中国东北大量出兵渗透的现实，无法抽调大批兵力前往的英国，确实需要日本尽快出兵牵制。于是，英国政府自1900年6月中旬就已经开始与日本政府交涉后者向中国大规模增兵的问题②，后来又不断游说于俄、德、法之间，终于说服这三国接受日本派兵，最后，7月13日，英国外交大臣指示英国驻日大使怀特赫德通知日本政府：英国政府将为日本政府提供100万英镑军费，支援日本向中国大批增派兵力。③

早在1900年5月31日，日本就派遣了25名军人，会同英、俄、美等国陆战队达到北京，6月1日又令2500名"（赴）清国临时派遣部队"开赴大沽。后来有了英国的支持以及西方诸国的同意这张派兵"通行证"，日本更是放手向中国增兵：7月6日，日本内阁决定向中国派遣一个混成师团——第五师团，于是至7月中旬，在华日军达到了2.2万人，构成八国联军的主力。④ 8月4日，八国联军1.6万人从天津向北京进犯，其中日军就占了8000名。在这支联军于8月14的北京攻城之夜中，日军攻破朝阳门、东直门，再次成为攻城的排头兵⑤，"他们的勇敢姿态，可以想象"⑥。在这一背景之下，如前所述，《汉报》屡屡记录了日军在各个战场的"英勇"表现。

六 鼓吹基于"东南互保"框架的"南方大局"论

就在日本政府牢牢抓住"扩张利益线而为东洋盟主"的战机、应西方强国的"求援"向中国大举派兵的时候，《汉报》一边为日军在中国北方战场的"英勇"表现呐喊助威，一边则刊登多篇"本馆论说"文章，

---

① 特别是在1898年俄国获取了远东不冻港旅顺口、大连湾之后，日本以其尚占据着威海卫（作为《马关条约》赔款的"抵押"）的有利条件，支持英国以租借威海卫的方式取得了这一渤海对岸的海港据点，使英国能与俄国隔海对抗。作为回报，英国支持日本从清政府那里获得了不将福建省割与他国的保证。这样，英日两国开始各取所需地互相靠近。

② 参见《英国蓝皮书有关义和团运动资料选译》，胡滨译，中华书局1980年版，第39、49页。

③ 参见马勇《中国近代通史第4卷：从戊戌维新到义和团（1895—1900）》，江苏人民出版社2009年版，第525页。

④ 参见沈予《日本大陆政策史》，社会科学文献出版社2005年版，第119—121页。

⑤ 同上书，第121页。

⑥ ［日］东亚同文会编：《对华回忆录》，胡锡年译，商务印书馆1959年版，第219页。

频频发表对"南方大局"的看法并对东南督抚喊话。这些文章有《论南方官绅宜镇定以弭乱》、《论督抚宜任天下之重》、《汉镇不宜惊慌说》、《论各省督抚职分之所当为》、《论各督抚义当勤王刻不容缓》、《论各省督抚宜招信于西人》、《南方宜立联军论》等。

这些论说相互呼应,对有关"南方大局"问题作出了一系列的阐说。

首先是提出"南北不同"的观念,从而制造将中国南北二分的舆论。

所谓"南北不同",代表该报言论的一篇"本馆论说"——《论南方官绅宜镇定以弭乱》有清晰的阐明:一是"南北风气不同",二是南北"强弱亦异"。何在?所谓"南北风气不同"是指"北方之患在匪,南方之乱在谣,北方除患在平匪,南方除患在息谣"。具体来说就是,北方"拳民结党","游勇会匪混杂其间,肆行抢劫",关键是"闹教之案层见叠出","义和团势焰日炽,居心叵测,外人受其荼毒,相持已久"①,致令"京畿岌岌,人心惶惶"。南方则不同,其"所虑者莠民煽惑其间耳",即因为京津义和团之乱,引起南方"奸民蠢然思动"②,"各省浮言蜚语日甚一日"③。关于南方之谣,"本馆论说"《汉镇不宜惊慌说》一文特意指出"楚人尤甚",并着重对其表现、危害和提防之法作出分析。作者说,楚人尤其多谣,如同弓影疑蛇,以致稍稍有异动诸如租界西人巡查倍严于平日、西人搭船下驶较往日略多等情况,"华人遂纷纷传说",疑北方消息不好;作者又说,造谣者煽惑人心,使无知者每为之所动,"南方莠民"则乘机揭竿,扰害地方,不得不对此格外提防;尤其是因汉镇"五方杂处,莠民原多","当此之时"更应倍加留意,"深冀地方官极力设法息谣言以安人心",使不致有"因惊慌而生谣,因生谣而致祸乱"的"意外之虞"。④

所谓南北"强弱亦异",主要是指中国南部省份特别是张之洞治下的两湖军事力量雄厚,足以"弭乱"。在湖北,"本镇本省兵皆精勇,器最□利","鄂宪之军精勇异常,枪炮厂所造之器亦尽善尽美,无事则足以镇守,有事则足以攻击"⑤,对鄂督张之洞所办军事新政取得的军事实力信任有加;

---

① 《汉报》1900 年 7 月 21 日。
② 《汉报》1900 年 7 月 1 日。
③ 《汉报》1900 年 7 月 4 日。
④ 同上。
⑤ 同上。

在湖南,"江南湘军声威甫著,纵有小丑万不敢轻举妄动"①,对兴起于前朝名将曾国藩、曾名震四方的湘军亦充满信心。所以,不说义和团在北方与西兵相持,"万无南窜之理",即欲南窜,因"西人财产多寄于长江一带,亦将竭力防堵"②。总之是要告诉人们,有了湘鄂两军的镇守,南方很安全,不要听信谣言心生惊慌、担心发生类似北方京津"兵连祸结"的事情。不仅如此,为了安定南方民心,《汉报》论者还要求"地方绅耆""反复申明","务使农工商贾知南方现为乐土"。北事紧急,而"南方现为乐土",在《汉报》之论中,南北之不同果真是天壤之别!

这些向读者刻意灌输"南北不同"观念的文章,是为进一步鼓吹东南各省"不分畛域"、"息息相通"、形成"南方大局"的舆论而进行的造势。

《论督抚宜任天下之重》一文指出,在中外开战、警电迭传、谣言四起的境况下,东南督抚应该"推诚相与,不分畛域","万不可犹以一省为己任",因为"盖合则力厚,而彼此互相救恤;分则势孤,而各省皆不能自立",即唯有联合起来才是出路。而且,"不惟两湖、两江息息相通,心心相印,即各省莫不皆然"③。这实际上是指"东南互保"④ 之举。《论各省督抚职分之所当为》一文则直接为"东南互保"鼓与呼道:

> 日前北事紧急之时,江督湖督专派员至上海与外国诸领事妥商,力保南方大局,不分中外商民,身命财产一例保护,西人兵舰不必驶入长江,致内地警疑。斯举也,善则善矣,而各督抚之职之分即如此而已尽乎?⑤

---

① 《汉报》1900 年 7 月 4 日。
② 《汉报》1900 年 7 月 1 日。
③ 《汉报》1900 年 7 月 2 日。
④ 当义和团运动在北方风起云涌之际,南方的形势也趋于恶化。为了防止义和团的势力发展到长江流域,以这一区域为势力范围的英国率先提出与汉口及南京的总督达成"谅解",即通过两江总督刘坤一、湖广总督张之洞加强对长江流域的控制。英方承诺,如果刘、张在其辖地采取措施维护秩序,他们将得到英国军舰的保护和支持,这正合刘、张维持辖地安全的决意,双方遂绕开清朝中央政府就此展开合作。继英国之后,美、德、法等国也参与到策划"东南互保"中。其间,通过督办芦汉铁路大臣盛宣怀的穿针引线,1900 年 6 月 26 日,上海道余联沅根据刘、张之授权,同各国驻沪领事会商,正式签署《东南互保章程》,规定"上海租界归各国公同保护,长江及苏杭内地均归各督抚保护,两不相扰"。两广总督李鸿章、山东巡抚袁世凯、闽浙总督许应骙等东南督抚纷纷支持和加入"东南互保"。参见李侃等《中国近代史(1840—1919)》(第 4 版),中华书局 2010 年版,第 284—289 页。
⑤ 《汉报》1900 年 7 月 21 日。

《汉报》论者将西方列强与东南地方实力官员合作抵制义和团、旨在保全列强在长江流域利益（同时也维护这些官员的地方势力）——实则为中外合治的"东南互保"，说成是东南各省合力自救的善举，同时希望"东南互保"的范围越大越好，以此形成"南方大局"。

七 鼓动各督抚筹建"南省联军"北上"勤王"

那么，究竟如何落实这一中外合治的"南方大局"呢？《汉报》称，这完全在乎"各省督抚职分之所当为"，而所谓各省督抚之职分，则是：

> 各督抚之入卫者，宜以安吾君、以安天下为宗旨。二十行省之督抚，归司留省者守土；守土者筹饷；入京者勤王；勤王者靖难；居者，行者，呼吸相通，祸福与共。各省勤王之师举至得罪魁而刑□之，即谓今上复辟以愿舆情，推诚相与外洋修好，罪首以宽从，和外以安内。①

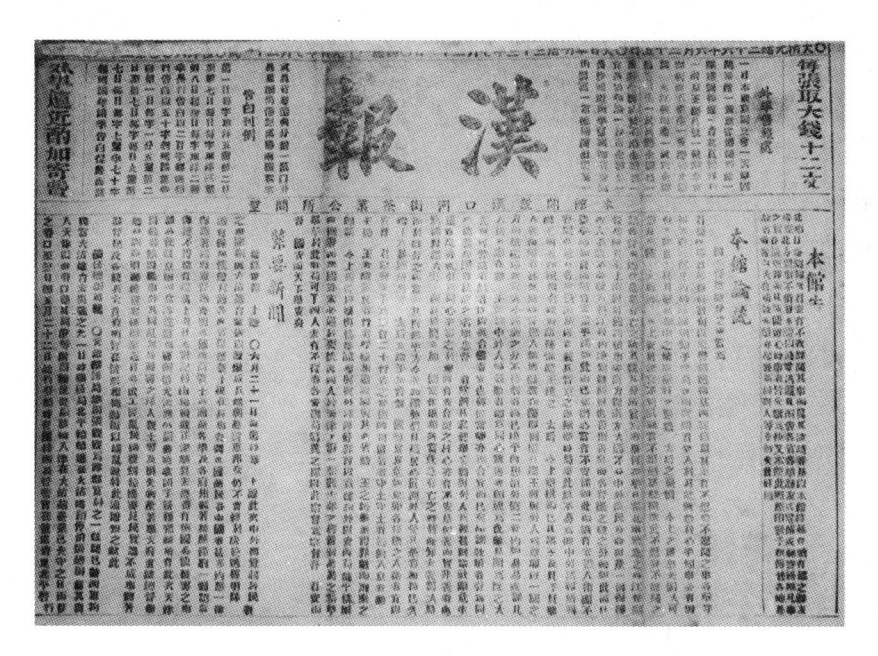

图 6-4 1900 年 7 月 21 日日资《汉报》刊载"本馆论说"
《论各省督抚职份之所当为》

---

① 《汉报》1900 年 7 月 21 日。

这段话的含意十分隐秘，但却非常关键。它指出东南督抚乃至全国 20 行省督抚之职分有二：一是"守土"，二是"勤王"。居者即归司留省者守土，行者即入卫北上入京者勤王。关于"守土"之职，总体上就是谨守东南互保章程，"守盟不渝"，具体而言就是"镇定以弭乱"，也就是前面已提到的"极力设法息谣言以安人心"，即维持地方秩序，将东南一带保护起来使之不受义和团的侵扰，以保护西人在这些地方"十年之经营，数万万之精粹"。一句话，其实就是向西方列强效忠。至于"勤王"，其一是"今上复辟"，也就是太后撤帘、光绪归政；其二是"罪首以宽从"，那么何为"罪首"呢？《汉报》对此有所暗示：

> 据外间谣传与近来时事观之，或谓端王有黄袍加体之私心，吾不敢必其有亦不敢决其无。①

端王即上年策划扶立其子溥儁为大阿哥的端郡王载漪，作者在此以模棱两可之词爆出惊人"谣传"："端王有黄袍加体之私心"。那么，夺权篡位，该当何罪呢？《汉报》在不同的文章中也有所说明，指出是因为"端王为该团（按：指义和团）所愚弄，太后为端王所胁制，国势岌岌如累卵"②，即端王对义和团的主抚之故。端王被《汉报》刊文指责"与义和团声气相通"、"为其（义和团）内援"③，又被指斥为"逆党谋为不轨，挟匪自固"④，更被想象为"此端王侥幸，私愿得偿，他日一纸伪诏，各省大吏将如何措置？是时再议勤王则已鞭长莫及矣"⑤。换句话说，端王即罪魁，勤王之师的职责一是拥光绪亲政，再就是清君侧，杀端王。如此这般换王换将，相当于重组朝政的大动作，该往何处走？主持朝政者究系谁？对这一关键问题，《汉报》论者并没有直接言明，但根据该报"南褒北贬"的态度，也许可以看出一些端倪。《汉报》文章除了提出"南北不同"的观念，以北事紧急而南方为"乐土"之对比而笼统地从地域上"南褒北贬"之外，还每每报道东南督抚特别是两江总督刘坤一、湖广总督张之洞这两

---

① 《汉报》1900 年 7 月 24 日。
② 《汉报》1900 年 7 月 21 日。
③ 《汉报》1900 年 6 月 25 日。
④ 《汉报》1900 年 8 月 13 日。
⑤ 《汉报》1900 年 7 月 24 日。

位封疆大吏保卫地方、"守土"尽责的举措，赞赏其"痛剿匪徒"的态度和"颇明大局"的识见，[①] 这与对朝廷"守旧大臣"的微词和非议[②]形成"忠奸分明"的对比。若以《汉报》此南北不同、褒贬有别的态度与其"本邦"山县首相向日本天皇上奏的《北清事变善后策》相参对，那么，《汉报》"勤王"之论的真实含意便更加清晰。

《北清事变善后策》是山县有朋在八国联军攻陷义和团之后不久成文的对华政策文本，义和团运动时期日本政府的对华处置思路由此可见。《北清事变善后策》在其"善后计划"部分提出了"政府的改革"问题，具体内容如下：

> 清国的祸乱非一日之功了。政府没有统治实力，国民也没有为国之心，国家已经失去了生存的要素，可谓木腐而后虫生之。这次的变乱，开始于端郡王、刚毅等顽固守旧派的专擅政权，企图和义和团相互勾结声援，从一开始并没有作战的意思，这已经被事实所证明了。因此，在进行善后处分时，要对政府当路的大臣悉数更替，裁汰惩处这些顽固守旧之辈，代之以刘坤一、张之洞、李鸿章等人；废除西太后的摄政地位，恢复皇帝的政权，这是第一紧要的事情。[③]

"废除西太后的摄政地位，恢复皇帝的政权"；对政府的大臣"悉数更替"，裁汰惩处端郡王、刚毅等顽固守旧派，"代之以刘坤一、张之洞、李鸿章等人"，这两大意见跟《汉报》前述"本馆论说"所持完全一致，稍稍不同的只是《北清事变善后策》明确点名刘坤一、张之洞等人朝掌权主政。那么，可以这么说，《汉报》所持的"勤王"之论，其实就是鼓动甚至预先安排对日本怀有好感、被日本视为拉拢对象的所谓"亲日派"——东南督抚刘坤一、张之洞北上入朝组政之意，是欲以"勤王"的舆论名义，暗行重新组政之实，扶持对日本有利的新政府。

组政，这是力保"南方大局"的一大措置。而要成功组政，则要有

---

① 如1900年7月6日《南省要闻》、7月8日《忠奸分明》、7月8日《颇明大局》等文章。
② 如1900年6月22日《简派端王》、6月24日《总署评志》、6月25日《为虎传翼》等。
③ 转引自唐奇芳《1895—1900年间日本对华政策演变研究》，博士论文，北京大学国际关系学院，2006年，第134页。

一支勤王之师作保障。对此,《汉报》呼吁《南方宜立联军》:

> 各督抚迅行电商各派若干营合为一队,名曰中国南省联军,公择一最能办事、熟虑军务之员督带往剿,一面咨请驻沪领事照会天津各国联军提督,略谓中国此队营兵,原为剿匪而设,遇有匪众,务须中外合力攻击,不分畛域,以期净绝根株。①

该文作者"守严氏"建言东南督抚"派兵北上",组成联军,甚至把联军的名称也取好了——"中国南省联军",突出"南省"二字;联军的权力很大:"抵北后仍须遥听南省节制,凡北省举动,咸置不顾,则南北之势成而大事尚有可为。"联军即使遥在北省勤王,南方各省仍然必须听从其节制,这种安排,是把南省联军当作卫戍京城、统帅全国的政府军队。可见,"力保南方大局"的另一措置是联军。

不过,必须要指出的是,《汉报》所提出的联军组建是有前提条件的,那就是"招信于西人"。

"本馆论说"《论南省督抚宜招信于西人》称,"盖宗旨苟不预定,勤王之兵剿义和团,即押敌外人耶"。何为预定宗旨?就是"第前与西官有约,凡各勤王之兵宜将宗旨宣示西人",即东南督抚但凡动兵,则必须预先请示西人,征得他们的同意,这便是"昭信于西人"。具体来说就是:

> 各督宪宜联谕各属地方官,务必竭力保护教堂教民,不令有滋扰之虞,与申江之约始为不背,而西人之疑团亦可决然冰释矣!②

也就是说,督抚举兵北上勤王的前提是必须谨守"申江之约"即东南互保章程,其中最重要的一点是"务必竭力保护教堂教民",即保护东南督抚辖内西人的利益。这样才算是遵守了"言忠信,行笃敬"这一"我华办理交涉之案"的方针,否则,"西人当此何以为情,能毋疑华人之失信耶"③,"恐起各国之疑,是无益于北而反有损于南也"④,"愿南省各督宪

---

① 《汉报》1900 年 8 月 13 日。
② 《汉报》1900 年 8 月 12 日。
③ 同上。
④ 《汉报》1900 年 8 月 13 日。

昭信于各西人，不惟泰西商民之福，亦东南商民之福也"[1]。这些话的意思很明白：东南督抚如果不按"规矩"办事，则将招致西人干预的后果，如果按约行事，则"东南半壁当可保全"。

可见，联军是以听西人的话、绝对服从于西人的利益为前提条件的，中国督抚实际上毫无派兵的自主权，而只有按约行事、保护西人利益的责任。

总之，无论是"勤王"还是"联军"，都必须在受西人节制、特别是在有利于日本的框架内进行。这是东南督抚各尽"职分之所当为"、落实中外合治的"南方大局"的基本要求。

八　《汉报》的高调"南方论"：当时日本有限度"南进论"的一个注脚

同时，还必须注意，《汉报》论者所高调讲求的"南方大局"与"北方"之关系及二者对日本的意义都是十分微妙的。虽然《汉报》没有明确而过多地对此作出阐述，但从其"南褒北贬"的鲜明态度，还有"居者，行者，呼吸相通，祸福与共"以及"南北之势成，则中国固各省；呵成一气，则南北之势成。图北即以存南，靖内即以固外，机不可失，事宜早图"[2]的切望中，可以略知一二。可以这么说，"南方大局"是一块对日本而言有待进一步筹划的"预留地"，在其未来"盟友"英国的支持乃至纵容下，采取一定之措置以"保全东南半壁"——即在中外合治的框架下保全南方、确保其不被瓜分的现状对日本而言意义非凡。而北方则略有不同，八国联军已经在那里与清军开战，并且已经攻城略地，眼看慈禧太后主政的清政府已经"失去了生存的要素"，北方的局势有了很多的不确定因素，特别是俄国已借口镇压义和团向中国北方调遣了大量兵力，其在北方的势力范围有迅速扩张之势，国力尚为弱小的日本是有心而无力与其相对抗的，所以，唯有暂时隐忍这一北方现状，先筹划作为自己"预留地"的南方再说。这种作两手准备的处置，可以说是出于一种有限度的"南进论"，即"南方保全"论。

至于《汉报》"南方保全"论或曰"南进论"的发展变化，则要考

---

[1]　《汉报》1900年8月12日。
[2]　《汉报》1900年8月13日。

察该报善后阶段的报道。

第四节 善后阶段(1900年8月14日以后)

1900年8月14日,八国联军攻占北京城,慈禧太后携光绪皇帝逃往山西,留下李鸿章作为全权大臣与列国议和,中外关系进入善后阶段。

这场战争的善后处理是一个漫长的过程,从八国联军攻占北京,至1901年9月7日《辛丑条约》的签订,其间经历了一年的时间。由于日本人所办的《汉报》在1900年9月28日刊发《停报辞》之后便停刊闭馆,下文的分析只能针对《汉报》在这一阶段前一个多月的有关报道。

一 对战后"和议之论起而议未成"的中国时局之"忧畏"

首先,《汉报》以连载之文——"本馆论说"《各国联军入京问答》和《各国联军入京问答 续昨稿》[①],用一问一答的方式,对"忧时客"前往"本馆"询问"各国联军已入京城""确耗"时所提出的时局之虑作出解答,主要涉及战争的责任、处置和中国的命运走向等方面。

关于问者"忧时客"最关心的太后的安全问题,"本馆"称,"宫寝则仍安如泰山,决无意外之虞",但旋即责怪太后不该"西迁",而应"持之以定力,联军入京后即下悔过之诏",同时一面派"熟悉外情、善言语之大臣周旋于各钦使",一面促全权大臣李鸿章来京与各国议和,这样各国"必不敢恃兵灭礼以臣子,而犯邻邦之君上"。

接着,"本馆"继续就这个问题进行发挥,以昔日法皇拿破仑"穷兵黩武开罪于各国"的后果暗喻太后这次与各国开战也是咎由自取,说"太后始为端刚所惑,继为端刚所挟,致有今日",又说"政府中一班守旧党丧尽天良,置宗庙社稷于不顾,一味趋附端刚,阳致国书于各国,而阴纵团匪如故,阳授李鸿章全权大臣,而阴纵团匪如故","列邦查政府之意,誓战不和,联军始有进无退",所以"凡开罪于邻国者,皆昏庸之政府与愚顽之国民耳"。言下之意,战争的责任在于以慈禧太后为首的守旧党。

不过,即便是如此责言慈禧太后及其大臣的不是,"本馆"在言说中

---

① 《汉报》1900年8月20日、21日,以下关于这一问题的引语都出自这两篇连载文章。

仍然处处留以余地。比如，关于"忧时客"所问联军入京后将作何举动也即如何处置的问题，"本馆"虽然指责清政府誓战不和，但又说各钦使除了德钦使与日本书记生外，"余幸无恙，则其举动当亦不能违背公法，邻于野蛮"，特别是"况有日军维持于其间"，所以其处置也不会太严重，不过是"窥厥举动，外政固以剿灭团匪为第一义，内政则以请今上亲政，太后撤帘，然后□请皇上治端刚以应得之罪"。太后撤帘、今上亲政、惩办端刚（按：指端郡王载漪和军机大臣刚毅）这三条处置中，前两条不过是戊戌政变之后列强的一贯态度，这里不过是老调重弹，且没有提及慈禧最为担心的对她本人严惩的说法，而惩办端刚一条则根本不伤慈禧，故这种言论可以说是向清政府的实权派释放和议信号。

对于"忧时客"所担忧的瓜分问题，"本馆"给予大篇幅否定瓜分之说，其理由有二：其一是"万国公法绝无十数国共灭一国之理，奉公法者谓之文明，违公法者谓之野蛮。列强日进文明，此次办理中国之事，如大匠运斤，当不出规矩准绳"，把各国因互相牵制而无法将中国瓜分的现实说成是各国遵守不以多欺少的"万国公法"的"文明"姿态；其二是"倘泰西诸国瓜分中土，不惟智慧未开与智慧半开者绝不甘心，所谓智慧已开者将必起而争之矣。以二十行省之大，数万生民之众，合智愚贤否之俦，起而与西人为难，姑无论胜负如何，则兵连祸结，当非转瞬之间所能了，于中外商务必大有损伤"，即中国人民的反抗是不宜瓜分的另一原因，这是利害权衡的结果。总之，"本馆"认为，冒昧瓜分将"致启猜嫌不已，必酿兵端"，此乃"策之下者也"。最后，"本馆"称，"是役也，必无为瓜分之谋者"，对中国的命运作出"不宜瓜分"的断言。

然而，尽管论者以如此笃定的语气坚持中国"不宜瓜分"论也即中国"保全论"，但从《汉报》主笔冈幸七郎于1900年9月28日刊发的"本馆"最后一篇论说《停报辞》中，可以看出该报主持对中国时局"不能速和"而深以为虑的心情。文章说，"方今天下之大势，可忧可畏者甚不少也，而中国之时局最为可忧可畏矣"。为什么呢？主要是"当下"几件"可忧可畏"之事：

> 现在和议之论起，而议未成。俄国首唱撤兵而俄兵未退，法国称赞退兵而法兵未去。现虽庆亲王还都，李傅相北上，然和议之事未可速见结局也。东三省之地非联军布战之区，而俄兵乱侵，遂占牛庄，

陷海城，将进入辽阳，且黑龙江一带俄兵出没，华人遭祸者不少也，而中国政府未遑顾虑矣。东南各省督抚声言保护外人之事，自力竭其任，而各国尚聚兵于上海，刻下各国兵勇驻沪者不下数万名，各国兵船驻泊者不下数十只，其举动未可速揣也，而各省督抚未能阻止矣。唐党企不轨事觉，被拿者已三百余人……残党潜窜，将来再激成大事亦未可知也。

呜呼！今日之局，大与小，缓与急，可忧可畏者甚不少也，当此时报馆之任务亦实不轻也。①

北方的东三省俄兵未撤，南方的上海尚聚各国兵勇，内地"残党"起事、局势不稳，这些因素致使"和议之论起，而议未成"，"和议之事未可速见结局"。这表明了该报主持人对"和议之事"极其关注并且希望能够"速见结局"的态度和立场，以及当此事遭到中国国内外种种"变乱"之扰时，"报馆"的"可忧可畏"之心，可谓十分操心。

基于这种态度和立场，《汉报》在停报之前的一个多月里，报道重点转移到议和的进展问题上。这表现为它对如下两方面事态的关注：一是各国在北方和南方的派兵及驻兵问题；二是清政府全权议和大臣李鸿章的行踪与动向。

二 对"和议之论"中各国在华聚兵动向问题的密切关注

关于各国的聚兵问题，《汉报》最为关注的是上海的情况。该报密集地报道了各国在该地调兵进驻的动态。如《印兵登岸述闻》报道：由香港调来之英兵"华官已准其留沪"，"本日将陆续登岸"，而法兵"当步英兵之后"，从西贡派遣两舰来沪。②《沪江各国兵船数》则逐一报道了各国在浦江停泊的兵舰数目："日昨停泊浦江各国大小兵船计有二十五艘，内英国十三艘，法国三艘，日本两艘，美国两艘，德国两艘，荷兰两艘，俄国一艘"，显示浦江列国兵船林立。③ 在刊登这篇消息的第二天，该报又

---

① 转引自刘望龄编《黑血·金鼓——辛亥前后湖北报刊史事长编：1866—1911》，湖北教育出版社1991年版，第51页。
② 《汉报》1900年8月24日。
③ 《汉报》1900年8月27日。

以同题对各国驻沪兵船数重新记录[①]，其所述与前一天略有出入，可能意在纠正。《日兵抵沪》称沪上"近日""谣言四起，人心不靖"，故在前有英法调兵来沪之后，现日本也派兵前来"保护驻沪日本商民"[②]。在同日，《沪江各兵船日纪》报道了浦江上的各国兵舰数已增至二十七艘的消息。[③] 在一天之后的报道中，这个数字被刷新为三十一艘。[④] 该报不厌其烦地追踪报道这些不断更新的数字，意在表明各国在上海竞相驻兵的"严峻"形势。

在聚兵问题上，《汉报》关注的另一重点是东北的情况，频频报道了俄国在东三省的派兵和屯兵动向，如《俄军将抵》[⑤]、《俄兵占据》[⑥]、《驻东三省俄兵纪数》[⑦]、《俄占满洲》[⑧]等多篇文章，而8月30日更是一连刊发《俄兵登岸》、《俄据海城》、《俄兵行动》、《俄国满洲方面阵略》四篇消息[⑨]，密切关注俄军在东北的一举一动，对俄国在该地区的单独行动及其野心和威胁，保持警惕、予以贬斥并抗议。这一"防俄"论调贯穿于整个日本《汉报》时期，而不单单是这一阶段的特有现象（至于其具体情形，笔者将在下一节作专门论述，故此处不再赘言）。

在《汉报》主持人看来，无论是东三省的"俄兵乱侵"，还是在上海的各国聚兵，都显示中外"议和"之路障碍重重，令人"可忧可畏"。《汉报》编者一方面密切观察其种种动态，保持高度警觉，另一方面则对李鸿章的行辕及各国的反应进行追踪报道。

三 对中方议和大臣李鸿章之"行辕"及各方反应的警觉与紧密追踪

受命负责与各国进行善后谈判的全权大臣李鸿章，于1900年8月19日在上海电示各国驻华公使，请求停战议和，希望双方派代表在北京进行

---

① 《汉报》1900年8月28日。
② 《汉报》1900年8月30日。
③ 同上。
④ 《汉报》1900年8月31日。
⑤ 《汉报》1900年8月20日。
⑥ 《汉报》1900年8月22日。
⑦ 《汉报》1900年8月28日。
⑧ 《汉报》1900年9月4日。
⑨ 《汉报》1900年8月30日。

交涉，并表示他本人则将尽快北上前往。① 早前呼吁清政府向外求和的《汉报》编者在此前后开始密切关注这一动态，频频以《李傅相行辕纪事》的固定题目追踪报道李鸿章的行踪及其与外界的联络情况②，内容十分详细。举例来说，8月30日的《李傅相行辕纪事》如是记录道：

> 二十九日下午四点半钟时，驻沪奥领事毕士格君进见，与傅相晤谈片时，旋即兴□而出。刑部□中王锡祺候补知府潘思容、内阁中书顾思义请安，均传见晤。……上午十点钟时来德州电报一封，午时来武昌电报一封，下午四点钟时来大北西电一封，六点半又接大北西电一封。

可见，对被视为"亲俄"的全权议和大臣李鸿章，《汉报》记录其行踪的细致程度堪比情报，非常警觉。

此外，该报又进一步报道了各国对李鸿章停战议和电报的反应。"紧要新闻"《和议述闻》就称，"现李傅相电商各国政府，言停战议和之事，各国未有回答，惟日本独有复电，内示条议数项，且言若容此议，则日本当与各国妥协，以使中国有所安堵云云"③。在该报道中，日本政府对议和之事的积极回应与其他各国的冷淡反应形成鲜明对比。接着，《美阻和议》一文再次指出"各国未言可否"④的态度。

根据《汉报》的报道，不仅国际社会冷待李鸿章的停战议和之请，东南督抚对他同样不甚热情。《顾全大局》就报道了"今时官场传述"之事：李鉴帅（按：指李鸿章）日前派员至南京谒见江督刘岘帅（按：指刘坤一），称李欲另派武员驻守长江炮台，被刘以"李公业已统帅北方，可不必与闻南省之事，前次虽有巡阅长江之命，究无管理长江之责，此事实难允从"之语直接予以拒绝。对此，文章称颂刘坤一"独能顾全大局也"⑤，暗指李鸿章无以独自担当议和重任。果然，"紧要新闻"之《请

---

① 参见马勇《中国近代通史第4卷：从戊戌维新到义和团（1895—1900）》，江苏人民出版社2009年版，第551页。
② 如1900年8月18日、8月19日、8月24日、8月26日、8月27日、8月30日、8月31日、9月4日均刊有《李傅相行辕纪事》。
③ 《汉报》1900年8月22日。
④ 《汉报》1900年8月31日。
⑤ 《汉报》1900年8月21日。

简重臣会议和局》报道李鸿章上奏朝廷时谓,"此次与各国议和事关重大,恐臣独力难期有成,拟请简派庆亲王、大学士荣禄、两江总督刘坤一、两湖总督张之洞等会同办理,以期有济"①,传递出中方可能对议和人事作出调整的信号。

列强在中国南北方均据有重兵,全权大臣李鸿章的议和之请又不被列强接受,《汉报》反映了这一"和议之论起而议未成"的胶着状况。

四 传递日方声音以发出"保全中国"论

与此同时,关于中国求助日本、日本倡导保全中国、克复东方和局之法的消息也见诸报端。典型的如"东报译录"之《议和余谈》,此文称李鸿章"现有欲依日本伊藤侯克复平和之意",故寄书于伊侯,文章引述其书信内容道:

> 中国之和局与日本之进运,其所关系恰如唇齿辅车,以今中国不幸,有义和团匪呈暴威于北方,因是以致与列强诸国开衅端之事,联军将进入京城,社稷之危殆已迫旦夕……窃谓当今之时,克复平和之道,非借贵国政府之助势在不可行也。若夫仁兄亦奉贵国政府之全权,至共议平和之道,何幸如之,惟仁兄之力以足散东方之战云,克复天下之平和,弟实信不疑矣云云。②

如前所述,在这场侵华战争中,日军充当着先锋队和主力军的角色,而在上文,《汉报》又传递出此意:战争的善后议和事宜,被侵略而求和的中国又非借日本政府之助不可,日本的"重要性"由此可见。

更重要的是,《汉报》认为日本各界对中国怀着莫大的"善意"。《在东京进步党讨论会》和《保全中国起见》两文便在传递这个意思。

"东报译录"栏文章《在东京进步党讨论会》报道,西历八月十四日在东京进步党议员与评议员就"清国事件"广设讨论会,会者为"当世名士五十余位",他们宣称,"我党固希望清国保全者速戡定祸乱,联军

---

① 《汉报》1900年9月4日。
② 《汉报》1900年8月31日。

允入北京，希望平和克复云云"①。正值以日本为绝对主力的八国联军攻占北京城的当天，日本进步党在东京作出这种"速戡定祸乱"、"平和克复"的舆论姿态，与遥在中国的《汉报》主持人希望速和之心甚为相通。

"紧要新闻"栏之《保全中国起见》一文则传达了"日本东亚同文会本会特致书于本馆"的如下消息：在"东历八月十五日"，东亚同文会总裁近卫公爵、副统裁长冈子爵及一众诸君约五十名会合于东京，就亚东时局问题进行商议。文章接着摘录了近卫公爵的如下演说词：

> 保全中国、维持亚局之议则本会夙所首唱也，今当此时北事乱扰、列国开衅之时，本会益欲主张此宗旨矣。余客年历游欧美诸洲，亲接各国老成之士，叩听东方之意见，彼等皆同声言中国瓜分之不利。欧美之人既然矣，况日本原有唇齿辅车之关系，如保全中国之事岂有一之异见哉？讵近日以来，列国挟制，稍则欲开瓜分之端，如国内士人亦或有持此谬见者，于是本会益欲主张其宗旨，唤起舆论，以克复东方之和局也。②

近卫公爵表达了四层意思：其一，"保全中国"是东亚同文会的一贯宗旨；其二，欧美诸国在中国问题上有不瓜分之共识；其三，较之欧美，日本与中国有着唇齿相依的特殊关系；其四，对此次"北事"，本会反对瓜分，秉持保全中国的宗旨。

所谓"东亚同文会本会"，即指东亚同文会汉口支部，它以《汉报》馆主宗方小太郎为支部长，以《汉报》主笔冈幸七郎为干事。③ 1899年春，《汉报》"已归东亚同文会分会所辖"④，成为该会的机关报。在联军攻陷北京城的第二天，"东亚同文会本会"致书《汉报》馆，发出"保全中国"论，其目的是"唤起舆论，以克复东方之和局"。而作为该会机关报的《汉报》，当然与前者同声一气，同持此论，并予以传达和大力宣传。

---

① 《汉报》1900年8月30日。
② 《汉报》1900年9月4日。
③ 参见黄福庆《近代日本在华文化及社会事业之研究》，台北"中研院"近代史研究所1997年版，第20页。
④ 参见《汉报》1899年6月24日。

秉持上述"保全中国"论的宗旨,《汉报》以望"速和"之心,密切关注有关事态的发展。这与当时日本政府对中国持以"北守南进争议和"的政策相关。八国联军占领北京后,不仅在北京城内大肆抢掠,同时还乘机派兵四处扩大侵略,攻占山海关、进逼山东边界、征伐保定正定、进军宣化张家口……从8月下旬至11月间共进行了多达78次之多的"讨伐战"。① 但在京人数最多的日军独独很少参与这些"讨伐战",其重要原因就在于日本政府此时正在筹划趁北方乱局之际"先于他国采取适当措施"②,占领厦门,将福建省纳入其势力范围。所以,在八国联军占领北京后10天的8月24日凌晨,日本在厦门所建之"东本愿寺布教所",无人员伤亡地蹊跷"失火",日本立即借机派遣陆战队登陆厦门。这一起由时任日本海军山本权兵卫带头策划、得到首相山县有朋默认支持、经福建对岸"台湾总督府"总督儿玉源太郎和行政长官后藤新平暗中策动实施的厦门事件(按:即"厦门的占领计划")③,是义和团运动时期日本南进政策的一个注脚。

对这次厦门事件,《汉报》在1900年8月30日用一条简讯予以报道,其题为《厦门闹教》,全文如下:

> 昨接福州来电,据云,本月初一日厦门有某国教堂为流氓所毁,该处官员督弁弹压,幸神甫早避,未及伤人云。④

"本月初一"即西历8月25日,也就是厦门东本愿寺蹊跷"失火"的第二天。对这件经日本政府精心策划实施,但却立即引起英美等国列强激烈反应,因而被迫马上中止的日本"南进"大事,《汉报》自然心照不宣,予以及时关注。不过,由于这一时期报纸原件的缺失,本著无法对该报如何追踪有关的报道作进一步的分析,但有一点可以肯定,该报对这件事是密切注视的。

---

① 参见关捷《日本与中国近代历史事件》,社会科学文献出版社2006年版,第197页。
② [日] 井上清:《日本帝国主义的形成》,宿久高、林少华、刘小冷译,孙连璧校,人民出版社1984年版,第67页。
③ 该事件的具体经过,可参见梁华璜《台湾总督府的"对岸"政策研究》,稻乡出版社2001年版,第63—99页。
④ 《汉报》1900年8月30日。

在策划这一"南进"事件的同时,日本政府考虑到唯有尽快议和,才能依靠当时日本在华的兵力优势获得议和主动权,夺取最大利益,所以,采取了干预中国对议和大臣的派遣、支持两宫尽快回銮主持和议、抓住时机分期撤兵等种种措施,以示好清政府,争取议和的主动权。[①]

无疑,讲求速和、鼓吹"保全中国"论的《汉报》的舆论基调,及其密切关注有关事态发展的警觉状态,正适应和配合了此一阶段日本政府这种争取主动、示好清政府的善后外交策略之需。这与前一阶段《汉报》配合日本政府作两手准备的对华政策、而以高调讲求"南方大局"为表现的"南方保全"论,显然有所不同。

而至于后来加入为制衡俄国独占中国东北领土的《英德协定》(签订于 1900 年 10 月 6 日),既讨好了中国,又讨好了英德,更孤立了俄国,日本终获得了与俄国相对抗的转机,从而使日本得以抛弃"北守南进"的战略,转而推行"南守北进"的"大陆政策"[②],那是日本策划的"厦门事件"已过去一个多月的事情了,其时,日本《汉报》也已经停刊闭馆。

[①] 参见关捷《日本与中国近代历史事件》,社会科学文献出版社 2006 年版,第 204—207 页。

[②] 同上书,第 208 页。

第七章

日资《汉报》对俄国南下动向的
关注与警惕[*]

如前所述，在宗方小太郎接手《汉报》之时，日本驻汉口领事濑川浅之进就该报的创办意图向其上司、日本驻北京公使西德二郎所作报告中，强调了当时中国各地报纸"竞相痛骂日本，甚至倡导联俄制倭之论，朝野官宪之意向，亦倾注于此"的舆论状况，所以，他提出要"于汉报纸上辨支那各报之妄言，冷却俄国崇拜之热，以期明唇亡齿寒之谊，融合朝野官民之感情"。也就是说，《汉报》在被接管时，就被赋予如下的重大使命："冷却俄国崇拜之热"，即将中国人的心理天平从"联俄制倭"引至"联日制俄"。仔细阅读《汉报》，不难发现，该报通过大量相关报道和言论宣扬"防俄论"，这是日资《汉报》时期的一大舆论特征。

《汉报》的"防俄论"主要涉及如下历史背景：一是"三国干涉还辽事件"[①]之后俄国向中国强租旅顺口和大连湾，并趁机向东北境扩张势力；二是义和团运动时期俄国趁机向东北单独出兵，侵占该地区。下文对该报在此背景下如何开展其"防俄"的报道与评论进行具体分析。

第一节 密切关注俄国"强颜居功"
"要索"中国旅大的动向

在中国获得一不冻港口作为海军基地，是俄国汲汲以求的事。

---

[*] 本章主要内容曾发表于《国际新闻界》2010 年第 11 期，原题为《〈汉报〉(1896—1900)的"防俄"报道及其论调》。

① 1895 年 4 月 17 日，在甲午战争中战败的清政府与日本政府签署《马关条约》，其条款包括割让辽东半岛与日本。有意在远东扩张其利权的俄罗斯随即联合德国和法国，共同向日本政府施压，迫使日本政府归还辽东半岛给中国。日本举国对辽东半岛的得而复失深感不满，是为日俄战争的远因。

"三国干涉还辽事件"之后,趁着慈禧太后和李鸿章等人抱着联络俄国、牵制他国的幻想,俄国开始着手实施其在华北获取一海军基地的计划。先是1895年冬天,俄国借口"还辽"之功,迫使清政府给予俄舰在胶州湾"过冬"的权利;接着,1896年6月,中俄签署《御敌互相援助条约》即《中俄密约》,表面上建立了中、俄两国共同防御日本的军事同盟;至1897年11月,德国借口该国传教士在山东被杀而占领胶州湾,俄国终于找到口实,于12月强占旅顺口和大连湾;随后,1898年3月27日,俄国强迫清政府签订《旅大租地条约》,又于5月7日签订《续订旅大租地条约》。这样,通过步步为营,辽东半岛完全落入俄国手中,同时,东北全境也成为俄国的势力范围。[①]

正是在这一背景下,《汉报》刊登大量文章,跟踪关注该事件的进程。

《俄国水陆各队近来军情》转载"日本新闻纸"的多条消息,称"俄罗斯已早蓄心谋占旅顺口","故上礼拜长崎有俄兵舰九艘同时开出";又谓"旅顺口外忽来俄舰多艘,人心颇为震动";又云"该口已为俄人占据,作为屯船之所"。该文还转载"神户西字报"的消息道,西历12月10日北京军务处大臣接各省督抚电传,"询问俄罗斯是否已据旅顺及政府之意,究竟胶事作何布置",旋经回电谓"让占旅顺一事实出万不得已之举,因俄法等国皆蓄心谋占辽东直隶一带沿海口岸,稍一疏忽即伺隙而动,与其将来有非理之举,何如善于让出",从而确认了俄国占据旅顺口的消息。[②]

在占领旅顺口之后,俄国仿照德国的做法,向清政府正式提出租界旅顺口和大连湾的要求,并以武力相威胁。对此,《汉报》屡屡刊文反映"抗议"的声音。如《中国抗议》转录"东报登北京电报"云,中国政府现"断不能从俄国之请,是以俄国终不能与中国维持平和之局也"[③];《英国意向》报道英国外务次官在国会的演说,"俄国现在所要请中国者,与英国所议立条约大相违背,且扰乱住东亚各国之利权,是英国政府所不

---

① 参见李侃等《中国近代史(1840—1949)》(第4版),中华书局2010年版,第210—212页。
② 《汉报》1898年2月23日。
③ 《汉报》1898年3月22日。

第七章　日资《汉报》对俄国南下动向的关注与警惕　183

能默视者也"①；《物议纷纷》报道日本驻华公使"因俄国迫请中国假大连湾及旅顺口之事，在中俄之间斡旋调处，以维持东方之大局"②。这些文章大多是转自"东报"即日本国内报纸的消息，主要反映了英、日两国的反对立场，中国人的声音不多。

当中国政府被迫与俄国签订《旅大租地条约》时，《汉报》则连续刊载有关消息。针对中俄"已经成议"，《俄假旅顺》写道：

> 中国政府应俄国之请，假旅顺口及大连湾，限二十五年，已经成议，并照会驻中日本公使云，俄国现在请中国假大连湾及旅顺口，以大连湾为通商地，以旅顺口为军港，已经许诺云云。日本公使随即电禀外务省云。③

在刊登这条新闻的同一天，该报还刊登分析文章《详述俄人要索》，详细论述了"李中堂、张尚书在京与俄使委屈开议"及中方被迫无奈的情形。文章说，朝廷"惟冀英日两国出而助其一臂"，但李、张二人及军机大臣会奏谓"俄限已迫，外援难恃"，皇上"览奏默然，意颇不悦"，次日由王大臣等在总署与俄使草议约章。该文还摘录了约章的主要内容。

在刊登上述两文的次日，《汉报》刊发三条简讯：（1）"中俄新条约于东历三月廿七日已经盖印"；（2）"中国守兵已退出旅顺口，俄兵进驻该地"，记录中俄两国在旅顺口的交接情况；（3）俄国"直以大连湾为通商埠面，海关税务总归俄人办理，如英人办理各内地口岸"，报告了中俄条约成议之后俄国在旅大的权利，将之与英国在内地的权利相并列。④

紧接着，《汉报》以《俄廷三杰》为题，对俄国政府饬派于日、中、韩三国各公使"长于外交"之处一一予以评价，文章称，驻日俄公使"勇于作事"，在中俄关系中，该使常与外务大臣相商而"开侵略中国之基础"；而驻中俄公使自来华以来，"阳为笼络中国各大臣以示亲密，阴则日日经营南下之策"，"强迫中人掠夺东三省"；驻韩俄公使任事以来"再使韩国陷于危殆"，个个皆"杰出"人物。所谓"笼络中国大臣"、

---

① 《汉报》1898年3月22日。
② 《汉报》1898年4月4日。
③ 《汉报》1898年4月9日。
④ 《汉报》1898年4月10日。

"日日经营南下之策"、"侵略中国",显然是对"已经成议"的俄租旅大之事耿耿于怀。①

《汉报》在俄国租借旅大前后频频刊文跟踪报道有关消息,并屡次发表各方尤其是英、日两国的反对意见,显然是要告诉读者,英、日两国对此事并不准备置身度外。

在跟踪关注有关动态的同时,《汉报》还刊文"揭露"俄国占据旅大的侵略意图,如不署名论说《译东报傅相答俄使语因申论之》一文。该文先是译载"东报"即日本报刊所载李鸿章与俄国驻华公使之间关于俄国占据旅顺口一事的如下对话:

> 俄使曰:胶事所以速结者,俄国居间之力耳!傅相勃然曰:胶澳开埠,中德自商,且中国受亏已多,若尚强颜居功乎!俄使语塞而退。②

在这里,《汉报》实际上是借李鸿章之口,指责俄国以"三国干涉还辽事件""强颜居功",要索旅大。

文章接着说道:

> 昔俄先皇彼得在位时常蓄大志,欲并吞六合,囊括八方,以快其欲,其顾命之言曰:吾有志未逮,子若孙世世其图之。后俄屡欲逞于欧西而苦不得驶船出海之地……是以不得志于欧西,而转逞于东亚也。

"并吞六合,囊括八方",子孙世世代代"其图之",即谓俄国自其先皇起就怀着并吞各国、称霸全球的野心,侵略矛头早就直指欧西,只因地理和气候的因素挡住了其西侵的道路,故转而指向东亚。这意在说明俄国侵略东亚的由来。

然后,论者进一步揭露俄租旅大的战略意图及其对东亚的威胁道:

---

① 《汉报》1898年4月11日。
② 《汉报》1898年3月12日。

今之踞东方形胜者，莫若旅顺口大连湾二处，盖是处为黄海之要津，中高之枢纽，无怪俄人垂涎如狼之渴虎之饿也！前英贷中款，欲开大连湾为租界，俄使疾起以全力争之，意谓药笼中物岂任他人攘夺，英亦立而却顾不敢染此禁脔。今又以旅顺为请，一再纠缠，虽经傅相言辞拒绝，难保他日不更出一途，以威胁我利诱我，任逗留以伺我，借保护以愚我。

图 7-1　1898 年 3 月 12 日日资《汉报》刊载论说
《译东报傅相答俄使语因申论之》

上述引文有三大要点：一是指出旅顺口、大连湾两处对俄国东侵的重大战略意义；二是突出英俄两国在这两处的矛盾和对抗；三是"提醒"中国人防备如狼似虎的俄国的威胁利诱。

不仅如此，该文还说：

> 俄屡欲染指高丽而忌于日本，故笼络中国以杀其势，一旦与中裂绝，是促中日高三国之联盟，俄所不欲也。……设能明唇亡齿寒之义，固吾强围，守吾要害，厉兵秣马以待之，亡或不如是速也。

从《汉报》密切关注俄租旅大的动态并刊文明确反对和指责俄国的南下、"揭穿"其战略意图及其对东亚尤其是对中国的威胁中，不难看出，该报的落脚点在于"明唇亡齿寒之义"。换句话说，是要中国人在"明唇亡齿寒之义"之余，重视和信任"唇齿相依"与"同文同种"的日本。

第二节　强调俄国"施其权力于东方"之"大患"

在密切关注俄国占据中国旅大并指出其威胁的基础上，《汉报》还进一步对俄国在东亚所筹划之路、矿、税、兵权诸事悉数予以报道。

消息《筹划航路》关注俄国对西伯利亚铁路的建造及谋划。文章说，俄国西伯利亚铁路"将次落成"，而自海参崴至哈巴罗夫加之铁路"已经竣工"，故俄国政府拟创设东方轮船公司，"以接续该铁路驶赴东方各口岸"。然后，文章详细列出了由此俄国所筹划的航路八处。根据文中所言，俄国以西伯利亚铁路为基点，其航运路线将遍及东三省、朝鲜和日本，即整个东亚地区。[①]

《汉报》还报道，俄国为了获得这些筑路之权而不断地向他国要索。《俄人要请》说：俄国现在除了要索旅大之外，还要求"自北京起经奉天府抵旅顺口之间架设铁路之权"，"如不承应即派陆兵于满洲，占据该地，限五日复"[②]。这里提到的架设铁路之权，是指俄国要求中国允许其中东铁路公司修筑一条铁路支线，把中东铁路与旅顺口、大连湾连接起来。中

[①] 《汉报》1898年2月26日。
[②] 《汉报》1898年3月22日。

东铁路即《中俄密约》通过的允许俄国在中国"借地接路"之权，也就是通过黑龙江、吉林修筑一条到达海参崴的铁路（按：中东铁路）。如果俄国能获得这一连接中东铁路的架设之权，就可使西伯利亚铁路穿越东北全境而直达旅大。这是俄国筹谋多年的南下线路，事关列强各国在东亚的利益格局。所以，《汉报》立即对这一消息予以披露，并云，"英国政府力劝中国政府拒绝俄国之请以保国体，并许私为援助"[1]。不过，最终中国在俄国提出的限期内答应了俄国的要求，将这条铁路的修筑之权写进了《旅大租地条约》。

接着，该报又接连报道了俄国派兵前往旅大以及筹备铁路的动向。如《旅大防备》转载"美国某报俄都圣彼得堡电报"的消息，报道俄国政府饬派俄国东亚舰队司令官、海军少将斯达克氏"任旅顺口司令官长"的讯息，以及"俄国义勇队轮船载哥察克兵一千二百三十七人""向东方开往"的消息，并报道说，其兵员中有要塞炮兵及铁路工队，且该船另载满洲铁路用铁轨 1000 多吨，以及山炮、巨炮等共 300 多尊，文末感叹"俄国岌岌修旅大之防备真为中国之大患矣"[2]。《旅大近事》继续关注俄国在旅大驻扎的兵力情况，俄兵及工程师在这一带"测划铁路"、"蹂躏田野"之情[3]，进一步突出了俄国乃中国之大患这一点。

对于俄人在东北开矿之事，《汉报》同样进行了报道。《俄营满矿》就详细记述了"迩来俄人之往满洲者惟日孜孜以开拓利源为事"的情况。该文称，有熟谙煤务之俄人携矿师工匠人等并马兵一队，由海参崴前赴珲春，"意欲包办是处煤矿"。文章还介绍说，珲春介于中俄之间，为海参崴至满洲必由之路，并为满洲筑铁路所经之地，煤产甚足，可以供铁路及海参崴兵船之需。对于该地煤矿的质地、价钱、华人的开采现状等情况，文章也一一加以说明。该文尤其强调了俄国派人来此经营煤矿的如下动机：

> 前时又有闻，在俄国南方经理煤务之矿师奉俄廷之命，至满洲细察产煤之处，欲得一价廉而运便之煤矿以供海参崴及太平洋船舰之用，以冀大兴其利于满洲焉。目下俄人所用之煤悉仰给于日本，设有

---

[1] 《汉报》1898 年 3 月 22 日。
[2] 《汉报》1898 年 9 月 8 日。
[3] 《汉报》1898 年 9 月 13 日。

意外事起，日本必禁煤出口，则俄将有煤斤不继之虞，今俄之所以竭力经营唯恐不速者，正为此耳。①

这就是说，俄国在满洲经营煤矿，近则出于供西伯利亚铁路和海参崴及太平洋的兵船之需，远则是出于"大兴其利于满洲"的战略需要，意在突出俄国在东亚的深谋远虑。

而对于俄国索取旅大、谋路满洲、经营煤矿、派兵东北等一系列部署动作所带来的后果，《汉报》刊登《西报议俄》等文进行评论，该文引述香港《孖剌西报》的言论道：

> 俄人澄思渺虑，久欲施其权力于东方。今者中国旅大之地已为俄有，必得一无冻港口以屯兵船，又可由西伯利亚接筑铁路以达旅顺，俄人之踌躇满志不待烦言矣！然谓其不欲割取别处地方，则恐有未必然者。满洲内地既许其安设铁路，则满洲全境俄已视为囊中之物，其不为俄所吞并者几希。②

俄国"久欲施其权力于东方"，如今则满洲全境几乎都将被俄国吞并，成为其"囊中之物"，这便是《汉报》要向中国读者传达"俄罗斯威胁东亚"的骇人信息。道理很简单，在《汉报》看来，俄国据旅大以扼黄海之要津，借西伯利亚铁路而可穿越东北全境，运兵东北，经营满洲，势力伸展于东方各口岸，此不仅为"中国之大患"，同时也是整个"东亚之大患"。

第三节 凸显"英俄相忌"以图牵制俄国之南下

面对俄国伸展势力于中国的南下之势，《汉报》也大量报道了有关英俄矛盾的消息，并极力凸显"英俄相忌"，以图牵制俄国。

在旅大租借问题上，该报就刊文突出英国对俄国针锋相对的强硬态度。如《英国抗议》云，英国政府称，"中国政府若准俄国之请（按：指

---

① 《汉报》1898年10月7日。
② 《汉报》1898年9月23日。

租旅大于俄国),是即扰乱东方之和局者也,英国必不能不干预此事"①。英国"不能不干预此事"的表现就是如《英人要挟》所报道的——英国军舰进驻威海卫,英国公使说,"若不假威海卫,英国必进据旅顺口"②。无论是进据威海卫还是旅顺口,都是针对俄国租借旅大的举动。

与此同时,《汉报》陆续以多条消息报道了英国向中国派兵的情况:《英国兵船》称,"英国兵舰派在东亚者甚夥",并详细罗列了具体的兵力情况,展示了英国雄厚的海军力量③;《筹议军备》说,"英国政府近察东方风波迭起,现筹议军备以备不虞",文中列举英国政府采取的七项军备举措,暗示其为"在东方开战"作准备④;《英舰东来》指英国政府"现拟派遣军舰来东",如今已饬令二等巡洋舰赶赴东方⑤。

同样地,《汉报》也报道了俄国派兵的动向,如《俄兵越境》就说有俄兵5700名已行抵吉林,"并携带军火为数甚巨"⑥。但是,俄国政府派赴东亚的黑海舰队却在大打尼儿士海峡受阻,因为英国与各国曾经立约,禁止俄国舰队由该海峡经过,"俄舰若经过该地,英国必不能坐视尔"⑦。《开仗风闻》甚至宣称官场中曾接天津消息云,"英俄已经在旅顺口外海面开仗"⑧。这些消息所要体现的是,英俄两国争相调兵遣将赴"东方",彼此对抗的火药味十足。

不仅如此,《汉报》还报道了英日两国联合起来对付俄国的消息,如《英日风声》就明确地说,英日两国水师"因俄人事事无理,大有鲸吞高丽席卷辽东之势,是以互相联络",是以"英船近日迭次开赴东瀛",而日本各军工厂"亦日夜赶办器具以备水师之用"。文章说,据此情景,"日本不久必当与俄人理论"⑨。而《物议纷纷》更是直接称"京津之间有日本与俄开战之说,人心惶惶不安"⑩。

---

① 《汉报》1898年4月9日。
② 《汉报》1898年4月11日。
③ 《汉报》1898年3月7日。
④ 《汉报》1898年3月12日。
⑤ 《汉报》1898年3月22日。
⑥ 《汉报》1898年2月27日。
⑦ 《汉报》1898年3月23日。
⑧ 《汉报》1898年9月28日。
⑨ 《汉报》1898年2月23日。
⑩ 《汉报》1898年4月4日。

尽管《汉报》中有日本与俄人"理论"甚至是"开战"之说，但认真分析，该报着重强调日本的态度只是在于壮大英国对抗俄国的声势，归根结底，该报有意突出的是英国的立场，并凸显英俄之间在东亚的利益冲突。有关这一点，可从该报在俄租旅大前后对英俄针锋相对的相关报道中看出。①

在各国强租中国海港、纷纷划分势力范围的斗争告一段落之后，列强又开始在中国的另一轮激烈争夺——争夺中国铁路的投资权。不同的是，这一次英俄经过多次交涉，于1899年4月28日以换文方式达成协议，协议规定，俄国保证不在长江流域进行铁路投资，并不妨碍英国在该地区的铁路投资；英国保证不在长城以北地区进行铁路投资，并不妨碍俄国在该地区的铁路投资；同时又规定，俄国不损害英国汇丰银行取得的关外铁路权利，而俄国有权从中东铁路建筑支线通过上述关外地区。② 这样，英俄两国私相授受中国的权益，以各自在中国势力互相渗透的方式暂时达成妥协。

对此，《汉报》连续发表《论英俄联盟》、《比较英俄东方权力》、《忧俄篇》等论说，对"英俄订立约章各分权限"表示不满，强调"狠若豺狼"的俄国之"大欲"，而极力鼓吹英俄相忌的关系，鼓动英国出面牵制俄国。

以不署名《忧俄篇》为例。

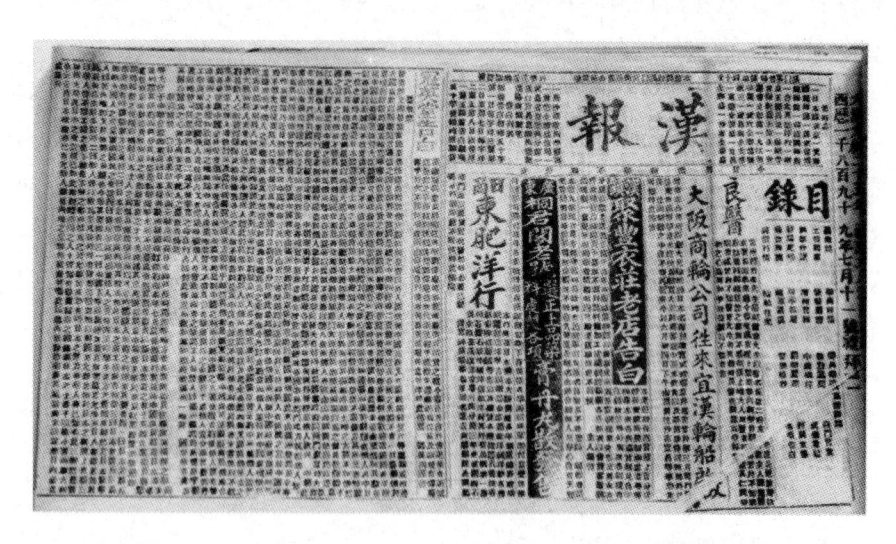

图7-2　1899年7月11日日资《汉报》刊载论说《忧俄篇》

---

① 这一轮争夺战的结果是英国获得旅大对岸威海卫的租借权。
② 赵佳楹：《中国近代外交史》，世界知识出版社2008年版，第465页。

该文针对俄国"于东境创设铁路"一事,指斥"俄之处心积虑""狠如豺狼"道:

> 俄人于中日一役之后,恃有逼迫日本归还辽东土地之功,租我旅顺、大连湾,调兵增饷,惨淡经营,汲汲皇皇不遗余力。①

该文接着说,英俄两国是"交相忌亦交相畏"的关系,俄国最怕的只有英国:

> 其所忌者惟欧洲之英耳……英与俄其强相埒,虽土地之大英不如俄,然国之富兵之精俄初不胜英,故英俄两国交相忌亦交相畏。②

然后,作者叙述了英国牵制俄国的前事:其一是在俄国既得旅顺大连湾后,"英国即据威海卫以为之制,且欲保扬子江拓九龙","盖恐在中国之权利为俄所夺,故在在谋所以抵制,不肯毫以让人";其二是俄国后来又欲"由山海关开采铁路以达京师",即修筑京奉铁路,文章写道:

> 夫使俄人而果得行此志,则中国利权尽归俄人掌握,于英国在华商务大有妨碍,故英国党政府院开门聚议……授意中国总理各国事务衙门竭力抗拒。俄人知事为英所阻,故俄使曾告总署大臣,谓中国将来由满洲筑铁路至京,慎勿求助于他国,则俄国此次由满洲筑路至京亦可作为罢论。③

上文的意思是,在英国的牵制下,俄国屡次都没能完全逞志于中国。

然后,文章说:但是近日俄使忽然又向中国政府言及京奉铁路之事,且俄国经与英国"订立约章各分权限",俄国声称"此处路矿诸事系俄国所应办,中国政府可无所用其迟疑矣"。对此,该文说:

---

① 《汉报》1899年7月11日。
② 同上。
③ 同上。

> 俄人之所惧者英也，其不敢逞志于满洲者，惧英为之牵制也，今乃订立约章，而俄人遂得于中国东境，惟所欲为矣，独不解英人何遽有此？西报谓此次英俄所订新约，……英人为俄所愚……不然，英非如秦之无人者，岂计不及此，任俄独握中国东方权利乎？①

谓英与俄国立新约系英人为俄所愚，又谓莫非系英国无人，才使俄人于中国东境"惟所欲为"，任俄"独握中国东方权利"。可见，对这一英俄订约各分权限之举，该报论者完全不能接受。论者所希望的是如以前那样英俄相忌，由英国直接出面抵制俄国在东方的一切举动。

在文末，作者写道：

> 英俄相忌则互相牵制，中国尚可徐图振兴，英俄相合则各分权限，中国必日受侵削而不能复有所为，故英俄相忌则中国之利，而合则中国之大害也。观立约后俄人议有管理满洲之全权……几视满洲一地非国家所有矣，况其鲸吞蚕食之心尚方兴未艾乎，杞人之忧岂有极哉！②

以俄国"鲸吞蚕食之心方兴未艾"为威胁，极言"英俄相合"的严重后果，当然，这种后果之言一方面是指对中国之害，是说给中国人听的，以离间中俄之间的关系；而另一方面，则又是指对列强在华利益格局尤其是英、日、俄利益格局的破坏，主要是为了提请英国的注意，从舆论上鼓动英国出面牵制俄国。

这种鼓动之意在"译西报"之论说《比较英俄东方权力》一文中更加直接。该文称，虽然"今中国政府喜与俄亲厚"，且"俄厚蓄兵力于北中国之北方"，但海权以英为最大，英国于中国北方施设之策也颇得要领，所以，"只望我英政府诸臣再行悉意经营，以保我权利，则俄军虽屯有四万于旅顺，亦不足畏矣"③，极力怂恿英国向俄国挑战。

以上是"三国干涉还辽事件"之后、义和团运动之前《汉报》的

---

① 《汉报》1899 年 7 月 11 日。
② 同上。
③ 《汉报》1899 年 7 月 4 日。

"防俄"报道与评论。

第四节 鼓吹英日联合共同防御俄国

与之前刻意突出英俄矛盾的角度不同的是,在义和团运动时期,《汉报》"防俄论"的重点已从强调英俄矛盾转为日俄矛盾,即突出日本与俄国的利益冲突,并在这一视角之下提出"英日宜联列强以防俄"的论调。同时,必须指出的是,在这期间,该报在涉俄报道中的态度前后是有微妙变化的。下面便以这种变化为线索,分析该报义和团运动时期的"防俄论"特征。

在义和团运动前期,《汉报》主要突出俄人在东亚"锐意经营"的行动而日俄"时有所争"的矛盾。比如《俄营东亚》一文写道:

> 神户日报云,俄人在东亚之举动实属锐意经营,兢兢业业,时募有多军备在东亚,而俄皇于日前曾欲倡弭兵会,使天下常享太平,今于东亚又如是振顿军武,居心叵测,不能使人无疑,然无论俄如何,我日本决不将高丽任俄管理云云。①

针对俄人在东亚振顿军武的动向,日本的态度是"决不将高丽任俄管理",这反映了日本与俄国在东亚直接的利益冲突,以及日本国内兴起的与俄国直接对抗的舆论。

《日俄关系》一文则对这种矛盾关系有着更为详细的分析。该文录自《中国邮报》所登"日本横滨访事"之来函道:

> 但见俄兵云屯搬运军装粮食,甚行忙碌,并悉该处存储煤炭不计其数,盖俄船赴星加坡所运之煤炭至此间卸载,前礼拜内长崎俄水师兵舰数艘装载煤斤无分昼夜,其汲汲经营于斯可见宜乎。②

"搬运军装粮食""甚行忙碌"、"存储煤炭不计其数"、"装载煤斤无分昼

---

① 《汉报》1900年4月6日。
② 《汉报》1900年6月11日。

夜"，意在说明俄国"汲汲经营于斯"的情景。对此，文章称：

> 日本之不得不备也。日在高丽各属煤其商务利益无稍或懈，使有抗之者，则必出于一战，固无疑义矣。或闻日俄两国虽于高丽商利时有所争，当不遽至于决裂，而高丽欲脱日俄两国之羁绊则必久待日矣。①

文章声言对于俄国汲汲经营之举日本"不得不备"，因为日俄两国在高丽商利时有所争。所谓"不得不备"是指对俄开战。但当时日本不能立即与俄开战，是因为：

> 然日本或有迫于不得不战者，盖闻日政府豫算本年国费短银四十兆圆……日东战后，国诸君老成持重，断不轻于启衅致肇战端，非若俄人之穷兵黩武，跃跃欲试也。若夫财用不足，或出于战，寓日各西人则以不足之患正在军兴，即所以抑日本不敢轻于一战也。②

总之，囿于财用之不足，日本不敢轻于一战。但日人"深悉日俄之战终不得免，且知必战于西比利亚铁路未完工之时"。可见日人已经在心理上作好了与俄国一战的准备。

此时《汉报》刊登文章突出日俄矛盾，反映日本国内对俄开战的舆论，一定程度上表明了该报编者对俄国的态度。

但值得注意的是，《汉报》的对俄报道基调在7月中下旬有所变化。1900年7月15日该报刊登"译路透局电"之《俄国不阻日本》一文，其内容如下：

> 探得俄政府于本月初一日照会日本政府，请速遣陆军往北京救援各国钦使为要，况日本政府既已应允各国，以北省之事，当与各国联合一气办理，则俄国岂有阻滞日本遣大军往北地之理耶云云。③

---

① 《汉报》1900年6月11日。
② 同上。
③ 《汉报》1900年7月15日。

这指的是俄国同意日本出兵中国镇压义和团。关于日本出兵的问题，在上一章已经提及，即在义和团蜂起京畿之时列强急需大兵前往镇压，英国尤其心切，所以由英国出面游说各国同意日本出兵，迫于形势，各国（包括俄国）在日本出兵问题上勉强取得一致意见。

正是在这则"俄国不阻日本"的新闻前后，《汉报》的报道一反之前对俄大加贬抑的态度，而将俄军写成被"拳匪"攻击的防御者形象。如《俄路被攻》称"俄人满洲铁路被匪攻击"①；《牛庄消息》写道，"盛京城内目下尽系团匪，该处有天主教堂一所，已被焚毁，教士一名，亦经遇害，其余各教士逃赴牛庄，兹已乘坐吴淞轮船抵烟矣"②；"紧要新闻"《华军犯俄》则更是摘录了"俄国海参崴埠来电"的消息道：

> （黑龙江将军）率领大军往攻黑龙江北岸之俄城名曰白兰佛歌金次克，并用大炮遥击该城，又云俄兵现已将该城对岸之华街名海兰泡焚烧矣。③

据此，则系中国军队先侵犯俄城，然后俄兵才焚烧海兰泡。对俄军制造的这起烧溺数千中国人的骇人听闻的海兰泡惨案，《汉报》在这里一笔带过，而且暗示其责任在中国军队的先事侵犯，该报先前对俄国人"狠如豺狼""鲸吞蚕食"之语此处已经不见踪影。

然而，这种对俄国不予贬抑的态度自8月之后却又发生了变化。如"东报译录"之《俄自招祸》一文，对俄属西伯利亚东部地方"马贼出没、毁坏铁路、袭击俄兵等暴情"之"起因"予以披露，称缘起于俄国所招兵勇"任意暴横"，"为则欲为"，使"华商等受辱殊甚"，而俄官皆不行制止，满洲马贼等看此光景，"义愤公激"，才成今日之事变。④ 又如"各省新闻"之《牛庄近耗》称，"上海官场近得北方来信云"，"近因俄人无端攻犯牛庄，残杀华人，故满洲各属居民痛心疾首，誓与为仇"⑤。再如"各省新闻"之《牛庄难民》称，"烟台十四日来信云"，俄兵在牛

---

① 《汉报》1900年7月7日。
② 《汉报》1900年7月16日。
③ 《汉报》1900年7月25日。
④ 《汉报》1900年8月10日。
⑤ 《汉报》1900年8月20日。

庄"戮杀华民，不分良莠，而考萨克之兵尤为残狠"①。"东报译录"之《牛庄战事》写道：俄兵"占据牛庄城，并夺该地税关，扬俄国国旗，以表占据之意，由是俄兵横行牛庄城内，戕害良民，掠劫富豪，乱暴无极"②。《俄兵占据》宣称，"俄国已有欲占据东三省全地之举动"③。

上述报道，无一不在描述俄兵滥杀无辜、残毒至极的情景。

与此同时，《汉报》的"本馆论说"《论英日宜联列强以防俄》一文，呼吁英日两国联合起来共同对抗以"蚕食鲸吞为宗旨"的俄国。

文章说，俄国"日以统一五洲为宗旨，灭人之国取人之地，又以乘乱伺隙为蚕食鲸吞之宗旨"。然后从"中东之祸"即中日甲午战争说起，称俄国乘机"坐收膏腴之地要害之区"，而义和团之乱，则是"我华不幸，即俄人之大幸也"，将义和团之乱看作是俄国侵吞中国、大肆其欲的大好机会。论者接着说道：

> 俄之大利即日之大不利，亦即英之大不利也，若美若德若法恐与之俱不利焉。中日形如唇齿，固不待言，英属印度俄则垂涎已久，他如土耳其诸国亦皆思尝脔染指以填欲壑。倘俄人乘团匪机会于中国大有进步，数年后再有内患则俄人之与成而愿遂矣。……统筹中外大局，今日京畿之祸为俄人不可失之时，即为英日不可忽之时也。④

"俄之大利即日之大不利，亦即英之大不利也，若美若德若法恐与之俱不利焉"，在这句话中，日俄矛盾列在英俄矛盾之前，更排在其他各国与俄国的矛盾之前，这表明该报此时已经把日本与俄国的矛盾冲突置于首位。这与之前突出英俄矛盾的论调是有所区别的。同时，文中"今日京畿之祸为俄人不可失之时，即为英日不可忽之时也"之语则又从舆论上将英日两国捆绑在一起，以共同对付俄国。

至于如何对付俄国，该报提出了以下"良策"：

> 今英日于中国匪徒之役，宜以实心实力保全中国。团匪未平以

---

① 《汉报》1900年8月21日。
② 《汉报》1900年8月22日。
③ 同上。
④ 《汉报》1900年6月21日。

前，当筹完全之策以平之，勿使俄人捷足，为日后索地要款之地；团匪既平以后，毋效从前之尤，兵费置诸不议，即议偿兵费，亦俟十年后元气少复再为商酌，其最大要者尤莫如朝廷政事，或托总理衙门转奏太后退养颐和，请皇上亲政，以顺舆情而息谣诼，转二国言之太后不听，或联列强竭忠忱以上告，务期俯从而后已。

其主张为：英日两国共同"实心实力保全中国"是前提，在这个前提下，分两步走：首先是英日联合抢先平匪，"勿使俄人捷足"，待"匪"平之后，再由英日两国共同提出有关善后处置之策，即迫使慈禧"退养颐和"，"请皇上亲政"，若慈禧不听，再联合列强施压实行，"务期俯从"。可见，所谓"英日宜联列强以防俄"其实质是英日共同主持镇压义和团运动及对中国强硬的善后处置事宜，它以"勿使俄人捷足"、"不使俄人得手"为目标，即以遏制俄国的势力扩张为目的。

综上所述可以看出，在列强共同镇压义和团运动时期，虽然《汉报》也曾刊登少量"扬俄抑中"的报道，但始终抓住防止俄人"捷足先登"占尽中国东北利权的主线。同样地，在凸显俄国对东方的巨大威胁与"冷却俄国崇拜之热"、或者是诱劝中国重视和信任"唇齿相依"的日本、乃至拉出英国这面大旗以壮其声威等方面，《汉报》的相关报道和评论都与日本国策紧密呼应。从这个角度来看，《汉报》——作为日本在华首家政论报纸，可以说是不负日本外务省官员在该报创刊时所赋予的使命和重望。

第八章

日资《汉报》之落幕

1900年9月28日,《汉报》刊发其主笔冈幸七郎撰写的社文《停报辞》,称:"现拟因事闭馆,将该(按:原文如此)报馆之利权奉让中国官宪,乃爰于本日停报告别矣!"① 宣告日资《汉报》停刊闭馆。

关于《汉报》的转让情况,日本驻汉口总领事濑川浅之进特于10月3日电告日本外务大臣青木周藏道:

> 我国熊本县人士宗方小太郎于该地发行之唯一中文日报——《汉报》,此次举其报名及一切附属机器设备卖与湖广总督张之洞,出卖契约订立后,于上月三十日已完成转让,尔后该报即行停刊。今后该报在该总督手中能否续刊尚属未定,目前尚非其时。关于出卖该报之原因,乃因该报至今始终收支相抵难以维持,幸遇张总督表示愿意收买之机,遂将其出卖。特此报告。②

濑川的上述电文称,日人之所以出卖该报,是因为该报始终"收支相抵难以维持",又"幸遇张总督表示愿意收买之机",即迫于经济上的困境而转让给了"愿意收买"的中国官宪张之洞。宗方小太郎苦心经营4年零7个月的《汉报》是否如濑川所言系因"收支相抵难以维持"而闭馆?其真正原因何在?其中经历了怎样的过程?

---

① 刘望龄编:《黑血·金鼓——辛亥前后湖北报刊史事长编:1866—1911》,湖北教育出版社1991年版,第51页。

② 同上书,第52页。

第一节 《汉报》停刊的经过

《汉报》的停刊，其实与湖广总督张之洞的干预密切相关。关于这一点，学者刘望龄在其《黑血·金鼓——辛亥前后湖北报刊史事长编：1866—1911》一书和《张之洞与湖北报刊》一文中有所叙述，下文借助有关资料作进一步的阐述。

早在1900年2月10日，张之洞就电饬湖北留日学生监督钱恂，令其务必与日本外务部婉商，以对"日本保护"之在华各报予以约束。该电文说道：

> 康党造谣煽乱，诬诋慈圣，各报妄传，深恨仆之攻驳康学，故于仆极事诬诋，谓京师有大举，鄙人已允，骇愕已极。中国体制，岂有一外臣与秘谋之理。查天津《国闻报》、上海《中外日报》、《便览报》、《苏报》、《沪报》、汉口《汉报》皆日本保护，阁下务访其外部，并商近卫伊藤，述鄙意，与之婉商，言此各报多误信康党谣言，不知康党逆谋，有意危乱中国，中国乱于日本亦不利，且非日本力助自强之意。务请其速电驻华公使及各领事，切告各报馆，事事务须访实，勿信逆党讹言，刊报勿用康党主笔，万不可诋毁慈圣，有碍邦交。①

电文显示，对包括《汉报》在内的"受日本保护"的文中六家报纸，张之洞通过外交渠道予以干预，即令其在日本的部属钱恂前往日本外务部交涉，"商近卫伊藤"，请速电日本驻华公使及各领事，让后者出面约束各报，要求各报做到如下两点：不得用康党主笔和不得"诋毁慈圣"。

这说明，张之洞把《汉报》等"误信康党谣言"、"诋毁慈圣"之舆论宣传作为外交事件论处，特别是他所点名要与之婉商的近卫笃麿和伊藤博文两人，一为《汉报》的补助机关东亚同文会之会长，一为在此前后多次组阁的日本重臣、政界元老，由此足见张对此事的重视程度。

在此后不到一个月的3月7日，张之洞发布题为《札江汉关道遵旨禁

---

① 转引自刘望龄编《黑血·金鼓——辛亥前后湖北报刊史事长编：1866—1911》，湖北教育出版社1991年版，第36—37页。

止购阅悖逆报章并代为寄递、续开报馆》的长篇札文，自称为"遵旨禁止购阅悖逆报章事"。所谓遵旨禁阅，是指该年正月十五日（1900年2月14日）清廷发布上谕，令各省督抚对康有为、梁启超所办报纸"逐处严查，但使购阅前项报章者，一体严拿惩办"①。在这篇札文里，张之洞分门别类部署如下四大禁报措施：（1）对康梁在南洋所办《天南星报》和在日本所办《清议报》，严禁；（2）对沿海各省报章"语涉悖逆者"，"一体禁止购阅，并禁止代为寄送，严行查拿惩办"，并特别交代，由江汉关道知照税务司，严行稽查，"将来无论何省寄来之报，如有言语悖逆，意在煽乱者，断不准其进口销售"；（3）对在汉口华界开设报馆者，"禁止购阅递送，房屋查封入官"；（4）对在汉口洋界冒充洋牌开设报馆者，"亦断不准购阅递送，违者一并拿办"，同时照会各国领事，"勿令华人在汉口冒充洋牌，续添报馆"。

可见，在张之洞的亲自部署下，从华界到洋界，已经布下严行稽查的网络，禁止全国各省及海外的任何一家"悖逆"报纸进入辖地，同时，严厉禁止在汉口、汉阳续开报馆，在内地掀起了一股全面禁报的浪潮。在这种情况下，之前已被张之洞点名的汉口租界之《汉报》自然在严行稽查之列。

面对清政府和湖北地方当局的严厉查禁，日本方面亦采取了应对措施。3月15日，日本驻华公使西德二郎密电濑川浅之进调查日本在汉口发行报纸的情况。②

随后，3月31日，濑川为张之洞禁阻《汉报》发行之事致函青木周藏，函文说：

> 湖广总督张之洞根据本年2月14日之上谕，对清国内地发行之报纸，其购读与递送等事项一一进行了制裁，已命当地道台将此旨照会过各国领事。其次，据曩昔之报告及近期之传闻，湖南省城长沙于本月17日起宣布禁止发卖历来在该地颇有销路之各种报纸，如上海之《同文沪报》、《申报》、《中外日报》，汉口之《汉报》及湖南之

---

① 苑书义、孙华峰、李秉新主编：《张之洞全集》第5册，河北人民出版社1998年版，第3972页。
② 参见刘望龄编《黑血·金鼓——辛亥前后湖北报刊史事长编：1866—1911》，湖北教育出版社1991年版，第39页。

《湘省电录》等。又且颁布逮捕报纸贩卖人之命令,报纸贩卖人龚姓已逃逸。……据传闻近日湖南布政使有言,"外人报章,不得销行内地,华人代外人售报,即以从逆论,罪当不赦;况日本为我国仇敌,何得代其任事"云云。①

从函文中可知,由于湖广总督张之洞对上述各报的购读和递送进行了严厉的制裁,历来在长沙"颇有销路"的《汉报》此时已被湖南地方当局视为仇敌之报而禁止销售。濑川说:"与康梁无任何关系之汉报,顿时已失去在该地之销路,目前已受到相当损害,故应考虑照会当地之地方官,请求解除《汉报》发行之禁令。"② 在长沙的禁销,使《汉报》遭受"相当损害",所以,濑川向其上司建议照会湖南地方官,要求解除该报在长沙的发行禁令。

两天之后的4月2日,濑川应前述青木之调查日本在汉口所办报纸情况的要求,密电青木周藏和西德二郎,进呈《有关当地发行报纸状况》的调查报告,详细汇报宗方小太郎接办《汉报》的经过和办报宗旨。③ 谈到该报的经济情况,濑川说:

> 该报自创立以来屡立屡废,经济之拮据颇甚,且机器与附属设备等已陈旧,不堪使用,多经百方弥缝才延续至今日。自二十九年二月至三十二年三月,三年零一个月时间,收支不足额在四千元以上,因得海军军令部一千元补助,与外务省一千五百元临时补助,才渐能补缀。据云自三十二年四月以来,已开始接受东亚同文会之补助。④

上述电文有两处时间之误:一是"二十九年二月至三十二年三月",显然是指《汉报》从创刊之始至接受东亚同文会补助前夕,即实际上为"二十二年二月至二十五年三月";二是"三十二年四月以来"是指该报开始接受东亚同文会补助的时间,当为"二十五年四月"。这不排除是濑

---

① 转引自刘望龄编《黑血·金鼓——辛亥前后湖北报刊史事长编:1866—1911》,湖北教育出版社1991年版,第39页。
② 同上。
③ 同上书,第40—41页。
④ 同上书,第41—42页。

川记错时间之故。但他所反映的《汉报》社之经济状况,当有可信成分。根据濑川所言,自宗方小太郎接手《汉报》以来,该报"屡立屡废",主要原因是"经济之拮据颇甚",正因如此,其机器和附属设备一直没有更新,破旧不堪。他还汇报了该报的收支情况及其资金来源:该报一直收支不敷,支绌高达 4000 元以上,这笔不足额是经日本海军军令部补助 1000 元和外务省临时补助 1500 元才"渐能补缀",直到 1899 年 4 月,该报开始接受东亚同文会的补助。由此可知,《汉报》一直面临收支不敷、经费不足的问题。如今《汉报》在"颇有销路"的长沙被禁止销售,从经济上来讲,必将损失一大笔报资,这对本来就十分拮据的《汉报》来说无疑是雪上加霜,难怪濑川说该报"目前已受到相当损害"。

针对濑川的报告,青木于 4 月 27 日电复濑川道:

> 关于我国人在当地发行之报纸——《汉报》之探报与报纸发卖人被逮捕之事,以及湖广总督对报纸购读与递送进行制裁,令各道台照会各国领事之事,已从您上月二十二日所送报告中了解。关于湖南省禁止发卖报纸一事,亦从您同月三十一日所送报告得到了解。[①]

电文中提到的濑川"二十二日所送报告"尚不知其具体内容,但大体可知事关张之洞的前述禁报札文,同时也可知自 3 月 7 日张之洞的禁报札文发布后,濑川分别于 1900 年 3 月 22 日和 3 月 31 日两次向青木报告湖北禁报之令以及《汉报》所遭遇之事。青木对此予以高度重视,在该复电中向濑川指示道:

> 正如您来信所说,我国人于该国发行报纸,所遇困难诚为不少,贵官可于现在向当地地方官作如下表示:我国人发行之报纸,完全基于睦善邻邦之旨,目的在于启迪该国人民之智识。若其刊载之文章中有涉及悖逆之事时,即请移牒于该国首都之我帝国领事,地方官请勿擅自禁止其发行与购读。您可以与彼等交涉,设法使彼等改变其固陋之见解。[②]

---

① 转引自刘望龄编《黑血·金鼓——辛亥前后湖北报刊史事长编:1866—1911》,湖北教育出版社 1991 年版,第 42 页。
② 同上。

电文又道:

> 又,据贵官之报告,湖南布政使曾扬言,"况日本为我国仇敌"云云,您作为传闻予以报告,其事果为事实否?若得其意属实,不论从何目的出发,也要向北京政府反映其征迹,提出抗议。望贵官能对此事作更详细之调查,再行呈报。①

通过这份电文,青木向濑川作出如下两点指示:其一,就《汉报》被禁止销售之事与湖北地方官交涉,即向该地方官力言该报"睦善邻邦"之宗旨,以改变其对该报的"成见",并向该地方官指出,即使《汉报》涉及悖逆之事,该官也无权予以处置,而应交由日本驻汉领事即濑川处理;其二,就湖南布政使所言"日本为我国仇敌"之语进行调查,若事果属实,则向清政府提出抗议。

至于后来濑川就《汉报》之事如何遵照青木的指示与湖北地方当局交涉、后者如何答复、双方后来又经历了怎样的交涉过程,目前尚未获资料可以显示。但从以上已有线索可知如下事实:

第一,从1900年2月10日张之洞指示部属往日本外务省交涉至9月28日《汉报》发表《停刊辞》,说明中日官方之间关于《汉报》的交涉至少经历了7个多月的时间。

第二,张之洞先后通过令其在日本的部属直接与日本外务省交涉和令江汉关道照会日本驻汉领事这两条渠道,就《汉报》之事提出交涉,张之洞对《汉报》的关注和重视程度可见一斑。

第三,日本外务大臣青木周藏和日本驻华公使西德二郎亲自与闻其事,日本驻汉总领事濑川浅之进具体过问此事,日本外务省对《汉报》被阻发行一事的重视程度可见一斑。

第四,至少在1900年3月中旬,两湖地方当局已经对《汉报》采取严厉制裁措施,其中逮捕报纸贩卖人一条和湖南布政使严禁《汉报》在当地的发卖之举,令《汉报》顿失一大销路,该报因此"受到相当损害"。

---

① 转引自刘望龄编《黑血·金鼓——辛亥前后湖北报刊史事长编:1866—1911》,湖北教育出版社1991年版,第42页。

第五，《汉报》一直面临收支不敷、经费不足的问题。

从《汉报》被停刊转让的结果来看，日本外务省最终没能阻挡张之洞坚决禁阻该报的行动，历时4年零7个月的日资《汉报》自此落幕。

第二节 《汉报》停刊的缘由

从电饬部属往日本外务省"婉商"，到札江汉关道照会日本驻汉领事，再到最后《汉报》停刊转让，张之洞在其中起到了关键作用。所以，要探寻《汉报》停刊的缘由，必须对张之洞这一关键人物的有关举措和思想作出分析。

由前文可知，在1900年2月10日发给湖北留日学生监督钱恂的电文中，张之洞对《汉报》及其他受日本保护的在华各报极为不满，原因是它们"多误信康党谣言，不知康党逆谋，有意危乱中国"，故望日本驻华公使及各领事"切告各报馆，事事务须访实，勿信逆党讹言，刊报勿用康党主笔，万不可诋毁慈圣，有碍邦交"。这说明，阻止《汉报》（包括其他各报）对"康党谣言"的传播是张之洞对这些报纸采取外交行动的主要目的，或者说，《汉报》"诋毁慈圣"的报道和言论引起了张之洞的高度警觉；尤其是电文中"康党造谣煽乱，诬诋慈圣，各报妄传，深恨仆之攻驳康学，故于仆极事诬诋，谓京师有大举，鄙人已允，骇愕已极"之语，更是表明各报的"妄传"已经触及到张之洞本人的切身利益，《汉报》等称张与康党呼应、允许"京师大举"，即与康党一起站到与慈禧太后对立的阵线。此等"惊骇已极"的"诬诋"，自然为张所不容。如果说《汉报》等"诬诋慈圣"之言已经足令张之洞不安的话，它们对张之洞本人的这种"极事诬诋"则更是令他极其不满，也许这就是为何张之洞早在2月10日也即2月14日禁报上谕发布之前就已经采取行动查禁报纸的原因。

显然，在1900年2月14日禁报上谕发布之前，张之洞对报纸的查禁范围尚为有限，而在禁报上谕发布之后的3月7日札文（《札江汉关道遵旨禁止购阅悖逆报章并代为寄递、续开报馆》）则显示，张之洞决心趁势对其辖地的报纸进行全面整顿，其对报纸的查禁范围和严厉程度均大大超过了上谕，因为，上谕仅仅是针对于康、梁报章而已，而张之洞的札文则已经将海外康、梁所办报纸、沿海各省报纸、汉口洋界报纸、汉口华界报纸统统纳入查禁的范围，也就是说对其辖地之内及其权力所及的所有报章均进行严厉查禁，凡是"语涉悖逆者"一律不准购读和递送（这种举措在上文已经提及）。可以说，3月7日札文是张之洞全面禁报的宣言，也就是在这之后，日本驻汉总领事濑川浅之进、日本外务大臣青木周藏和日本驻华公使西德二郎频频对《汉报》加以关切并进行交涉，这又说明自此之后湖北地方当局对《汉报》的禁阻有了切实的行动。因此，有必要以该札文为线索，解开张之洞一意禁阻《汉报》的背景和起因。

该札文对康、梁"二逆"所办《天南新报》、《清议报》之舆论和意图加以揭露道：

> 谬托忠义之名，其逆报大意专抵朝政，诬诋皇太后，显违皇上朱谕，以有为无，以无为有，肆口狂吠，毫无顾忌，其意不过欲使内地各匪造谣作乱，外洋各国伺便乘机，使我中国不能一日安靖，以遂其凶逆之隐衷而后已。[1]

同时，札文对这两份"逆报"在中国报馆中所产生的影响加以阐述道：

> 此二报传入中国各报馆中，深明尊亲大义不为所惑者，固不乏人；然亦间有不明事理者，不免以讹传讹，互相采录，甚至托名京城西友来电，而京城各国使馆并无所闻，托名某处访事人来信，而本省并无其事。长江一带，会匪素多，因之造为各种揭帖，公然纠众谋逆，实刊发指，亟应遵旨严禁。[2]

所谓康、梁"二逆""谬托忠义之名"、"专抵朝政，诬诋皇太后"、"欲使内地各匪造谣作乱"，指向的是1900年1月24日慈禧太后发布懿旨下诏建储、立端郡王之子溥儁为"大阿哥"、预备废黜光绪帝也即史称"己亥建储"这一历史背景。当时，各地反对立嗣、要求慈禧太后归政的

---

[1] 苑书义、孙华峰、李秉新主编《张之洞全集》第5册，河北人民出版社1998年版，第3972页。
[2] 同上。

"勤王"声浪一度高涨,梁、康系则趁势利用报纸鼓动人心、贬斥太后、拥戴皇上,所以,海外华侨的归政请求,实际上都是接受了康梁系的"勤王"宣传[①],其时,康、梁已被清廷通缉,流亡在外。

因此,张之洞禁报札文是在康、梁以报纸为阵地,极力推动"勤王"运动的发展、使"勤王"舆论一度高涨,而各地"会匪"借机起事、乱象不断的背景下发出的。

那么,《汉报》与此有何干系呢?

从本著第五章的分析可知,《汉报》在1899年底便已开始对朝廷处置康、梁之事直接表达不满,对康、梁表示舆论支持,这种态度到1900年初、慈禧下诏建储之后变得更加鲜明和激烈。如该报2月8日的论说就有"康梁之罪在操之过急,原其居心实亦无他,谋为不轨四字不啻莫须有三字,所谓欲加之罪何患无词也"之语和"太后轻听人言而幽皇上,太后之不慈也!使内外臣工当此之时一志同心披肝沥胆,上为皇上辩冤,下为康梁洗过。太后一日不悟,痛哭直谏之声一日不止"之辞,对康、梁的翻案、对太后的声讨、对皇上的声援之意十分明显而强烈。

又如,《汉报》于1900年2月14日、2月15日连续刊登所谓香港《中国邮报》访事在香港康有为的寓所采访康的报道《记捕臣问答》一文,该文不仅采录了康有为对立嗣"阴谋"和"内幕"的披露,还引述了康有为颇有鼓动造反嫌疑的"乱象"之说。

再如,《汉报》于1900年2月12日报道了一则"骇闻",即称有某西人接到"草莽英雄"的密函,密函称其会中党羽在长江一带数十万人,因不能忍耐皇上废立之事,请西人先生出面阻止废立,请皇上复辟;在该报同日的报道中,甚至还有直接煽动"树勤王之旗以清君侧"的言论。

还有,《汉报》于1900年2月13日、2月17日报道了日本欲过问立嗣之事的消息,称日本国必将出面干预,阻止太后废立之举。

(以上所引消息和言论可参照本著详细前述。)

站在张之洞的角度来看,在报道意图上,《汉报》显然有"谬托忠义之名"、"专抵朝政,诬诋皇太后"、"欲使内地各匪造谣作乱"的嫌疑,在报道手法上,显然有"以讹传讹,互相采录,甚至托名京城西友来电,

---

① 马勇:《中国近代通史第4卷:从戊戌维新到义和团(1895—1900)》,江苏人民出版社2009年版,第376页。

而京城各国使馆并无所闻,托名某处访事人来信,而本省并无其事"的嫌疑。在 2—3 月,《汉报》的类似"勤王"报道达到了高峰。

而就在辖地之《汉报》其"勤王"报道达到高峰的时候,清廷发布禁报上谕,要求对康党报纸和相关言论予以严厉抵制。无疑,这种契合促使张之洞开始对《汉报》采取更为严厉的查禁措施。

实际上,如果进一步结合张之洞的报刊思想进行分析,便可发现,张之洞对"悖逆"之《汉报》予以查禁乃至最终使之走向停刊是必然的事情。

张之洞在其《劝学篇》之外篇《阅报第六》中专门阐述了他对近代报纸的认识。总体上,他对报纸的兴办是持肯定态度的。他说:

> 吾谓报之益于人国者,博闻,次也;知病,上也。①

这体现了张之洞对报纸功能的认识。他认为,报纸有两大功能:"博闻"和"知病"。所谓"博闻",就是"不出户,知天下;罕更事,知世变","寡交游,得切磋",简言之就是"扩见闻"之功用,也就是报纸的信息功能。正是出于对报纸信息功能的重视,张之洞在任内广为劝阅,曾多次通饬阅报,如 1897 年札湖北各属州县,由善后局付给报资,购阅上海《农学报》,称该报"大率皆教人务农养民之法"、"确有实用"②;1899 年又按照《农学报》之例,一体购阅湖北《商务报》,转发给绅商阅看,"使知中外货殖之盈虚,制造之良楛,行销之通塞"③,主要着眼于报纸功能的实用性。

不过,尽管他对报纸的信息功能很重视,因而身体力行推广农学、商务等各实用性的报纸,但用他自己的话说,"博闻,次也;知病,上也",也就是说,他最重视的是还报纸的"知病"功能。

所谓"知病",即如下所述:

---

① 张之洞:《劝学篇:中体西用的强国策》,李忠兴评注,中州古籍出版社 1998 年版,第 132 页。

② 苑书义、孙华峰、李秉新主编:《张之洞全集》第 5 册,河北人民出版社 1998 年版,第 3493 页。

③ 同上书,第 3809—3810 页。

昔齐桓公不自知其有疾死,秦以不闻其过而亡。大抵一国之利害安危,本国之人蔽于习俗,必不能尽知之。即知之,亦不敢尽言之。①

这指的是报纸的言论作用或曰舆论影响。对于这一点,张之洞始终都予以强调并且"力持切谕"。他说,"官报与民间开设之报馆不同,务须宗旨纯正,题材谨严,凡所录必裨实用。凡有记载,力戒虚枉,庶足以正人心而开民智,息邪诐而助政教",声称官报的主要功能是"定民志,遏乱萌"②。虽然谈的是官报,但实际上也代表了张之洞对报刊基本功能的看法。他强调"宗旨纯正",因为只有这样才能"正人心而开民智",才能"息邪诐而助政教",才能"定民志,遏乱萌"。可见,在张之洞的思想里,"宗旨纯正"是前提,"正人心"是目的。

正因如此,他在推广《时务报》时(1896年)强调的是"该报识见正大,议论切要"③,在劝阅《湘学报》时(1897年)强调的是"此报议论均属平正无弊"④,在支持筹办《正学报》时(1898年)强调的是该报"使孤陋者不囿于有闻以阻新政,而颖异之士亦由是可以无遁于邪也"。⑤

上述报刊思想是张之洞变革思想的组成部分。而他变革思想的动机在于"今日时局,惟以激发忠爱、讲求富强、尊朝廷、卫社稷为第一义",即出于他对朝廷的忠爱之心和作为人臣的政治责任感;变革的总体原则为"夫不可变者,伦纪也,非法制也;圣道也,非器械也;心术也,非工艺也",即所有变革必须在"王道纲常"的政治秩序和道德规范内进行。换言之,儒道规范是准绳,君权国权是底线,对忠君卫道思想深入骨髓的儒臣和疆臣张之洞来说,违背了这道准绳,逾越了这条底线,都是不可容忍的,这与康、梁维新派的变革思想是有明显区别的。⑥

---

① 张之洞:《劝学篇:中体西用的强国策》,李忠兴评注,中州古籍出版社1998年版,第132页。
② 转引自刘望龄《张之洞与湖北报刊》,《近代史研究》1996年第2期。
③ 苑书义、孙华峰、李秉新主编:《张之洞全集》第5册,河北人民出版社1998年版,第3317页。
④ 同上书,第3493页。
⑤ 刘望龄编:《黑血·金鼓——辛亥前后湖北报刊史事长编:1866—1911》,湖北教育出版社1991年版,第17页。
⑥ 关于张之洞的变革思想及其与康、梁维新派的关系,参见阳美燕《张之洞与〈时务报〉维新派的文化关系》,《华中科技大学学报》(社科版)2007年第1期。

持着这种变革思想的张之洞,强调报纸要"宗旨纯正"、"识见正大"、"议论切要",要"正人心"、"定民志"、"遏乱萌",是自然而然的逻辑。尤其在两宫不和、乱象环生、瓜分议起的危局下,加意和掌控报纸作用于世道人心的舆论方向,站在张之洞的角度来说,更是他应该自觉担当的人臣职分。

出于上述政治职分和思想基础,张之洞尽己所能地对其视野范围内的报纸进行舆论把关和掌控,其途径有四:(1)逐期审查报中论说;(2)亲自拟定报纸体例;(3)亲自审定主笔人选,甚至直接委派报纸总办;(4)通饬官销购阅。① 这是从内容、人事到售报即力图从办报到销售的每个环节予以全权掌控。

举例来说,曾被张之洞评为"议论平正无弊"而加以官销劝阅的《湘学报》,在1898年5月因所刊文字"谬论甚多",遭到张之洞的严厉制裁:他先是下令,对于已经订阅的该报,"应俟本部堂派员将各册谬论摘出抽去后,再行札发";以后则该报"湖北难于行销",即停止官购。②接着,他又致电湖南学政徐仁铸,令将该报"不妥之处签出,寄呈察阅",要他以后"请饬呈截止,毋庸续寄",实际上是对徐施加压力,迫使其约束辖内报纸。在张之洞的一再干预下,《湘学报》被迫取消"报首议论",改刊古今"世道名言",同时将报纸主要编撰——维新派名士谭嗣同、唐才常调离报馆,使该报的舆论战斗力日益削弱。③ 同年,筹办中的湖北《正学报》主笔章太炎因发表《排满论》,高唱反清论调,遭到张之洞的驱逐,《正学报》也因主笔不得其人而自动停刊。另外,上海《时务报》、四川《蜀学报》也都因"悖谬骇闻"的舆论之过而遭到张之洞的多方阻禁。④

可以说,就在对报纸广为劝阅和严行审查的二重把控中,封建儒臣张之洞对近代报刊的舆论敏感度在不断提高,他对报纸的查禁经验在不断积累,特别是在内容审查和报纸行销渠道的控制上,可谓非常熟稔。

---

① 刘望龄:《张之洞与湖北报刊》,《近代史研究》1996年第2期。
② 苑书义、孙华峰、李秉新主编:《张之洞全集》第5册,河北人民出版社1998年版,第3607页。
③ 参见刘望龄编《黑血·金鼓——辛亥前后湖北报刊史事长编:1866—1911》,湖北教育出版社1991年版,第22—23页。
④ 参见刘望龄《张之洞与湖北报刊》,《近代史研究》1996年第2期。

因此，当《汉报》一再出现"专抵朝政，诬诋皇太后"的"勤王"论调时，采取果断措施对该报予以严厉查禁是张之洞十分自然而必然的反应。更何况，在义和团运动风起云涌之时，《汉报》不仅重提太后撤帘、皇上复辟的话题，而且明确鼓吹"南北不同"论，呼吁张之洞、刘坤一等东南督抚组织效忠于列强的"南省联军"北上勤王并趁机入朝组政，成立对日本有利的新政府。这等政治舆论较之前的勤王报道更加逾越了张之洞忠君卫道、保国保君的政治底线和道德底线。因此，日资《汉报》在义和团运动甫定之时便被张之洞接管而从此落下帷幕，是必然之势。

因此，本章开头所提到的濑川向其上司报告所言，《汉报》因"收支相抵难以维持"而转让给"愿意收买"的张之洞，只是说出了其中之果，而未道出其中之因。实际上是，"谬托忠义之名"、"专抵朝政，诬诋皇太后"的《汉报》因屡犯时忌并触及其办报所在地张之洞本人的切身利益而被严厉查禁、最后不得不停刊闭馆。这是熟稔于报刊内容审查和行销控制的张之洞努力对其辖地的报刊进行舆论把关的结果。

结　　论

　　由以上各章的分析可知，日本在华首家政论报纸——日资《汉报》源自于英国字林洋行在1893年3月23日创刊于汉口的《字林汉报》。这份创刊不久就易名为《汉报》的报纸是外国人在中国内地发行的第一份中文日报。英商《字林汉报》和《汉报》编辑部聘请了上海报界"有经验的中国学者"为华人主笔，在报道和评论中抑中扬西，鼓吹以"泰西"为榜样、而实则是以向英国开放利权为依归的中国"开放论"。

　　这份英人操权的报纸，经由日本在华谍报据点汉口乐善堂的骨干成员宗方小太郎多年奔走游说和协商，于1896年2月12日转至日本人手下。在这一接管过程中，前述"有经验的中国学者"、华人主笔之姚文藻充当了中介人，而更为关键的是，日本政府在其中暗中支持并幕后指挥。具体而言，日本驻汉总领事濑川浅之进在接收过程中始终与闻其事，日本海军大臣西乡从道、海军中将高岛柄之助、台湾总督府桦山资纪则出面予以资金援助，从而得以3000日元分期付款成交。从此，日资《汉报》以宗方小太郎私人的名义进行经营，宗方本人担任社长，日本人冈幸七郎、筱原丰成、柳原文雄等担任主笔。宗方小太郎接管后的《汉报》于1896年2月至1899年3月期间接受了日本海军军令部1000元的补助和外务省1500元的临时补助。1900年4月以后，该报成为日本东亚同文会的机关报，自此，该报转由该会资助。

　　这份应甲午战争后日本政府对华"政略"的新形势而产生的、被濑川浅之进称之为"日本人在清国境内创办中文报纸之嚆矢"的报纸，系日本在华首家政论报纸。针对"承日清战役战败之后，上下之感情颇恶，厌日人极甚"的中国舆情，该报奉行以下"汉报主义"：

　　（1）"介绍日本之实情于支那之官民，以令其信于我"；

　　（2）"明唇齿相依之义，行一脉相承之实"；

（3）"抑制旧党援助新党，以助维新之气象"。

上述"汉报主义"也即日资《汉报》的编辑方针。所谓"介绍日本之实情于支那之官民"，就是通过大力宣传日本的先进和强盛，激起中国人的"师日"之心和对日本的信任之情，以扭转甲午战争引起的"排日"舆论之不利影响；所谓"明唇齿相依之义，行一脉相承之实"，就是以动听言词宣传"同文同种"、"中日善邻"的论调，以制造有利于日本实施对华"政略"的社会舆论；所谓"抑制旧党援助新党，以助维新之气象"，就是鼓动在野的革新势力，抑制亲俄的后党势力，以扶植亲日的政治势力。概言之，即扭转不利舆论、制造有利舆论和扶植亲日势力。

宗方小太郎及其《汉报》同道自觉担当起服务于日本政府对华政略的使命，标榜其"仁至义尽"的"德邻""义侠"，以"不必迎合于当道"的姿态，对中国"一切大利大害有关时政者"进行态度鲜明的议论和褒贬，干预中国政治。

对于戊戌变法这场中国重大的变革运动，该报从日本"国益"的角度予以密切关注，特别是借助于变法自强这一当时中国的时代主题和政治制高点，以积极干预的姿态展开"勤王"报道。它以密集的系列报道和措辞异常激烈的言论，大量报道国内外反对建储的"勤王"声浪，毫不忌惮地批判慈禧太后捕杀维新派、纵容"权奸弄国"的罪行，将社会人心引向拥戴"宵旰忧勤"、"与康梁亲密以维新"的光绪帝，对康梁的翻案、对太后的声讨、对皇上的声援之意十分明显而强烈。

关于中日关系，该报极力淡化日本对中国的侵略事实，突出中日间"唇齿相依"、"同文同种"的地缘政治关系，着力营造"中日睦邻"的舆论氛围；在这一旨在劝告中国人放弃"厌日"情绪和行动的"中日睦邻"论的基础上，该报强调：妄自尊大的中国已经落伍，而与其"同文同洲同种""情同兄弟"的日本则已步入与欧美同列的强国地位，故劣等落伍的、濒临割灭的中国应以优胜而"睦邻"的日本为师，与日本联合抗欧，从而大力鼓吹基于其"弱肉强食"逻辑前提和日本民族优越感姿态的"师日"论和"联日抗欧论"；与此同时，《汉报》论者摆出亚洲强者、霸者姿态，露骨地撒播亚洲格局已定、中日之间没有平等可言的论调，大长"大日本国"的志气，大灭中国人的威风。这些关于中日关系的论调，是《汉报》主人努力制造"唇亡齿寒"的中日关系舆论的基本姿态。

对于义和团运动，《汉报》站在西方列强（包括日本）的侵略立场，对义和团以"匪徒"和"拳匪"相称，极力突出义和团的"仇洋"之暴和西人遭受残害的"悲惨遭遇"，将义和团污蔑为祸害中国的乌合之众和"非决意进剿不可"的心腹之患，因而强烈指责清政府的不剿态度，无所顾忌地将抗议的矛头直指慈禧太后和清廷主抚高官，并将这场八国联军侵华的战争说成是各国共同抗击中国"拳匪"和中国人"咎由自取"的"正当行为"和"正义战争"；同时，该报更是站在维护日本"国益"的根本立场，突出日军在这场侵华战争中的头等战功，为日本出兵中国以及事后分沾"胜利"果实制造有利有益的舆论。值得注意的是，于八国联军侵华战争的高潮时，该报再次打出"太后撤帘、皇上归政"的勤王旗号，明确鼓吹"南北不同"论，呼吁张之洞、刘坤一等东南督抚组织效忠于列强的"南省联军"北上勤王并趁机入朝组政，成立对日本有利的新政府。《汉报》就是如此站在与西方列强契合一致的舆论框架之下，完全以日本"国益"为准则来报道义和团运动和八国联军的侵华战争。

对于日本的假想敌俄国，该报同样是站在与日本政府一致的立场，密切关注、跟踪报道俄国的南下动向，突出强调俄国谋取东亚、称霸全球的侵略野心以及俄兵在中国滥杀无辜、残毒至极的情景。为了制造阻遏俄国南下的舆论，该报更是刻意凸显英俄矛盾关系，极力鼓动英俄相忌以牵制俄国利害，同时又鼓吹"英日宜联列强以防俄"，即呼吁英日两国联合起来共同对抗以"蚕食鲸吞为宗旨"的俄国。这一密切关注俄国南下动向，突出俄国的"蚕食鲸吞"之虞，并通过拉出英国这面大旗以壮声威从而达到遏制俄国势力扩张之目的的"防俄论"，正是《汉报》"于汉报纸上辨支那各报之妄言，冷却俄国崇拜之热"，使中国重视和信任"唇齿相依"、"亲睦善邻"、"同文同种"的日本所作的舆论努力。

综上所述，这份日本在华首家政论报纸，忠实服务于日本政府对华"政略"，"谬托忠义之名"、"专抵朝政，诬诋皇太后"、对中国"大利大害"之时政畅所欲言、露骨地干预中国内政的言论，大大逾越了"南方督抚"张之洞忠君卫道、保国保君的政治底线和道德底线，危害了中国人民的根本利益，因而最终被张之洞所接管，结束其在中国长达4年零7个月的寿命。

参考文献

一 专著

[1] 范文澜：《中国近代史》，人民出版社1962年版。

[2] 黄仁宇：《大历史不会萎缩》，广西师范大学出版社2004年版。

[3] 沈予：《日本大陆政策史》，社会科学文献出版社2005年版。

[4] ［日］井上清、铃木正四：《日本近代史》，商务印书馆1972年版。

[5] ［日］井上清：《日本帝国主义的形成》，宿久高等译，人民出版社1984年版。

[6] 汤志钧：《戊戌变法史》，人民出版社1984年版。

[7] 丁名楠等：《帝国主义侵华史》第1卷，人民出版社1973年版。

[8] 王树槐：《外人与戊戌变法》，上海书店出版社1998年版。

[9] 郑大华等主编：《西方思想在近代中国》，社会科学文献出版社2005年版。

[10] 杜迈之等辑：《自立会史料集》，岳麓书社1983年版。

[11] 王尔敏：《晚清政治思想史论》，广西师范大学出版社2005年版。

[12] 皮明庥：《唐才常和自立军》，湖南人民出版社1984年版。

[13] 卓南生：《中国近代报业发展史：1815—1874》（增订版），中国社会科学出版社2002年版。

[14] 马光仁：《中国近代新闻法制史》，上海社会科学院出版社2007年版。

[15] 马光仁：《上海新闻史》，复旦大学出版社1996年版。

[16] 方汉奇：《中国新闻事业通史》，中国人民大学出版社2000

年版。

［17］方汉奇：《中国近代报刊史》，山西人民出版社 1981 年版。

［18］徐松容：《维新派与近代报刊》，山西古籍出版社 1998 年版。

［19］吴廷俊：《新记〈大公报〉史稿》，武汉出版社 2002 年版。

［20］《方汉奇文集》，汕头大学出版社 2003 年版。

［21］《宁树藩文集》，汕头大学出版社 2003 年版。

［22］胡太春：《中国近代新闻思想史》，山西教育出版社 1987 年版。

［23］叶再生：《中国近代现代出版通史》，华文出版社 2002 年版。

［24］中国人民大学新闻系编：《中国近代报刊史参考资料》上册，1979 年。

［25］中国人民大学新闻系编：《中国近代报刊史参考资料》下册，1979 年。

［26］王绿萍：《四川近代新闻史》，四川大学出版社 2007 年版。

［27］沈云龙主编：《中国近代史料丛刊三编》，文海出版社 1987 年版。

［28］王林：《西学与变法——〈万国公报〉研究》，齐鲁书社 2004 年版。

［29］徐载平、徐瑞芳：《清末四十年〈申报〉史料》，新华出版社 1988 年版。

［30］黄福庆：《近代日本在华文化及社会事业之研究》，台北"中研院"近代史研究所 1997 年版。

［31］［日］蛯原八郎：《海外邦字新闻杂志史》，学而书院 1936 年版。

［32］［日］中下正治：《新闻にみる日中关系史》，研文出版社 2000 年版。

［33］湖北省报业志编纂委员会编：《湖北省报业志》，新华出版社 1996 年版。

［34］武汉地方志编纂委员会编：《武汉市志·新闻志》，武汉大学出版社 1991 年版。

［35］刘望龄编：《黑血·金鼓——辛亥前后湖北报刊史事长编：1866—1911》，湖北教育出版社 1991 年版。

［36］张静庐辑注：《中国出版史料补编》，中华书局 1957 年版。

［37］《民国丛书第二编》（49），上海书店出版社 1989 年版。

［38］上海图书馆编：《汪康年师友书札》（2）、（4），上海古籍出版社 1986 年版。

［39］黄睿：《花随人圣庵忆》，上海古籍出版社 1983 年版。

［40］李时岳：《近代中国反洋教运动》，人民出版社 1985 年版。

［41］苑书义等主编：《张之洞全集》第 5 册，河北人民出版社 1998 年版。

［42］张之洞：《劝学篇：中体西用的强国策》，李忠兴评注，中州古籍出版社 1998 年版。

［43］黎仁凯等：《张之洞幕府》，中国广播电视出版社 2005 年版。

［44］李长之：《司马迁之人格与风格》，天津人民出版社 2007 年版。

［45］冯天瑜、何晓明：《张之洞评传》，南京大学出版社 1991 年版。

［46］蔡乐苏、张勇、王宪明：《〈戊戌变法史〉论述稿》，清华大学出版社 2001 年版。

［47］刘高：《北京戊戌变法史》，北京燕山出版社 2001 年版。

［48］王屏：《近代日本的亚细亚主义》，商务印书馆 2004 年版。

［49］窦坤：《莫理循与清末民初的中国》，福建教育出版社 2004 年版。

［50］顾长声：《传教士与近代中国》，上海人民出版社 1991 年版。

［51］［英］伯尔考维茨：《中国通与英国外交部》，江载华、陈衍合译，商务印书馆 1959 年版。

［52］［英］季南：《英国对华外交（1880—1885 年）》，许步曾译，商务印书馆 1984 年版。

［53］［英］李提摩太：《亲历晚清四十五年：李提摩太在华回忆录》，李宪堂、侯林莉译，天津人民出版社 2005 年版。

［54］王振坤、张颖：《日特祸华史——日本帝国主义侵华谋略谍报活动史实》第 1 卷，群众出版社 1987 年版。

［55］东亚同文会：《对华回忆录》，商务印书馆 1959 年版。

［56］孔祥吉、［日］村田雄二郎：《罕为人知的中日结盟——晚清中日关系史新探》，巴蜀书店 2004 年版。

［57］王向远：《日本对中国的文化侵略——学者、文化人的侵华战争》，昆仑出版社 2005 年版。

［58］翟新：《近代以来日本民间涉外活动研究》，中国社会科学出版社 2006 年版。

［59］张仲礼等编：《长江沿江城市与中国近代化》，上海人民出版社 2002 年版。

［60］上海通社编：《旧上海史料汇编》（上），北京图书馆出版社 1998 年版。

［61］罗福惠：《湖北通史·晚清卷》，华中师范大学出版社 1999 年版。

［62］皮明庥：《近代武汉城市史》，中国社会科学出版社 1993 年版。

［63］皮明庥等编：《武汉近代（辛亥革命前）经济史料》，武汉地方志编纂办公室印行，1981 年。

［64］陈正书：《上海通史》第 4 卷《晚清经济》，上海人民出版社 1999 年版。

［65］徐凯希等编：《外国列强与近代湖北社会》，湖北人民出版社 1996 年版。

［66］汤志钧主编：《近代上海大事记》，上海辞书出版社 1989 年版。

［67］冯天瑜、陈锋：《武汉现代化进程研究》，武汉大学出版社 2002 年版。

［68］湖北省地方志编纂委员会编：《湖北省志·外事侨务》，湖北人民出版社 1996 年版。

［69］湖北省人民政府外事办公室编：《湖北外事志》，湖北省出版社 1989 年版。

［70］罗福惠：《长江流域的近代社会思潮》，湖北教育出版社 2004 年版。

［71］政协武汉市委员会文史学习委员会编：《武汉文史资料文库·第 1 卷：政治军事》，武汉出版社 1999 年版。

［72］苏云峰：《中国现代化的区域研究（1889—1916）》，台北"中研院"近代史研究所 1981 年版。

［73］李侃等：《中国近代史（1840—1949）》（第 4 版），中华书局 2010 年版。

［74］关捷：《日本与中国近代历史事件》，社会科学文献出版社 2006 年版。

[75] 马勇:《中国近代通史第 4 卷:从戊戌维新到义和团（1895—1900）》,江苏人民出版社 2009 年版。

[76]《英国蓝皮书有关义和团运动资料选译》,胡滨译,中华书局 1980 年版。

[77] 国家档案局明清档案馆编:《义和团档案史料》上册,中华书局 1959 年版。

[78] 林华国:《历史的真相——义和团运动的史实及其再认识》,天津古籍出版社 2002 年版。

[79] 梁华璜:《台湾总督府的"对岸"政策研究》,稻乡出版社 2001 年版。

[80] 戚其章:《中国近代史资料丛刊续编·中日战争》（第 6 册）,中华书局 1993 年版。

二　论文

[1] 刘望龄:《湖北省志·新闻出版》,《湖北新闻史料汇编》总第 12 辑,湖北省志新闻志编辑室刊印,1987 年。

[2] 李慕:《武汉〈汉报〉考》,《新闻研究资料》1987 年第 3 期。

[3] 管雪斋:《武汉新闻事业》,《武汉新闻史料》第 5 辑,长江日报新闻研究室刊印,1985 年。

[4] 刘望龄:《日本帝国主义利用报纸侵略中国之嚆矢——日人对〈汉报〉偷梁换柱始末》,《湖北新闻史料汇编》总第 11 辑,湖北省志新闻志编辑室刊印,1987 年。

[5] 刘望龄:《日本在汉的舆论宣传与思想近代化——以〈汉报〉为中心》,《近代史研究》1992 年第 1 期。

[6] 谌震:《介绍湖南馆藏的湖北新闻史料》,《湖北新闻史料汇编》总第 8 辑,湖北省志新闻志编辑室刊印,1985 年。

[7] 栾学国:《需要辨考的两种报纸》,《湖北新闻史料汇编》总第 8 辑,湖北省志新闻志编辑室刊印,1985 年。

[8] 蔡寄鸥:《武汉新闻史》,载杨光辉等编《中国近代报刊发展概况》,新华出版社 1986 年版。

[9] 刘望龄:《辛亥前后的武汉报纸》,《华中师院学报》（哲社版）

1981 年第 2 期。

［10］刘望龄：《论〈汉报〉的舆论宣传及其侵略手法》，《华中师范大学学报》（哲社版）1985 年第 6 期；《新闻史料汇编》总第 11 辑，湖北省志新闻志编辑室刊印，1987 年。

［11］周振鹤：《日本外务省对中国近现代报刊的调查资料》，《复旦大学学报》（社科版）1994 年第 4 期。

［12］汪幼海：《〈字林西报〉与近代上海新闻事业》，《史林》2006 年第 1 期。

［13］张宗厚：《清末新闻法制的初步研究》，《新闻研究资料》1981 年第 5 期。

［14］刘望龄：《张之洞与湖北报刊》，《近代史研究》1996 年第 2 期。

［15］李坚：《甲午战争时期的新闻舆论》，《河北学刊》1999 年第 1 期。

［16］龚书铎：《甲午战争期间的社会舆论》，《北京师范大学学报》（社科版）1994 年第 5 期。

［17］王润泽：《近代中国社会新闻的演进与价值取向》，《国际新闻界》2006 年第 1 期。

［18］田中初：《游历于中西之间的晚清报人蔡尔康》，《新闻大学》2003 年第 4 期。

［19］孙慧选编：《〈新闻报〉创办经过及其概况》，《档案与史学》2002 年第 5 期。

［20］孔祥吉：《戊戌前后的孙中山与刘学询关系发微》，《广东社会科学》2005 年第 2 期。

［21］潘光哲：《〈时务报〉和它的读者》，《历史研究》2005 年第 5 期。

［22］王宪明：《解读〈辟韩〉——兼论戊戌时期严复与张之洞李鸿章之关系》，《历史研究》1999 年第 4 期。

［23］叶翠娣、史和、姚福申：《晚清湖北报刊录》，《湖北新闻史料汇编》总第 3 辑。

［24］周群：《张之洞督鄂时期汉口市场的发展及其原因》，《湖北行政学院学报》2003 年第 3 期。

[25] 张力群:《张之洞与〈时务报〉》,《复旦大学学报》(社科版) 2001 年第 2 期。

[26] 李彬:《"新新闻史":关于新闻史研究的一点设想》,《新闻大学》2007 年第 1 期。

[27] 黄旦:《报刊的历史与历史的报刊》,《新闻大学》2007 年第 1 期。

[28] 吴文虎:《本体迷失和边缘越位》,《新闻大学》2007 年第 1 期。

[29] 黄瑚:《论中国近代新闻事业发展的三个历史阶段》,《新闻大学》2007 年第 1 期。

[30] 张昆:《新闻传播史体系的三维空间》,《新闻大学》2007 年第 2 期。

[31] 丁淦林:《中国新闻史研究需要创新——从 1956 年的教学大纲草稿说起》,《新闻大学》2007 年第 1 期。

[32] 吴廷俊、阳海洪:《新闻史研究者要加强史学修养——论中国新闻史研究如何走出"学术内卷化"状态》,《新闻大学》2007 年第 3 期。

[33] 程曼丽:《也谈新史学:关于新闻史研究的若干思考》,《新闻大学》2007 年第 3 期。

[34] 方汉奇、陈立新:《多打深井多做个案研究——与方汉奇教授谈新闻史研究》,《新闻大学》2007 年第 3 期。

[35] 宁数藩:《关于中国新闻史研究中强化"本体意识"的历史回顾》,《新闻大学》2007 年第 4 期。

[36] 李俊:《戊戌改革的社会氛围》,《近代史研究》1990 年第 3 期。

[37] 周启乾:《晚清知识分子日本观考察》,《日本学刊》1997 年第 6 期。

[38] 翟新:《近代日本民间团体的对华政策理念——以东亚同文会的"中国保全"为中心》,《上海大学学报》(社科版) 2006 年第 3 期。

[39] 喜富裕:《论日本"北进"战略实施中的大国外交》,《甘肃高师学报》2000 年第 4 期。

[40] 权赫秀:《李鸿章与伊藤博文往来书信考》,《浙江学刊》2004 年第 3 期。

［41］叶文郁：《甲午战争时期英日地位的变换》，《扬州大学学报》（社科版）2001年第5期。

［42］郭剑波：《试论甲午战争前日本对华的间谍活动》，《温州师范学院学报》（哲社版）2000年第2期。

［43］韩小琳、冯君：《论甲午战争前中国社会的日本观》，《嘉应学院学报》（哲社版）2005年第2期。

［44］邱荣裕：《张之洞"亲日"外交倾向刍议》，《华侨大学学报》（人文社科版）2001年第1期。

［45］吴廷俊、裴晓军：《张之洞报刊管理与报刊思想的双重性》，《国际新闻界》2008年第8期。

［46］吴剑杰：《为张之洞辩一诬》，《近代史研究》1999第6期。

［47］王春霞等：《试谈近代中国知识分子的"角色认同"》，《贵州大学学报》（社科版）2002年第1期。

［48］唐奇芳：《1895—1900年间日本对华政策演变研究》，博士论文，2006年，北京大学国际关系学院。

附　录

论析《汉报》(1896—1900)馆主宗方小太郎的"中国经营论"[*]

日本在甲午战争中大败中国之后，乘势于1896年2月接管了汉口英商《汉报》（1893—1896），将之转由日本浪人宗方小太郎主持，直至1900年9月闭馆。这家仅存续4年多的日本在华首家政论报纸，开启了此后日本在中国长达半个世纪之久的侵华舆论史。从这个意义上来说，宗方小太郎不啻为日本在华报业的"先驱"。

笔者曾撰文阐述这位报业"先驱"作为当时日本在华最大间谍机构——汉口乐善堂骨干成员的特殊身份，及其为成功接管该报所立下的"汗马功劳"。出于对揭开这位神秘报业"先驱"真实面貌的持续兴趣，笔者近年又陆续搜集到相关资料，尤其是找到宗方小太郎在汉口乐善堂时期和甲午战争前后的部分日记与报告类资料，它们分别记录了宗方在华"开疆拓土"的谍报生涯早期和"建功立业"的谍报生涯高峰期之轨迹。笔者力图从这些资料的"蛛丝马迹"中挖掘宗方长期隐秘的间谍生涯及其被日本当局高度重视的"中国经营论"。

从入学东洋学馆到开辟汉口乐善堂北方据点

宗方最初是由日本政客佐佐友房带到中国并从此踏入谍报界的。1884年，20岁的宗方小太郎随视察中法战争的佐佐友房第一次来到中国，在后者的推介下，入住上海乐善堂药店，并随即进入东洋学馆学习。东洋学馆恰恰是由佐佐友房等日本在野政客纠合日本右翼团体之滥觞——玄洋社的骨干分子在该年所办，其办学方针为培养训练能"颠覆"中国清政府

---

[*] 该文曾发表于《国际新闻界》2012年第9期。

之人才，亲自来沪督办的玄洋社头目平冈浩太郎就曾公然宣称："清国政府已经极端腐败，将其颠覆，有吾辈七人足矣。"回溯后来成为日本在华间谍首脑的宗方小太郎的谍报生涯，可以发现，仅存续一年多的东洋学馆作为青年宗方接受间谍训练的启蒙学校，其"因为腐败，所以颠覆"的侵略逻辑对他日后长期从事对华谍报活动有着不可磨灭的启迪开化作用。

在该馆求学期间，宗方剃发易装、扮成中国人"游历"中国北方九省，并写成长篇调查报告，获得日本高层关注。由此，宗方开始了他在中国的实地侦察历程。

1887年6月，已加入日本在华谍报据点汉口乐善堂的宗方欲以学生的"合法"身份再度考察中国北部，乃通过日本公使向清政府总理衙门申请发给游历护照，总理衙门就此致李鸿章的咨文写道：

> 光绪十三年五月十六日准日本署公使梶山函称："本国学生宗方小太郎禀称，拟于本月初十日，即中历二十日出都，经通州、三河、蓟州、玉田、永平、临渝、宁远、锦州、奉天、辽阳等处抵九连城，取道大姑［孤］山、金州、旅顺、复州、盖平、海城出牛庄，由水路回天津，日程约三个月。函请发给护照，沿途放行。"……除由本衙门缮就护照，札行顺天府盖印发给收执外，相应咨行贵大臣查照，于该学生过境时，饬属照条约保护，并将入境、处境日期咨复本衙门备查可也。①

宗方此次申请游历的重点是北渤海湾沿岸的战略要地，并获得清政府的保护，得以堂而皇之地刺探军事情报，最后回到湖北汉口，历时8个月。惯于记录的宗方将沿途所见记为《北支那漫游记》。②

可见，宗方来到中国的头3年便把侦察的重心放在北方，两度"旅行"考察华北、东北各省。如果把他的第一次"旅行"看作是在东洋学馆的一次自觉"实习"，那么第二次"旅行"的组织背景、战略目标和侦察意图则更加明确。这一组织背景就是汉口乐善堂。其时，已加入汉口乐

---

① 转引自戚其章《甲午战争前日谍在华活动述论》，《晋阳学刊》1987年第4期。
② ［日］大里浩秋：《关于上海历史研究所所藏宗方小太郎资料》，《近代中国》2007年第18辑。

善堂的宗方自告奋勇北上拓展北京支部。不过，直到 1888 年初夏的 "汉口会议"，汉口乐善堂总负责荒尾精才作出设立北京支部的正式决定和行动方案。宗方与荒尾精都擅于未雨绸缪，他的第二次 "旅行" 无疑是为北京支部的开辟打前站的，但北京支部的开辟却经历了曲折。

荒尾精在 1888 年 6 月正式决定设立北京支部时，他让北京支部的干部先住在天津，成立天津支部，为此，他给宗方写下亲笔信，作出如下指示：

> 此次遽置该部之目的，在于无论遇到任何时势之变迁，得以及早洞察其机于未显之先，以使我党不失其机也。①

此信并附有《设置天津干部之目的》，规定天津支部之管辖区域为直隶、山东、山西、辽东，并确定侦察工作的 "五大目的" 为：

> 第一，探究朝野人物以及马贼和白莲教等的踪迹，掌握其实情，以求如何善收其心及他日能为我用之方法；第二，细查豪族之系统，同时访求他日足为妨害之朝野人物，并研究除去彼等之方法；第三，侦察兵器、弹药、粮饷、银钱等各种水陆军务上必要之器材物料；第四，侦探中国对内对外各种处置和计划；第五，侦探外国对中国之政策和计划。②

在此，荒尾精向宗方明确了这次北上开辟侦探据点——北京支部和天津支部的战略意图与目标、侦察对象与内容，强调要在京畿之地 "及早洞察其机于未显之先"，也即 "汉口会议" 所提出的行动方针之一——"探察北京宫廷的人物行动，视察中央的政策，实地调查关外的满洲形势"。

宗方在其日记（1888 年）中记录了这一侦探直隶、山东、山西、辽东的 "北部四省经略" 计划的部署、实施经过及其波折。现摘其所要如下：

> （六月）
> 十二日　午前九时（按：自沪）抵汉口上岸。抵乐善堂，下午会荒尾君。以直隶、山东、山西、辽东之经略事嘱予。予问难协议，

---

① 转引自戚其章《甲午战争前日谍在华活动述论》，《晋阳学刊》1987 年第 4 期。
② 同上。

决移时清历七月下旬赴天津。

十四日　此日作北部四省经略之计划。

二十六日　抵（按：上海）乐善堂访岸田吟香，面交自汉口受托之洋银二百元，商量于天津开设新店诸事，订约而归。

（八月）

二十一日　晨（按：自日本）抵（上海）乐善堂访岸田吟翁，以赴北京事与之商量。①

宗方还记述了乐善堂内部成员之间对这一计划之核心——开辟北京支部的重大分歧，以及他个人的态度与处置：

（九月）

（按：甫抵天津）

十五日　佐野氏突变以往持论，疑我事业之前途，断赴北京之念。予喋喋，终不可转圜之。一夕之间，志向忽变，予不知其果为大丈夫之所为否。②

他鄙视同事佐野"断赴北京之念"的"志向忽变"，而以果敢快速的行动，在抵津短短一个半月的时间内就促成了天津新店的开张：拜访日本驻津公使、结识乔姓清人并获允借此人名义开药铺（实为天津支部据点）、觅得两处空房作为药铺场所、新聘药铺伙计和厨子各一名、开店之申请获得当地官府批准、裱糊店内、设宴开店。同年11月1日开店之日，他在日记中颇为欣慰地写道："予自入燕以来，所费一月，始见此结果。"

可见，在宗方的强力坚持下，"天津新店"（即天津支部）还算顺利开张。

但是，相关分歧并没有随之消除，相反，在紧随其后的"北京开店"行动中，"闭店"之声一度更加强烈，北京支部计划面临夭折的危机：

---

① ［日］大里浩秋：《关于上海历史研究所所藏宗方小太郎资料》，《近代中国》2007年第18辑。

② 同上。

(十一月)

五日　领事馆送来汉口荒尾氏及上海山内氏之函。山内氏告以因岸田翁断北京开店之念，故应速闭店归沪。其迂阔轻率甚不得我意。

六日　是日作致山内氏之回函，信中痛驳其妄。且寄书汉口荒尾氏一封，告以上海（山内氏）书信之意。

七日　是日自上海乐善堂山内氏信二封至，遽告以立止闭店，且以医药数十种送至。上海同仁变燕京闭店之议，再立维持之说，如此盖接予上月二十三日之书函，知我方已万事俱备矣。

十八日　下午抵公馆途中，恰逢（递电报者）持汉口之电报来送予。……读罢电文，知乃赞成维持北京店之意。①

由上述日记可知，先前由宗方提出、后来由荒尾精作出决定、最后由宗方负责实施的北京支部计划，在执行过程中遭到了包括乐善堂老板岸田吟香在内的不少乐善堂"同仁"的异议和阻碍，这令宗方极为不满，他一面"痛驳其妄"，一面果断地继续执行其"万事俱备"的开店计划，终于获得大家"赞成维持北京店之意"，北京支部最终得以开设，宗方本人担任该支部支部长。宗方也因此取号"北平"，自抒胸臆。在后来接管的《汉报》上，他不时以"宗北平"之名发表论说，诱导舆论。

宗方对开设北京支部的极力坚持及其在这个问题上的最终发言权，显然是基于他在前两度中国北方"旅行"中所用心积累起来的侦探资料与形势判断。而他这一力排众议的坚持，使汉口乐善堂的谍报网络得以延伸到渤海湾沿岸和京津一带，以使清廷政治中枢的动向"无所遁形"。日后、甲午战争期间，宗方能够被日本海军军令部委以重任，成功获取渤海湾沿岸中国北洋海军基地的关键军事情报，一定程度上可以说是这次"北京支部"战略和"北部四省经略"计划的长效所显，此亦反映出宗方非同一般的谍报眼光和富于实际行动派的"非凡才干"。

日清贸易研究所时期的重要角色与转折

汉口乐善堂野心勃勃的"经略"计划，虽然有一批以宗方为代表的

---

①　［日］大里浩秋：《关于上海历史研究所所藏宗方小太郎资料》，《近代中国》2007年第18辑。

浪人骨干分子的支持，但由于在日本国内得不到有力政客的共鸣、经费短绌、人员力量薄弱等原因，其活动终究受到很大的限制，宗方小太郎及其同事的抱负难以顺利实现。同时，随着他们在中国各地调查的深入，荒尾精和宗方认识到，仅靠少数"同志"的谍报活动是无法实现其在中国的扩张战略的。于是，他们转而开始筹划"振兴中日贸易"、培养人员的更大扩张计划——先在上海设立日清贸易商会，附设日清贸易研究所；再设分会于中国各通商口岸；然后进一步设立亚洲贸易商会，并在亚洲各国设立分会，最终取代东印度公司，把亚洲的商权抢夺到日本手里。

荒尾精这个恨不得一口吞下中国和亚洲商权的庞大计划，最终只是在宗方的帮助下，于1890年在上海创办了日清贸易研究所。有学者分析，从日清贸易研究所的主要班底、课程设置、活动措施、军事色彩、意识形态等来看，它实际上是继承汉口乐善堂所走路线而设立的，其调查与研究活动，离不开汉口乐善堂的范畴，其结果是培养了一批少壮派间谍，在甲午战争中，该研究所的毕业生大多从军担任了翻译或军事侦探，便是明证。

由于资料所限，目前还无法梳理宗方在这个为培养"凌驾东洋，睥睨欧美，振兴东西洋商权"的"人才"而设的研究所的具体"贡献"，但从其同时担任该所干事和学生监督的重要职务来看，他在其中扮演着重要角色这一点是毋庸置疑的。也就是说，无论是在汉口乐善堂时期，还是由汉口乐善堂蜕变而来的日清贸易研究所时期，宗方都是核心干将。

值得注意的是，从创办日清贸易研究所的1890年起，宗方便开始接受日本海军军令部的嘱托，此后便一直与军令部保持频繁而密切的联系，定期领取军令部的津贴，为日本军方的"大陆经略"事业兢兢业业。从这个角度来看，日清贸易研究所时期，是宗方小太郎与日本军方紧密合作的开端，从此，宗方的谍报活动有了更为明确的军事目标和战略意图。

另外，不可忽视的是，上海日清贸易研究所的挫败一度激发宗方重新回到汉口以谋求另一番天地。

1893年1月，他辞去日清贸易研究所职务，回到日本筹办两件事：一是筹钱让渡汉口的"字林报馆"《汉报》，二是"在汉口设定一个取代'乐善堂'的机构"，但又似乎未能理清其中的头绪：

> （同年）八月上旬，回到故乡的宗方说服同属汉口组的同志绪方二三，在汉口"乐善堂"旧址设立总店，并设分店于熊本，从而达

成了"东肥洋行"的成立。

但是，他觉得自己的目标终究是经营报社，当时，在写给中西正树和石川伍一的信中说，自己将为"日清贸易研究所"的熊本县学生在熊本县筹集1万日元，在汉口开一家小店，不希望与商业有直接关系。其意可见。而买卖则完全交给绪方处理。

在这之后，宗方在上海和汉口之间不断地往复，为东肥洋行的事情能够上轨道而奔波。①

所谓"在汉口设定一个取代'乐善堂'的机构"，即设立"东肥洋行"。当时，宗方回到当年的老据点汉口，试图在此重建一个类似于日清贸易研究所的商业机构——东肥洋行，一来是念念不忘早已解散的汉口乐善堂的"事业蓝图"，二来是对刚解散的日清贸易研究所有所善后。为此，他"在上海和汉口之间不断地往复，为东肥洋行的事情能够上轨道而奔波"，这表明他曾对此事十分用心。但也许是由于"他觉得自己的目标终究是经营报社""不希望与商业有直接关系"之故，从目前所获资料来看，东肥洋行"上轨道"之事终究未能如经营《汉报》之事那样得以后续。

甲午战争中"以身许国"的谍报"奇功"

前面提到，从1890年起宗方便开始接受日本海军军令部的津贴，为之搜集情报。而至甲午战争前夕，日本对华扩军备战的工作已基本就绪，陆海军为了发动侵华战争而加紧了对战略要地的侦探工作。这更是宗方大展拳脚的机会。事实上，原本回国筹钱以在汉口接管《汉报》的宗方，在甲午战争前夕中断了这一办报计划，而接受海军部指令，专心从事战前军事情报工作，冒死潜入中国北洋海军基地威海卫进行侦察，为日本大败清军立下"奇功"。宗方因此获得明治天皇的亲自接见和温语嘉奖，这一罕见"殊荣"一时传为日本谍报界的"美谈"。

笔者目前所能看到的有关文献对宗方的这一段谍报"奇功"虽都有所提及，但缺乏具体的记录。下文主要根据宗方本人在甲午战争前夕与战时的日

---

① ［日］中下正治：《新闻にみる日中关系史：中国の日本人经营纸》，研文出版社2000年版，第71页。

记及其密致上司的机密文件,梳理他在威海卫北洋舰队基地的谍报行踪。

一 战前

在甲午战争爆发前夕,宗方已与日本军方保持密切的直接联系:

(一八九四年)(一月)(在上海)

二日 上午东京岛崎来信,送来一月至四月酒资一百元。

五日 至汇丰银行领取东京岛崎汇来之银一百元。……复函别府真吉、西村中一、岛崎好忠三人。

二十日 七时至邮政局寄出岛崎好忠关于韶州变乱及台湾兵备之报告,并送出《上海周报》一页。

二十六日 本日致函东京岛崎好忠,发出关于韶州变乱之第二次报告(五号)。

(二月)

十日(在上海) 发出至东京岛崎好忠报告(第六号、中俄密约)。

二十五日 (在汉口)下午致函岛崎好忠(关于韶州,第七号报告)。

(三月)(在汉口)

十二日 本日帝国军舰赤城号来汉。

十三日 顾小船至停泊于租界前之军舰赤城号,面会舰长出羽君。

十四日 又致函东京岛崎好忠(第八号,关于制造军备)。

十六日 完成赤城号舰长出羽君委托撰写之对长江水师进行调查之报告。

(五月)

一日 托楠内带去致上海藤崎、大隈及岛崎好忠(关于湖北军备、辅仁社及漫游湖南等事,第九号)之函,又致天津中西、芝罘白须、北京中岛等人之函,托小林北游之便带去。①

---

① 《宗方小太郎日记》,载戚其章主编《中国近代史资料丛刊续编·中日战争》(第6册),中华书局1993年版,第88—93、93、95—97、102页。

可见，至少早在 1894 年初，宗方就已直接受令于日本海军部谍报最高机关负责人——日本海军军令部第二局长岛崎好忠大佐，从他那里定期领取津贴，不断向他汇报有关中国社会变乱、革命组织、军备制造、外交动态等实时情报。同时，还随时与前来的日本军方的各色人物取得联系并即时交付对方所需情报资料（如长江水师的调查报告）。

这种得心应手的战前情报工作状态因同年 6 月 26 日岛崎的一封电报而打破，当天，宗方在"宴饮时收到岛崎发来之电报，命予迅即从汉口赴芝罘，与井上会面云云。盖由于朝鲜形势紧迫故也"。井上即长驻天津负责侦察北洋舰队行踪的日本驻华武官、海军少佐井上敏夫，岛崎命宗方赴烟台接受井上的指令。其时，日本正在朝鲜挑起衅端，以寻找借口对中国发动战争，东北亚陷入紧张局势。宗方在日记中称，"中日两国之危机愈益迫近，决裂在于旦夕"。

在这个关键时刻接此重任，宗方当即赴烟台，只身潜入威海北洋舰队基地进行侦察：

（七月）

七日　余明日将秘密赴威海卫军港侦探敌情，欲携带一中国人随行。皆以此行危险，无人应者。余即决定单身前往。脱去整洁服装，改着粗布衣服，萧然一野人也。……夜恶寒头痛，不能起坐。

八日　清晨整装后自领事馆出发，抱病登程。至南威海军港，拟冒万险以窥察敌军之动静。[①]

这是第一次侦察行动。自 1894 年 7 月 8 日至 21 日，他乔装打扮，"拟冒万险"，"抱病登程"，虽"疲劳特甚"，仍亲自"夜登城楼，眺望港内形势及灯台点火"，"清晨登东门，视察港内"，又"派去威海之侦查员"侦探到碇泊于该港之中国军舰数目、装备、行止等详细军情，然后返回烟台将侦察资料"致函上海田锅、津川、桂，报告北京之动静"。

接着，他又于 7 月 22 日从烟台出发再赴威海，对北洋舰队进行第二

---

① 《宗方小太郎日记》，载戚其章主编《中国近代史资料丛刊续编·中日战争》第 6 册，中华书局 1993 年版，第 109 页。

次侦察,在24日"清晨抵达威海,查点港内之军舰,侦察西炮台,勘查百尺崖地方后,立即返回,行四十二里至芦岛口投宿"。然后赶赴天津,参加"天津会议"(关于会议详情容后再述)。

二 战时

1894年7月25日,日本不宣而战,袭击北洋战舰济远、广乙号,击沉清军运兵船高升号。至此,日本终于引爆了蓄谋已久的大规模侵华战争——中日甲午战争。

随即,7月28日,日本的一些重要间谍在天津紧急聚会,傍晚,甫抵天津的宗方马不停蹄,"会晤石川伍一、堤、山田、林(堤为泷川海军大尉,山田、林为陆军)等。夜,与堤、石川二君共访神尾陆军少佐,有所商议。(夜间与石川、钟崎畅谈,一时半就寝)夜,又与石川伍一至三井,访吴永寿"。是夜,他们制定了中日断交、日侨撤离中国后的潜伏方案,其中特别决定由宗方留在烟台接替将撤离回国的井上敏夫所负责的北洋舰队情报的收集和汇总工作。这显然是日本间谍密切配合日本政府和军方、谋"里应外合"之策的重大谍战行动。次日,肩负重任的宗方携谍报经费500余元坐火车头等座赴烟台。8月4日,他在日记里记录了在烟台与井上的交接情形:

> 帝国国民而居留于地者仅予一人而已。致函上海田锅,报告予滞留烟台之事。上午与井上少佐交代完毕,予即继续其事务。……本日领取侦察费五百六十元。①

交接完毕,宗方领取大笔侦察费,冒着万险,独守烟台,"报告北洋之动静",成为甲午战争前线"孤绝"的间谍首脑。身临此情此境,他在日记里罕有地抒发道:

> 予既以身许军国,心中已预先筹划三策,盖免临时惊慌也。于是即整理机密文件,整顿衣履,以备不虞;一面又准备新衣,一旦为彼

---

① 《宗方小太郎日记》,载戚其章主编《中国近代史资料丛刊续编·中日战争》第6册,中华书局1993年版,第113页。

所捕，盛装赴官府，有所从容辩解也。万一不能以事理争，六尺形骸将一笑赴狼虎，泰然安命，示彼等以神州男儿之面目。平生之学问此时始放其真光辉也。①

"预先筹划三策"，"以身许军国"，"一笑赴狼虎"，可谓宗方谍战心性的自我写照。而所谓"机密文件"，乃是他向驻守上海的日本海军中将衔任联合舰队司令官伊东祐亨发出的"第十一号报告"，在该报告中，他提出了"突入"和"诱出"的海战战术，"今日之急务，为以我之舰队突入渤海海口，以试北洋舰队之勇怯……应将其诱出海面，一决雌雄"，为此，他鼓气道："根据鄙见，我日本人多数对中国过于重视，徒然在兵器、军舰、财力、兵数等之统计比较上断定胜败，而不知在精神上早已制其全胜矣。"后来，伊东祐亨果然指挥日军突袭威海卫，威海卫海军基地陷落，北洋舰队全军覆没，不能说没有宗方这种刺激和诱导的成分。

据宗方的日记，继前述第11号报告之后，8月10—17日间，他相继送出致伊东关于威海、旅顺形势的第12号至第15号报告，也就是说，几乎每隔两三天就送出一份军事情报。此等情形在他致上司的一份报告中有所记录：

> 此后（按：指中日宣战后）予即潜伏于芝罘，改变服装、姓名，称为宗玉山、宗鹏举或郑如霖等；向威海、天津、旅顺、胶州等地进行侦察，屡次出入于生死之间。报告此间敌国军情，每次均经上海友人之手转至本国。②

尽管如此隐秘，但不久（26日），宗方即被告知"予之第十二号密函及第十五号函落于中国官府之手"，中国官府"物色予甚急"。就是说他的间谍身份已暴露，中国官府正在四处通缉他。为安全起见，伊东令他"速归"，他乃于29日乘船返沪，躲过了清军的搜捕。值得注意的是，他在抵沪后的日记中写道："本日海军军令部通告任予为海军书记，任用令

---

① 《宗方小太郎日记》，载戚其章主编《中国近代史资料丛刊续编·中日战争》第6册，中华书局1993年版，第114页。
② 同上书，第120页。

已发下云。"可见，在甲午战争期间，宗方被正式任命海军职务，而成为一名名副其实的海军军事间谍。

随后（9月11日），宗方接到海军军令部电报，"命予火速赴广岛大本营"。

10月4日，从烟台逃脱中国官府搜捕至上海然后赶赴日本广岛战时大本营的宗方，受到了明治天皇的接见。他在当天的日记里记录了这一日本谍报史上的"光荣"：

> 十一时半在角田海军大佐引导下至大本营御殿前庭，以在中国时曾穿着之服装拜谒天皇陛下。角田大佐具奏予之姓名、略历，陛下一一领首，龙颜殊为喜悦。①

他激动地写道："区区微功竟达叡闻，以一介草莽之躯，值此军事倥偬之际，得荷拜谒万乘之尊之光荣，实不胜感泣之至。"而其时日军已将清军逼至平壤，正值"军事倥偬之际"。

这样，在甲午战争中，"以身许国"、"屡次出入于生死之间"的宗方达到了令其同道仰慕的谍战功业顶峰。

谍报"功臣"的"中国经营论"

日本外务省赞宗方"抱夙志于支那，壮年之交，赴当地，以来专心努力于该国习俗国情之研究，其间，或谍报事务，或国情介绍，等等，苦心努力于帝国势力之扩张"，可谓对宗方的谍报生涯作了一个简洁的概括。其所言"谍报事务"由上文可见一斑。而其所谓"国情介绍"与"习俗国情之研究"，则在宗方于甲午战争期间向日本当局所呈两文——《中国大势之倾向》和《对华迩言》中有充分体现，它们集中阐述了这位日本谍报"功臣"的"中国经营论"。下面详论之。

《中国大势之倾向》"起稿"于甲午战争前夕的1893年，"再写"于中国连战连败的1894年10月（按：写作时间据作者附记），意在向日本

---

① 《宗方小太郎日记》，载戚其章主编《中国近代史资料丛刊续编·中日战争》（第6册），中华书局1993年版，第124页。

当局陈述"鄙人对中国大势倾向之卑见"。

在开篇，作者先是抛出了"世人之论"：中国有着"无能与之比肩者"的"人民之财富与地下之财源"，似将"成为世界最大强国"，接着马上加以驳斥，称"此仅系形式上之观察，见其形而下未见其形而上者也"。他指出，"今日之中国"实际上"犹如老屋废厦加以粉饰，壮其观瞻，外形虽美，但……指顾之间即将颠覆"。接着，宗方断定，中国"早则十年，迟则三十年，必将支离破碎呈现一大变化"，甚至直接说，"今日之政府已完全立于绝望之地"，即清政府即将灭亡。这是宗方对中国"大势"的基本论断。

宗方从官民矛盾和满汉矛盾两个层面阐释这一论断。官民矛盾源自不可救药的官吏腐败，"上至庙堂大臣，下至地方小吏，皆以利己营私为事，朝野滔滔，相习成风"，黎民百姓则只能任其鱼肉，"彼愚蠢之黎民为地方污吏所鱼肉，亦无所诉其冤曲"，而政府对民心之向背甚不留意，导致"上情不能下达，下情不能上达，中间壅塞不通"。宗方还指出，不仅是官场腐败，中国建国之基础——德教之腐败亦"无有甚于今日者"，如今"中国人之脑中无天下国家，无公义之心"，朝廷却依然不思革新不除弊政，只知"恬然粉饰太平"。总之，整个国家"元气萎靡"，"人心腐败"达到极点。在宗方看来，当时的中国"人心离叛，厌恶朝廷"，以致"草泽之豪杰皆举足而望天下之变"。意即民众揭竿而起之时不远，清朝覆亡之日将至。

满汉矛盾是官民矛盾的延伸和发展。宗方一言道出了这种利害关系，"目今背叛朝廷者多为人民饱尝弊政之余而开始种族竞争者也"。他以鲜明的种族论调解析中国的朝廷更替线索，"徵之该国历史，自古以来凡由异族起而夺天下者，常于人种之竞争中被夺回"；又以强烈的进化论观断言满洲"已被汉人灭亡"的宿命，其论据是，"汉人移居之势已无法遏止，满洲之全部殆已充满汉人"，"在卧榻之下养成仇雠"，而满洲旗兵子弟已软弱惰废，老臣宿将"亦渐不敢镇祸端"。他预言道，至此时机，"愤懑不平之气一时爆发，风云卷地而起，挥戈逐鹿中原者所在蜂起"，提请日本当局千万不要错过这一掌握"亚细亚大局"的大好时机，他说："唯此一时机最有可观，亦最为有利。有志于亚细亚大局者岂能于此间无所作为乎哉！"在文末，他不忘再次点醒"为神州两方欲理藩篱者，对此不可不有所深思也"。

从该文可以看出，长年剃发易装、侦探足迹遍及中国各地的"资深"间谍宗方小太郎，对中国"习俗国情"的了解和掌握十分深刻，尤其是对中国官场腐败乱象的揭示可以说是一针见血，对中国朝野各派势力的关系剖析十分在理，其"早则十年，迟则三十年"的精准预言更是令人后怕。同时，不难看出，这个已把中国"看透"的间谍首脑所秉持的正是他早年在东洋学馆所浸染的"因为腐败，所以颠覆"的侵略逻辑，基于这一逻辑，他敦促日本当局赶紧抓住时机，找准机会，采取行动，入侵中国。日本政府发动的中日甲午战争，一定程度上可以说正是一批像宗方小太郎这样的"中国通"们积极配合、刺激诱导的结果。

《对华迩言》写于1895年1月，其时中国败局早定，正向日本但求速和，美、英、德、法、俄等列强则纷纷借口"居间调停"染指中国，战胜的日本正面临如何善后的问题。"海军书记"宗方以这篇文章"及时"向日本政府提出关于"收拾战局"的思路和方案。

首先，他分析了"中日两国感情之冲突"现状，为后文提出的"中国经营方略"定下基调。他称"中日两国之反目相持已久"，原因是"彼妄自尊大，视我如门下之士；我则昂然自持，视彼如旧家败屋"，怪责中国历来妄自尊大，"不明日本之真相"，对日本"轻侮指笑"。然后，他又特别指出近年来中国的对日态度："十余年来，中国嫉视我之强盛，厌忌我之进步，在百般猜忌、面谀背非之间，勉强维持国交以至今日"。所谓"十余年来"中国对日本的"嫉视"和"厌忌"，用作者的话说就是"彼对我在琉球、台湾以及将在朝鲜所施之行为，怨恨实已达于极点，为我国人所不能想象者"。所谓"我在琉球、台湾以及将在朝鲜所施之行为"指的是自19世纪70年代以后日本步西方列强后尘，在中国边疆所采取的一系列进逼和侵略行径，包括1874年出兵台湾、1879年吞并琉球、1884年染指朝鲜"甲申政变"、1894年插手朝鲜"东学党起义"，引爆当时正待善后的中日甲午战争。其时，中国对日本"已达极点"的怨恨，被宗方称为不能想象的"执拗"。

接着，基于这一"执拗"的中日关系现状，宗方提出了下一步实施"中日联合"的"方针"：

其一，务必坚持日本作为亚洲盟主的前提：

> 以中日联合为主盟，救济亚洲之弱邦及已亡之国家，形成与欧洲

对峙之势力，以制驭白人之跳梁。①

要在日本当上亚洲盟主后，对抗欧洲，"凌驾欧人"，进一步登上世界霸主宝座。

其二，必须彻底威服"顽迷不化"的中国：

> 故昔日识者曾认为中日两国间若无大战，则不能大和；大战而大胜之，彼始知我之实力之不可敌，至此方可收协同之效也。要之，以势力压制、威服中国是也。……然与彼言和，首要唯有对彼永久不失胜算方可；若不幸一朝兵力不如彼时，则中日和平终不能持久也。煦煦之仁，孑孑之义，非所以驭中国之道也。②

原来，所谓"中日联合"实则是用武力征服中国，让中国臣服于日本的统治。在宗方眼里，中日之间根本没有平等与和平相处可言，只有"大战"一条路可走，"大战而大胜"之后，败者臣服于胜者。如今日本连战连捷，中国必须俯首称臣，而且，必须乘势致中国于永不翻身之死地，如此才能确保中日联合之"百年大计"。

其三，要在威服中国之后进一步采取"信服"之法：

> 在已获得头绪之后，可进一步采取使彼信服之方针：在于以信义公道，赤心相交，利害与共，患难相济，使两国之人心和合融释，有如一家之概。③

所谓信服，就是恩威并施，让中国人在威服之后收起反抗之心，甘被奴役。关于这一点，宗方在文后用一段话专门加以强调，阐述其目的："窃思如欲使战后中国之人心绝其仇雠之念，转而仰望我之光辉，信从我之恩威，而发生归依于我之感，其端实发于占领地之民政也"④，即旨在泯灭

---

① 《宗方小太郎日记》，载戚其章主编《中国近代史资料丛刊续编·中日战争》（第6册），中华书局1993年版，139—140页。
② 同上书，第140页。
③ 同上。
④ 同上书，第143页。

中国人对日本的仇恨之心。至于其方法,则是依中国孔孟之道,施"仁政"用"仁人",使庶民安于其需。所以,他露骨地提出如下统治之道:"新占领地之统治者,责任至重,其人选非最慎重不可也。"[①]

然后,基于上述"中日联合"的方针,宗方就其时的战争终局问题献策道:

> 必须排除万难,攻陷敌人之都城北京;若有余力,再进扼长江之咽喉,占据江淮重地,以断绝南北之交通,使敌国陷于至困至穷,万无办法之地,使敌国政府及其人民知晓真正之失败。[②]

他一方面怂恿日本政府不要顾忌"他国之干涉",一举吞并整个中国,使之彻底沦为日本的殖民地;另一方面又提醒日本当局应"于今日"考虑清朝覆亡之后"东方亚洲之形势"问题,即英、俄、法等欧洲各国纷纷插手、割据中国的复杂的东亚局势问题。

接下来,宗方提出了"我对中国之条件及将来之方策"——九条议和"条款"和相关"对中国政策",包括朝鲜独立、割让台湾、赔偿巨款、最惠国待遇等,以及"以台湾为经略南方之策源地"、"在中部则在上海、汉口培养基础"等。3个月后,日本迫使中国签订的中日《马关条约》,在框架与内容上与这一"方策"建议基本相同。可见,"中国通"宗方实则为日本政府提供了一个条约蓝本,甚至有理由认为,受明治天皇召见、受日本海军军令部指令、事业风头正健的宗方很可能直接参与了《马关条约》的起草。

值得注意的是,在文后,宗方还特别附录了一份"经略长江水域要旨"。就是说当时日本在中国最切近之事业,乃是通过这场中日战争,从北南下,迅速在长江流域建立"隐然形成一国"的殖民地基础,以与盘踞北方的俄国相对抗和对峙,又制先机于南方之英法,使之不能"呈其蚕食之欲",以在不久的将来实现由日本独吞中国、独霸亚洲的根本目标。所以,在宗方笔下,长江流域之经营是达成这一目标的过渡性步骤和

---

① 《宗方小太郎日记》,载戚其章主编《中国近代史资料丛刊续编·中日战争》(第6册),中华书局1993年版,第143页。

② 同上书,第140—141页。

当时的重点事业。为此，他既提出了一系列具体细致的经营方略，又不忘提挈重点和要旨道：

> 应办之事业虽多，然第一要旨为占有四川之富源，盘踞汉口要冲，以全力经营湖南，然后逐渐及于湖北［湖南］。①

即特别致力于四川、湖南、湖北三省，尤其是要设岳州领事馆"专务经营湖南"，因为"他日左右爱新觉罗氏之命运者，必为湖南人"。

在这份"经略长江水域要旨"中，宗方还提出要把"发行新闻，使之成为我之机关"作为"收揽民心"即"信服"中国的重要举措。

总之，在上述两文中，宗方秉持顽固鲜明的侵华立场，以其对中国政治形势和东亚国际局势的特有敏感，积极为日本政府的战后中国问题出谋划策，从局势分析到方略建议，从全局政策到重点事业，从威服路线到信服之道，无不未雨绸缪，制定侵华政策以供日本政府之用。日本海军军令部八角大将曾说："军令部颇为重视宗方的报告，对华重大方针几全以宗方报告为资料。"可见宗方当时涉入日本侵华政治之深。

在这一年之后，正如笔者曾撰文所示，宗方历经周折，终由"武力征伐"的谍报事务转至"文力征伐"的报纸经营——接管《汉报》，通过操纵舆论机关一途，在长江流域开展收揽中国民心的"信服"工作，亲自履行自己的上述"中国经营论"。自此，昔日遭中国官府搜捕的著名间谍宗方小太郎摇身一变为"文质彬彬"的《汉报》馆主"宗北平"，频频往来于沪汉之间，指点中国时局，鼓吹"中日亲善"，而其间谍生涯竟不被时人所识。

---

① 《宗方小太郎日记》，载戚其章主编《中国近代史资料丛刊续编·中日战争》（第6册），中华书局1993年版，第144页。

后　　记

　　本书由我的博士论文修改而成，是我懵然闯入新闻史领域后提交的第一份正式"答卷"。

　　2005年，我考入母校华中科技大学在职攻博，以"师从大家"的强烈冲动，如愿成了刚刚被外聘为该校新闻与信息传播学院博导的卓南生教授正式招收的博士生。说实话，当时我正做着"曲径通幽"的理论梦，完全不打算将来念新闻史，只是希望借助卓老师的深厚史学造诣和国际学术背景，开开眼界，打打基础，快快补上我的历史"短板"，做一阵人渐稀疏、日渐冷待的新闻史领域的"过客"，然后疾驶向传播理论的目的地。在这种心态下，我接受了卓老师的建议：从两湖地方新闻史入手，作个案研究，并经过一番摸索，将该个案确定为晚清《汉报》。没想到，这条"曲径"一走就是5年，到2010年才完成博士论文《日本在华首家政论报纸〈汉报〉（1896—1900）研究》；而至将其修改付梓的此际，一晃又是4载。毋庸说，当年青葱的理论梦早已为如今的史学情结所覆盖。

　　说来惭愧，一个个案研究花了9年才得以面世，实在有点过分。但对我本人来说，却恰是一个史学领域的偶然"闯入"者从慢慢"学徒"（识史）到渐渐"养成"（治史）的必然节奏。

　　读博前期、《汉报》选题确定之初，正是新闻史学界前辈倡导"做个案研究，打深井"的声势正隆之时，也是日本在华报史研究有待拓荒之际，加之当时本人一心向学的虔诚心态，可谓我入门识史的大好时光。在那几年，我算是铆足了劲，按照导师所指引，一边珍藏着优先搜集、陆续到手的英商时期和日本时期的《汉报》原件，一边抱朴守拙地"大翻书""乱翻书"以建立历史概念，又一边"北上南下"搜集史料，寻找着有关《汉报》的一切蛛丝马迹。个中笨拙和况味，大概史学同道都懂的。

　　在此过程中，让我倍感困惑和沮丧的，莫过于这两个问题：一是历史时空背景的掌握究竟要到什么程度，二是原始资料的占有和运用究竟要到什么程度。历史背景和原始资料这两个问题是卓老师所一贯主张的"历史感"培养和重视论据、作"原创研究"（而不是"你中有我我中有你"的材料整合）的基点，也是他总是将我每次花了很大心力所写、自以为肯定有大进步乃至也许就摸到了"门道"的作业和文章平平淡淡地点评为"读书笔记"、"还不是正式论文"的关键点。比如，我曾被指出诸如将张之洞简单定位为"开明派"的"致命伤"所在，体会到需要不受历史"乡情"和时下历史"新思维"及"翻案风"的影响，宜选取以充分、确切论据支撑史观的史书作参考，对历史方向和时代背景作出正确把握。这些被卓老师叫作"读书笔记"式的作业，就是我前期反复琢磨和自我批评的材料。

经过一番不断纠偏的紧张摸索期，我终于可以不再困顿于"处于复杂中外关系和历史背景下的《汉报》线索不知藏匿于何处"这一单面，开始将手头资料去芜存菁，尝试一小步一小步地按时间顺序和历史阶段梳理《汉报》的发展史。抛开先入为主的概念，在明确的问题意识的引导下，基于论据，予以辨析，从而把有关史实弄得清清楚楚并清楚地表达，是卓老师修改我的《汉报》论文时提出的基本要求。在这一训练过程中，观念先行、先入为主、急于下结论的毛病被屡次提及，我才认识到如何正确把握"史"和"论"的关系问题，是自己在《汉报》发展史叙述及其文本解读中需要克服的一大难题。这种朴素历史实证主义的学风，也许与追求理论构建和方法创新的当下史学界"新"旨趣大相径庭，但于我而言，重视正确史观，爬梳基本史实，平实准确叙事，却是历经挫败和艰难后受益无穷的一大基本训练。

在这些磕磕碰碰的训练中，我先后将那些一小步一小步写成的《汉报》阶段性论文修改、整理，陆续发表在《新闻与传播研究》、《国际新闻界》等学术期刊上。这些文章分别是《英商在汉口创办的〈字林汉报〉（1893）》、《汉口乐善堂据点与〈汉报〉（1896—1900）》、《〈汉报〉（1896—1900）的"中日关系"报道及其论调》、《〈汉报〉（1896—1900）的"防俄"报道及其论调》、《〈字林汉报〉两份珍贵原件之探》，显然，它们构成了我博士论文主体的三分之一有余。

上述阶段性研究的先后成文和发表，自然给了我静坐"冷板凳"和坚守冷门学科的莫大动力与鼓舞。但与此同时，这也与后来2012年所发表的《论析〈汉报〉（1896—1900）馆主宗方小太郎的"中国经营论"》一文一起，使我在整理、修改本书稿过程中感到了为难：如何实现全书书写风格的前后连贯统一？特别是，写2012年那篇文章时，我是想尝试改变之前的写作方式和习惯，希望达到"史料穿插纵横鲜活，历史线索连贯流畅，史论结合错落有致"的自我期许。这种敝帚自珍并"心比天高"的期许同时也迁移到了书稿的修改上。因着这一"才华不足以支撑理想"的心结和纠结，本书才拖延至今，迟见"公婆"，并最终以基本保留前后原本面貌、另将《论析〈汉报〉（1896—1900）馆主宗方小太郎的"中国经营论"》一文附录于正文后的方式处理，同时作了一番细致的史料校勘和内容增补、提炼工作。

以上是我作《汉报》研究的心路历程，也算是本书成稿之经过吧。回视来路发现，《汉报》带给我的独特苦与乐的学术体验，以及"驻守"经年的史学情怀，原来是可以淡定心态和滋养人生的！

从起初怀揣不安"误"入历史冷门并打算适时逃遁，到今天可以跳出"冷""热"单纯地爱上史学，自以为有了一种学术归属感和定性，这该是我师从卓老师的最大收获。回顾起来，读博期间，卓老师对学生的要求十分纯粹：只要是老老实实下苦功夫而不是投机取巧做出的东西，哪怕只是写出一个背景、整理出一份资料、提出一个史观论争现象，即使远在日本，他都会尽速回应，直截了当点出要害，从而让我在一点点的体悟、进展中习得做细致学问的入门"技术活"。特别是，卓老师多年来一直笔耕不辍，近年来又继续研究《宁波中外新报》和《香港华字日报》，延续他40多年来研究近代报史的主线，执着地在报史领域发掘一手资料，不回避核心问题，不为创新而创新，坚持作论据扎实的原创研究，这种做学问的纯粹和理性，对学生来说，是在习得治史之"学"和"术"之外，更为难得的一种史家本色和知识分子品性与素养的熏陶。这种无声熏陶的加持，或者说是仰望，又来自于师母——东南亚史学家蔡史君教授的人格魅力。蔡老师低调淡然、治学严谨，读她的文章或听她谈论学术问题时，全然没有违和之感，因为她与卓老师在治学的基本面上太有呼应了！而当取得了进步或能够努力用功之时，蔡老师的宽厚和鼓励，加之信手拈来的智者阅历，又令人暖心、安静，与甚少表扬学生的卓老师相帮互衬，鲁钝的我，难得这一双师之福分！

在此之外，还要特别感谢一路上有缘相识的"小伙伴"们。从当初每年暑期相聚的北大新闻史论兴趣班，到后来由北大新闻学研究会主办的北大新闻史论师资特训班和同窗会，一群来自各地的年轻学子，基于对新闻史论的共同兴趣，分享资料、交流信息、碰撞观点、切磋方法，不管是争论还是共鸣，客观上形成、营造出了一个难得的学术氛围，留下难忘的成长足迹。记得刘扬师兄和小杰（李杰琼），我们有着最为"悠久"的学术情谊，我总是可以从你们那得到各种帮助和启发；记得李松蕾帮我拍摄了这么多页资料，不清晰之处还让你重拍，并给我邮寄各种材料；记得孙晓萌帮我翻译日文资料，不详之处还让你核对；记得唐奇芳博士，将你当时尚未出版的博士论文无私发给我作参考；记得吕艳宏的温暖问候及其不断进步、催人快马加鞭的论文；记得毛章清的敏锐才情和阿里山上夜谈时"傻人有傻福"的安慰；记得汪前军的不时联系和同门情；记得刘泱育的发奋和关心；记得郭晶发来的史料和自己的研究论文……

同时，我还记得一位老人——上海的陈镐汶先生。2007年冬我在复旦大学参加"第三次地方新闻史志研讨会"时，正苦于无法解开《字林汉报》的创办谜团，马光仁老师向我推荐了执笔《上海新闻史》晚清部分的陈镐汶先生，于是，在寒风飕飕的冬夜，我拜访了这位老人，在他简陋拥挤的房间里，患有哮喘、有些耳背、有时自嘲的陈先生倾其所有（卡片）、所忆跟我谈姚文藻其人、其报（《字林汉报》），那厚重，那沉重，至今仍敲击我心。谨遥祝老人家身体安康！

行文至此，我提醒自己其实要明快起来。是的，将感念存留于心，携岁月一路沉淀。

感念给予我学术滋养、学风淳朴的母校华中科技大学。正如我在博士论文后记里所写，我求学以来最为下功夫的攻博5年是在我一直眷恋的母校华中科技大学新闻与信息传播学院开篇和收尾的。在这所美丽的校园里，我从硕士到博士阶段都有幸得到了诸位老师、前辈的教益。感谢我的硕士导师程世寿教授；感谢为我提供机会师从卓南生先生、常说我"幸运"的老院长吴廷俊教授；感谢在我博士论文开题及答辩中提出宝贵意见的吴廷俊教授、张昆教授、孙旭培教授、屠忠俊教授、钟瑛教授、曾宪明教授、刘九洲教授。当然，还有阳海洪、郑素侠、牛静、方雪琴、吴麟、高海波等一众同窗，我们当年一路砥砺，如今我成为最迟一个"出书"的。

在我供职的湖南大学新闻传播与影视艺术学院，我背离之前计划的研究方向而踽踽独行于新闻史研究，要感谢彭祝斌院长及同事对我这种转向与慢行的理解与支持。

拙作能够有幸入选"北京大学新闻学研究会学术文库"，得感谢北京大学新闻学研究会这一平台及程曼丽教授等诸前辈的扶持。

同时，感谢中国社会科学出版社田文编审和本书的责任编辑易小放老师。

本书是本人主持的国家社会科学基金项目"甲午战后日本在长江流域办报活动及涉华舆情研究"（项目批准号 13BXW010）和教育部新世纪优秀人才支持计划（项目号 NCET—13—0192）的阶段性成果。

在即将收笔之际，我仍意犹未尽。让我借自己在北京大学新闻学研究会年会（2013）暨第三届"新闻史论青年论坛"学术研讨会上的一段发言，聊表心情：

> 对《汉报》的研究越持续，我越产生一种对"史料"的神圣感。我不敢随便将手头所获的资料线索动辄冠之以"史料"，怕弱化了真正史料的历史厚重感；不敢将顺着前人研究线索而做出的资料梳理工作当成一种"史料发现"，怕歪曲了真正史料的"原创性"特质；不敢轻易以时髦的理论推演来省却对史料的用心探寻，怕浪费了历史长河里那些等待我们去遇见、用以言说的珍贵史料。……我以为，埋头故纸堆里，总会有高价值的史料遇见和史料发现，在这一过程中历练出来的史学功底必将带给研究主体一种特定的心理满足感和推动他继续探寻的学术动力。

是亦共勉。

阳美燕
2014 年 12 月 2 日于岳麓山下